The100
top Mountains
of Japan .

日本百名山

山あるきガイド 上

日本百名山
山あるきガイド
上

大人の遠足
BOOK

Contents

北海道

表紙写真
　浄土山付近から見た立山（撮影：星野秀樹）
大扉写真
　八幡平、羊蹄山、八甲田山、白馬岳
目次写真（右上から時計回り）
　燧ヶ岳、エゾナキウサギ、剱岳、
　月山、苗場山、ハクサンフウロ

東北

北関東・上信越

Column

北アルプス北部

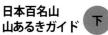

日本百名山　山あるきガイド　下

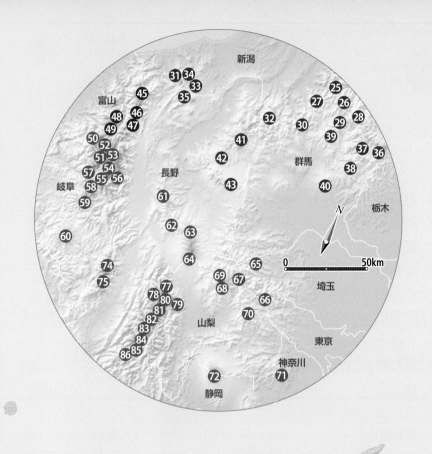

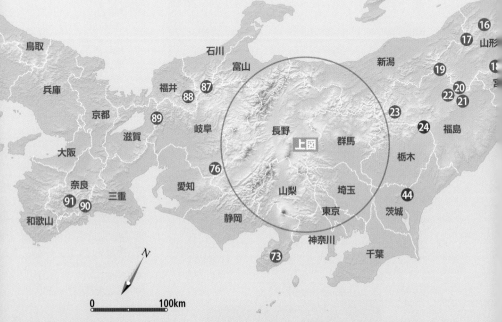

北海道

日本百名山 山あるきガイド 上
索引MAP

本書の使い方

本書は、深田久弥著『日本百名山』で取り上げられた山々を紹介しています。マイカー利用でも登りやすい往復・周回コースを中心に、魅力あるコースを選びました。なお、コースガイドや登山レベルは夏期の登山が前提です。他の季節は難易度が変わりますので、その点、ご留意ください。

●標高
タイトルで示している山の山頂（最高点）の標高です。タイトルの山名と最高点の名称が異なる場合は［　］内で掲載しています。

●登山難易度
入門レベル＝★
初級レベル＝★★
中級レベル＝★★★
上級レベル＝★★★★、★★★★★

★☆☆ 遊歩道、散策路程度で要注意箇所のないコース。1日の歩行時間4時間未満で累積標高差500m未満

★★☆ よく整備された登山道で要注意箇所はほとんどない。1日の歩行時間6時間未満もしくは累積標高差1000m未満

★★★ 登山道はほぼ整備されているが、一部地図が必要な箇所や、若干注意を要する場所を通過する。1日の歩行時間8時間未満もしくは累積標高差1500m未満

★★★★ 体力・技術・経験を要する。注意を要する場所を通過する。1日の歩行時間10時間未満もしくは累積標高差2000m未満

★★★★★ 体力・技術・経験を相当要する。かなりの注意を要する場所を通過する。1日の歩行時間10時間以上もしくは累積標高差2000m以上

※ただし、コースの状況によっては上の条件に増減を加えることがあります。

●日程
日帰り、山小屋泊のほか、登山口への移動時間や歩行時間の長さを考慮して、登山口周辺での前夜泊（あるいは後泊）もあります。北海道から日本アルプスにかけては首都圏、関西以西は大阪発を基準としています。

●歩行時間
コースの歩行時間の合計で、休憩時間は含みません。気象条件や道の状況、個人の体力や経験によって大きく変わりますので、目安としてとらえ、余裕を持った登山計画を立ててください。

●総歩行距離
コースの歩行距離を示します。コースの斜面に沿った沿面距離を掲載しています。距離の目安としてご利用ください。

●山名
『日本百名山』の記述に則って記載しています。ただし現在の一般的な名称や正式な名称、最高峰などが別にある場合は［　］内で掲載しています。ガイド本文は現在の一般的な名称を採用しています。

標高……	**1963** m
登山難易度	中級　★★
日程……	前夜泊日帰り
歩行時間	**7**時間**15**分
総歩行距離	**13.4** km
累積標高差	登り **1224** m／下り **1224** m
登山適期	6中～10下

雨飾山
あまかざりやま

南麓の名湯・小谷温泉を起点に展望の双耳峰を往復する。見事なブナ林や高山植物、豪快な岩峰など山の魅力満載

妙高連峰西端にある独立峰的な山で、見てよし、登ってよしの名峰。山頂は三角点のある南峰と石仏と祠のある北峰を持つ双耳峰だ。山頂へは3本のコースがあるが、メインとなる登山道は長野県側の小谷温泉道と新潟県側の薬師尾根道の2コース。ともに登山口に温泉がある。

〜〜〜アクセス

●高低図
紹介コースのおおよその距離と標高を示した図で、コース中の主要通過点とその間の歩行時間も掲載しています。1泊以上の行程の山については、1日の歩行時間を合算しています。図については、縦軸は標高、横軸が水平距離です。

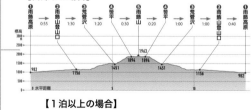

●累積標高差
全行程での、登りの部分・下りの部分それぞれすべての高低差を合算した数値。

●登山適期
その山に無理なく登ることができる期間です。ただし、残雪や梅雨明けなど年によって状況が変わります。

●プランニングのヒント

その山に登るための計画を立てる際に参考になるアクセス手段やコースプラン、花の見頃などのアドバイスを掲載しています。エリア全体のプランニングについては P215「各エリアへのアクセスとプランニング」をご覧ください。

●コースの注意点

コース上の主な注意を要する場所についてのアドバイスを掲載しています。注意箇所についてはコース本文中の赤文字に対応しています。

●地図

各コースにつけられた❶❷❸などの数字は、コースガイド、高低図と一致しています。コース中の注意箇所は赤色、注目ポイントや花などコース中の見どころは青色の吹き出しで紹介しています。
● 登山の際には、本書に加えて国土地理院発行の2万5000分の1地形図を携行されることをおすすめします。
● 地図上の情報やルートは、発行後に変更・閉鎖される場合もありますので、ご注意ください。

サブコース 薬師尾根道を下る

距離 3.2km	時間 3時間10分	難易度 中級

雨飾山の新潟県側のメインコースが薬師尾根道だ。小谷温泉登山口に急斜面が続くが、こちらは登山口そのものに温泉があるのが魅力。雨飾山から笹平に下り、左の道へ。沢状のガレ場を下ると中ノ池に出る。最初は中ノ池トラバース気味に、ついで薬師尾根をひたすら下っていくと雨飾温泉に出る。あとは予約しておいたタクシーでJR糸魚川駅などに向かう。

●サブコース

メインコース以外のおすすめルートを紹介しています（地図上の緑色のコース）。主にメインコース以外でよく利用されるコースや、メインコースと組み合わせ

ることで変化がつけられるコースを取り上げています。コースの難易度は総括的に判断したものです。

●コラム

小谷温泉

雨飾山南麓の標高約900mに湧く温泉で、信玄の隠し湯として伝えられている。古くから湯治場として利用され、環境省の国民保養温泉に認定されている。宿泊施設は通年営業の山田旅館（☎0261-85-1221）と4～11月営業の奥の湯 雨飾荘（☎0261-85-1607）の2軒があり、ともに日帰り入浴もできる。雨飾荘の近くには村営の露天風呂（4月下旬～11月中旬開設）がある。

花をはじめとするその山の象徴的なものや、下山後の立ち寄り湯など、プラスアルファの情報を紹介しています。内容別に以下の6種類があります。

♨ =温泉 　📷 =見どころ 　📖 =知識・雑学

🌸 =花 　🍴 =食 　🎏 =祭り

地図記号の凡例

○ ▲	本文で紹介している登山コース	1945 △	三角点	🏠	道の駅
○ ▲	登山コースのポイント（山マークは山頂）	1945 ·	標高点	🗿	碑
0:30	登山コースポイント間のコースタイム	🏠	有人小屋	🏫	学校
	サブコースとして紹介している登山コース	🏠	無人小屋	⊗	警察署・交番
	本書で紹介していない主な登山コース	💧	水場	🏣	郵便局
-----	その他の登山道	🚻	トイレ	◉	市役所
▬▬▬	有料道路	!	登山コース中の主な注意箇所	○	町村役場
🛣1	国道	🌸	花	卍	寺院
·—·—·	県界	登山ポスト	⛩	神社
·-·-·	市町村界	P	駐車場	♪	ゴルフ場
▭▭▭	鉄道(JR)	🚏	バス停	発電所・変電所
————	鉄道(私鉄)	🏕	キャンプ場	♨	温泉
—□—	ケーブルカー	🏨	ホテル・旅館	∴	史跡・名勝
·—○—	ロープウェイ・ゴンドラ				
·—○—	リフト				

はじめに

　日本の登山人口は約1000万人といわれるが、その多くの人に知られるのが「日本百名山」ではないだろうか。登れそうな山を楽しむ、あるいは時間をかけて完登を目指す人──。関わり方は人それぞれだが、いつの時代も登山者を捉えて離さないのが日本百名山だ。

日本百名山とは

　『日本百名山』は、1964（昭和39）年に刊行された山岳随筆。小説家で登山家でもあった深田久弥（1903〜1971年）が、自らが登った多くの山の中から「品格・歴史・個性を兼ね備え、原則として標高1500m以上の山」という選考基準をもとに100山を選んでいる。

　同書が注目されるようになったのは、山好きで知られる天皇陛下（当時・皇太子徳仁親王）がこの本を愛読されていたこと。1990年代中頃からはテレビで取り上げられる機会が増え、中高年登山者を中心に百名山ブームが広がり、現在へと続いている。

　深田が登った頃とは登山形態や交通事情も大きく変化し、八幡平や霧ヶ峰のようにごく短時間で山頂に立てるようになった山もいくつかあるが、山そのものの価値は決して変わるものではない。

その他の百名山

　名称のある山だけで約１万8000山（『日本山名総覧』）を数える山国日本には、『日本百名山』以外にも数多くの百名山がある。著名なのが、脚本家・作家であり登山愛好家としても知られた田中澄江の随筆『花の百名山』（1980年）で、花好きにとってはいまもバイブル的存在だ。「山梨百名山」などのように、各地の自治体や新聞社などが選定主体となった地方・都道府県ごとの百名山も多く、深田百名山とは異なった登山対象として人気を得ている。

　山の数が百ではないが、日本最古の山岳会である公益社団法人 日本山岳会が1978年に選定した「日本三百名山」（下巻・P136）や、1984年に深田久弥のファンがつくる深田クラブが選定した「日本二百名山」（上巻・P209）には、『日本百名山』選定の際に惜しくもこぼれてしまった山も多く紹介され、百名山完登の次の目標とする登山者は少なくない。

※下巻のこのページでは、火山や異常気象について記述してありますので、そちらも併せてお読みください。

北海道

標高……▶	**1721**m [南峰]
登山難易度▶	上級 ★★ / ★★☆
日程……▶	前夜泊日帰り
歩行時間▶	**9**時間**25**分
総歩行距離▶	**11.6**km
累積標高差▶	登り**1536**m 下り**1536**m
登山適期▶	7上〜9中

利尻岳 [利尻山]
りしりだけ

日本最北の百名山。利尻登山の王道・鴛泊コースを登って
雲上の花園と大展望の山頂を目指す

北の海に浮かぶ丸い島・利尻島。その中心にそびえるのが利尻岳だ。円錐形の美しい姿は「利尻富士」とも称される。山中は7月〜8月上旬にかけて固有種のリシリヒナゲシをはじめ、たくさんの高山植物が咲き揃う。登山道は2本あるが、フェリーターミナルに近い北西の鴛泊コースの人気が高い。

アクセス

公共交通機関▶【往復】鴛泊フェリーターミナル➡タクシー約10分・約1500円➡利尻北麓野営場
＊鴛泊港へは稚内港からハートランドフェリー1時間40分。空路の場合、新千歳空港から利尻空港へ全日空50分（運航は夏期のみ）。利尻空港から利尻北麓野営場へタクシー約20分・約3000円。
マイカー▶利尻北麓野営場へは鴛泊から道道108・105号経由約4km。無料駐車場あり。
問合せ先▶ハートランドフェリー☎0162-23-8010、富士ハイヤー☎0163-82-1181、トヨタレンタリース利尻店☎0163-89-2300、トヨタレンタリース利尻空港店☎0163-82-1100、利尻富士町産業振興課☎0163-82-1114、利尻町まち産業推進課☎0163-84-3622

参考地図▶1/25000地形図：鴛泊

`日帰り` 利尻山は排泄物による環境汚染が問題化したことなどから、携帯トイレでの処理後、持ち帰りが義務となっている。携帯トイレは島内の宿やコンビニ、観光案内所、登山口の北麓野営場などで購入できる。トイレブースは六・五合目と利尻山避難小屋、九合目に、回収ボックスは北麓野営場に設置されている。

登山はキャンプ場や駐車場、トイレのある三合目の**❶利尻北麓野営場**から。鴛泊港から歩いた場合は1時間ほど。

野営場から舗装された道を進み、左手の針葉樹林に入ると日本最北の名水

▶七合目付近で顕著な尾根上に出ると長官山が見えてくる

注1 きつい登りが続くだけにストックがあると便利だが、使用の際は必ずゴムキャップを着用すること。

百選である甘露水が湧いている。すぐ先の**❷ポン山分岐**で右方向に進み、本格的な山道に入る。この先の長官山までは一本道の単調な登りが続く。

うっそうとしたトドマツなどの針葉樹林帯を行く。景色はないが、標高が低いので日差しを遮ってくれるのがありがたい。やがて北稜と呼ばれる尾根上の道の登りとなる。周囲はダケカンバやミヤマハンノキの樹林が続き、ところどころで視界が開ける。

六合目からは傾斜が増してきて、ひたすらジグザグの登りが続く。七合目

▲登り始めてしばらくは美しい針葉樹を歩く。沓形コースでは見られない

北麓野営場の管理棟。ここに登山届を提出する

▶登山口上部の甘露水で十分給水しておこう

プランニングのヒント

鴛泊などにある宿泊施設での前泊になるが、多くの宿は登山口の北麓野営場まで送迎してくれる（宿泊予約の際に確認のこと）。島かつ独立峰という気象変化の大きい環境だけに、登り始めは晴天でもコース上部で天候が急変することも。雨具だけでなく防寒着も必携だ。

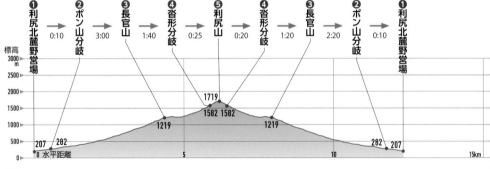

❶利尻北麓野営場		❷ポン山分岐		❸長官山		❹沓形分岐		❺利尻山		❹沓形分岐		❸長官山		❷ポン山分岐		❶利尻北麓野営場
	0:10		3:00		1:40		0:25		0:20		1:20		2:20		0:10	

標高3000m 2500 2000 1500 1000 500 0

1719　1582 1582　1219　207 282　1219　282 207

0 水平距離　5　10　15km

（左上から時計回り）リシリブシ、リシリオウギ、チシマイワブキ、リシリリンドウ

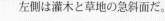

▲奇岩・ローソク岩（右）が見えると山頂は近い

からは岩が露出した岩の道をたどる。再びダケカンバの尾根を登ると八合目の❸長官山（ちょうかんやま）に出る。ここは以前の避難小屋が立っていた場所で、正面に頂上部を、反対側に鴛泊の町並み、礼文水道（れぶんすいどう）を挟んだ先に礼文島が見える。

長官山からも尾根道をたどる。これまでの急登から解放され、ほとんど勾配のない道を海と山岳の景観を楽しみながら進む。ウコンウツギやリシリブシ、チシマフウロなどの花を愛でながら緩く下ると、トイレブースのある利尻山避難小屋が立っている。

ここからまた登りとなり、ミヤマハンノキの急斜面を上がると最後のトイレブースのある九合目。右側は火山灰と岩礫の急な斜面になって落ち込み、

▲九合目のトイレブース。携帯トイレはあらかじめ購入しておく

注2　固有種のリシリヒナゲシやボタンキンバイ（P9の写真）などはこのあたりから見られるが、足元が不安定な場所なので、花に気を取られ滑落しないように。

左側は灌木と草地の急斜面だ。

山頂に近づくにつれ傾斜はさらに増し、雨と登山靴でえぐられて歩きづらい。危険箇所にはロープが張られている。九合目半の❹沽形分岐（くつがたぶんき）で右から沽形（がた）コースが合流し、荷物を置いて山頂を往復する。急傾斜のうえ風も強いので、荷物が落ちないようにしよう。

リシリゲンゲやリシリリンドウなどの花を愛でながら急斜面を登ると❺利尻山（りしりざん）北峰の山頂に出る。山頂からは想像通りの360度の大展望だ。最高点の南峰への踏み跡があるが、崩壊が進み立入禁止となっている。

山頂からは往路を戻るが、コース上部での下りで転倒事故を起こさないようにしたい。

◀長官山から鴛泊コースを俯瞰する。右奥はペシ岬の突き出た鴛泊港

▶九合目付近はあちこちに花が見られる

こぼれ情報　鴛泊から徒歩約10分、北麓野営場に向かう道沿いに利尻富士温泉（☎0163-82-2388）がある。公共の入浴施設で、内湯やジャグジー、利尻山を望む露天風呂などがある。11時〜21時30分営業（季節により変動あり）・11〜4月のみ月曜休。

サブコース 沓形コース往復

| 距離 | 11km | 時間 | 8時間25分 | 難易度 | 上級 |

◀沓形コースの核心部・三眺山からの利尻山

利尻山西麓にある沓形（くつがた）集落からのコース（登山口は五合目の見返台園地）。山頂までのコースタイム、距離こそ短いが、コース上部の三眺山からは急斜面や崩壊地のトラバースなどの険しい道が続き、メインコースの鴛泊コースより難易度は高い。ただしこのコースも花は多く、しかも静かな山歩きができるため、上級者なら登る価値のあるコースだ。

▶固有種のリシリヒナゲシ。ケシ科の多年草で、花は直径4〜5cmほど

🌸 花の名山・利尻山

利尻山は島という環境もあり北にある礼文島とともに独自の植物の進化を遂げ、リシリヒナゲシやボタンキンバイ、リシリアザミなど固有植物を産する。ほかにも固有種ではないがリシリブシやリシリリンドウ、リシリソウなど、「リシリ」の名を冠する花も多い。代表的な花のリシリヒナゲシは7〜8月にかけ九合目付近の礫地に咲く。希少種で、北海道レッドデータブックの絶滅危急種、環境省の準絶滅危惧種に指定されている。

山頂直下の羅臼平から羅臼岳
山頂を望む

2

北海道

らうすだけ
羅臼岳

世界遺産・知床半島の最高峰。原始の自然を残すコースを登った山頂からは、海と山、そして北方領土を同時に見渡せる

標高……	**1661** m
登山難易度	**中級** ★★ ★☆☆
日程……	**前夜泊日帰り**
歩行時間	**7** 時間 **10** 分
総歩行距離	**13.3** km
累積標高差	登り **1444** m 下り **1444** m
登山適期	**7中〜 9中**

知床半島の最高峰で、岩を積み上げたような頂が天を突き、風格は十分。山頂からはオホーツク海や根室海峡、知床半島の山々、そして遠くに国後島などを一望する。登山道は3本あり、北西面の岩尾別温泉からが一般的。コース一帯はヒグマの生息地なので、クマ除け対策（P20参照）は万全に。

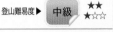
アクセス

公共交通機関▶【往復】JR釧網本線知床斜里駅斜里バスターミナル➡斜里バス約50分➡ウトロ温泉バスターミナル➡タクシー約20分・約4500円➡岩尾別温泉　＊8月の一定期間はウトロ温泉バスターミナルを経由してカムイワッカ湯の滝までシャトルバスも運行される。
＊ウトロへはJR石北本線網走駅、女満別空港、札幌方面からのバスも運行されている。
マイカー▶岩尾別温泉へは女満別空港から道道249・93号、国道334号経由約103km。木下小屋前は駐車台数が少ない。ホテル地の涯にも駐車場があるが、登山のみの場合はホテル脇の路肩に駐車する。
問合せ先▶斜里バス☎0152-23-3145、ウトロ観光ハイヤー〔ウトロ〕☎0152-24-2121、斜里ハイヤー☎0152-23-2100、トヨタレンタリース女満別空港店☎0152-74-3609、ニッポンレンタカー女満別空港前営業所☎0152-74-4177、斜里町商工観光課☎0152-23-3131、羅臼町産業課☎0153-87-2126

参考地図▶1/25000地形図：知床峠、知床五湖

▶オホーツク展望地は樹木が成長し、展望が利かない

日帰り 登山口の**❶岩尾別温泉**にある2軒の宿（ホテル地の涯、木下小屋）のどちらかに宿泊し、翌日は早朝から出発する。登山届は木下小屋の前にある。

登山道に入ると、まずは広葉樹林を登っていく。すぐに尾根の取り付きとなる急斜面に行き当たり、ジグザグに登る。ジグザグに切られていることからわかる通りかなりの急斜面で、荷が重いと相当堪える。道の周囲はミズナラなどの広葉樹にトドマツが混じっている。ようやく尾根に出て傾斜も緩むが、樹林に遮られ展望はない。

注1 このあたりはエサになるアリを求めてヒグマが頻繁に出没する。食料の匂いに釣られて現れる可能性もゼロではないので、袋に入れるなどして密封しておこう。

ログハウス調の木下小屋。小屋前が登山口だ

さらに登っていくと、標高450m付近でオホーツク展望地と呼ばれる岩場に出るが、周囲の樹木が成長して展望は今ひとつ。その代わり、10分ほど登った559m標高点[注1]の岩峰で展望が得られる。花も多く、イワキンバイやシコタンソウ、エゾノキリンソウなどが見られる。

再び展望の利かない尾根道を登っていく。樹間から知床連山の一角が見えるとまもなく**❷弥三吉水**の水場に出る。この先にも銀冷水があるが、季節によっては涸れていることもあるの

▶大岩が累々と積み重なる羅臼岳の山頂部

プランニングのヒント

登山口の岩尾別温泉に2軒の宿泊施設があるので前泊するとよい。手前のウトロなどにも宿泊施設が揃う。周辺には知床五湖などの観光地が多いので、登山と組み合わせてもおもしろい。なお、コース中の大沢には7月中旬前後まで雪が残る。不安な場合は軽アイゼンを携行しよう。

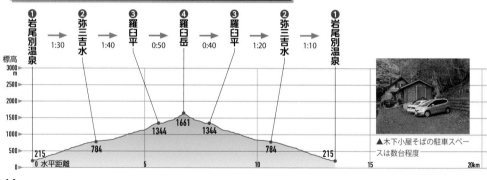

❶岩尾別温泉		❷弥三吉水		❸羅臼平		❹羅臼岳		❸羅臼平		❷弥三吉水		❶岩尾別温泉
	1:30		1:40		0:50		0:40		1:20		1:10	

標高3000m 2500 2000 1500 1000 500
215 784 1344 1661 1344 784 215
0 水平距離 5 10 15 20km

▲木下小屋そばの駐車スペースは数台程度

で、ここで必ず給水しておこう。弥三吉の名前は知床半島の開拓者である木下弥三吉から取ったもので（登山口の木下小屋も同様）、このコースも彼の手によって拓かれている。

弥三吉水からも樹林帯の登りが続く。傾斜が緩まると極楽平に出る。大蛇のように地を這うダケカンバが印象的（P13の写真）。ほどなく道は一転し、仙人坂の急斜面をジグザグに登っていく。

仙人坂を登り切った先が、正面から左手に三ツ岳やサシルイ岳を望む羽衣峠だ。銀冷水の水場を過ぎると大沢に出る。その名の通り大きな沢状の地形だ。沢といっても水流はなく、エゾコザクラなど高山植物の多い場所だ。傾斜は次第に緩んできて、沢状の地形は

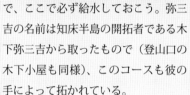

▲大沢を見上げる。7月中は雪渓が残る
▲山頂への登りからは根室海峡越しに国後島が見える

注2 キツネやカラス、ヒグマに荷物を荒らされないよう、設置されたフードロッカー（食糧保管庫）に入れておこう。

狭くなってくる。さらに登り詰めた先が、左から硫黄山からの道が合流する❸羅臼平（らうすだいら）（注2）。ここに荷物を置き、羅臼岳を往復する。

右方向に進み、ハイマツの緩斜面を登る。岩から水が滴り落ちる程度の岩清水を過ぎ、急斜面を登っていく。最後は岩をよじ登るようにして❹羅臼岳（らうすだけ）の山頂に立つ。

展望は雄大で、北に連なる知床の山々、遠くに北方領土の国後島（くなしり）、反対方向は日本百名山の斜里岳などが見えている。

山頂からは❸羅臼平（らうすだいら）に戻り、荷物をピックアップして往路の岩尾別コースを❶岩尾別温泉（いわおべつおんせん）へと下山する。タクシー待ちの間に入浴していこう。

サブコース　羅臼平から硫黄山縦走

距離 **13.5km**　時間 **9時間10分**　難易度 **上級**

羅臼平から北東に延びる稜線をたどる。一時期、硫黄山からの下山路が通行止めだったが、現在はカムイワッカの滝まで縦走できるようになった。左にオホーツク海を、右に根室海峡を見渡す快適な稜線歩きだが、硫黄山からは急斜面の下りが続く。歩行時間が長いのでコース中の3ヵ所のキャンプ地のどこかに1泊することになるが、ヒグマに要注意。

▲紅葉の知床五湖からの知床連山。サブコースはその稜線をたどる

知床五湖

知床半島北側の原生林に囲まれた5つの湖。平地の少ない知床半島にあって、貴重な低地湿原となっている。知床五湖駐車場を起点とする一周約3kmの遊歩道がつけられている（期間によって歩けるコースが変更になるので注意）。コース内では羅臼岳をはじめとする知床連山の眺めや、野生動物の痕跡などが観察できる。問合せは知床斜里町観光協会☎0152-22-2125へ。

こぼれ情報　登山口の岩尾別温泉にはホテル地の涯（☎0152-24-2331）と木下小屋（☎0152-24-2824）がある。前者は4月下旬〜10月下旬、後者は6月中旬〜9月下旬営業。木下小屋は素泊まりのみで、宿泊の際は食料と寝具を持参する。ホテル地の涯は立ち寄り入浴可。

羅臼岳

1:62,000
0 500 1000m
1cm=620m
等高線は20mごと
N

オホーツク海

エエイシレド岬

△235

五湖の断崖

知床五湖

マイカー規制あり 知床五湖パークサービスセンター

道道知床公園線

イダシュベツ川

△379

登山口 硫黄山
硫黄山口

カムイワッカの滝
カムイワッカ湯の滝
バスの運行期間は要確認

知床大橋

展望台
旧硫黄採掘地
一の滝
カムイワッカ湯の滝へは
マイカー規制期間がある

新噴火口

カムイワッカ川
硫黄川

カムイワッカ湯の滝

たいへん長いコースで、ヒグマに遭遇する危険もある。初めての人は、この山をよく知る経験者の同行が必要

迷いやすい

硫黄山
1562 △

フードロッカー
第一火口キャンプ地

コケシ岩

知円別岳
1544

知円別平

コース全体をとおして
ヒグマに注意

△1329

1459

南岳

天ノ池
（要煮沸）
二ツ池
地ノ池
フードロッカー
二ツ池キャンプ地

△1298
（要煮沸）

岩尾別温泉

ウトロ・JR知床斜里駅

ウトロ・JR知床斜里駅

△439

ビリカベツ川

ホテル地の涯
木下小屋

オホーツク展望地

△559

岩尾別コース

要煮沸

弥三吉水

1450
オッカバケ岳

ミクリ沼

サシルイ岳
1564

2:00
1:55

携帯トイレブース

展望のよい岩峰。周囲は
イワキンバイやシコタン
ソウなど花が多い

秋は涸れることがある。要煮沸

大沢は7月中旬まで雪渓が残る

1:30
1:10
1:20
1:40

極楽平
仙人坂
羽衣峠
大沢
銀冷水

羅臼平

フードロッカー
（秋は不確実）
三ツ峰キャンプ地
△1367

1509
三ツ峰
フードロッカー

羅臼コースはあまり整備されていない上級者向きのコース

秋は涸れることがある

斜里町

岩清水

羅臼岳
1661 △

0:50
0:40

360度の大展望が広がる

屏風岩
△1005

羅臼町

知床横断道路

334

知床峠

泊場

第二の壁

赤イ川

登山川

羅臼温泉↓
第一の壁

3

北海道

標高	▶ **1547**m
登山難易度	▶ 中級 ★★ ★☆☆
日程	▶ 前夜泊日帰り
歩行時間	▶ **5**時間**30**分
総歩行距離	▶ **9.8**km
累積標高差	▶ 登り**1028**m 下り**1031**m
登山適期	▶ 7上〜9中

斜里岳
しゃりだけ

滝の連続する沢を登って大展望の山頂に立ち、
花と展望が広がる尾根道を下降する、変化ある周回コース

道東・知床半島の基部にある山で、ジャガイモ畑の広がる山麓から裾野を伸ばした美しい姿を見せる。登山道は西面からの清里コースと北面の三井コースの2本があるが、登山口に山小屋があり、沢コースの旧道と尾根道の新道を周回できる清里コースを利用する登山者が大半を占める。

ᨆᨆᨆ アクセス

公共交通機関 ▶ 【往復】JR釧網本線清里町駅➡タクシー約25分・約5000円➡清岳荘

＊帰りのタクシーは登山前または行きの車中で予約しておく。

＊札幌から北海道中央バスのイーグルライナー（知床行き・夜行）でアクセスしてもいい。清里町には5時台に到着するので、タクシーを予約しておけば6時頃から登山可能だ。

マイカー ▶ 清岳荘へは女満別空港から国道39・334号、道道857号ほか経由約68km。45台の駐車スペースがある。車中泊は有料。

問合せ先 ▶ 清里ハイヤー☎0152-25-2538、トヨタレンタリース女満別空港店☎0152-74-3609、ニッポンレンタカー女満別空港前営業所☎0152-74-4177、きよさと観光協会☎0152-25-4111、北海道中央バス☎0570-200-600

参考地図 ▶ 1/25000地形図：斜里岳

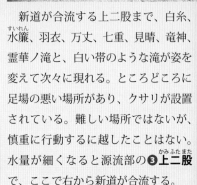

▶馬の背まで登り詰めると山頂は近い

日帰り 登山口に立つ[注1]せいがくそう❶清岳荘から歩道をわずかに行くと車道に出て、1kmほど歩けば以前清岳荘が立っていた旧登山口がある。ここからは山道になり、一の沢沿いに進んでいく。途中飛び石づたいに何度か渡り返すが、水量はあまり多くないので靴を濡らすことはないだろう。

　清岳荘から40分ほどで[しもふたまた]❷下二股に着く。ここで新道と旧道が分岐する。新道は下山時に利用するとして、ここはまっすぐ進んで旧道に入る。なおも沢沿いを行くと滝が連続する核心部となる。

注1 コース中に水場はない。あらかじめ用意するか、清岳荘で飲み物を購入しておく。

注2 旧道は6月には新緑が美しいが、この時期は残雪がある。通行の前に清岳荘に状況を確認しておこう。

　新道が合流する上二股まで、白糸、[すいれん]水簾、羽衣、万丈、七重、見晴、竜神、霊華ノ滝と、白い帯のような滝が姿を変えて次々に現れる。ところどころに足場の悪い場所があり、クサリが設置されている。難しい場所ではないが、慎重に行動するに越したことはない。水量が細くなると源流部の[かみふたまた]❸上二股で、ここで右から新道が合流する。

　上二股からはミヤマハンノキやダケカンバが覆う沢筋を登っていく。道脇にチシマノキンバイソウやチシマフウロなどが咲いている。樹林が切れると胸突き八丁のガレ場の登りとなる。不安定な岩場が稜線上の[注3]馬の背まで続いている。登り切った馬の背は展望

登山口に立つ清岳荘。自炊の山小屋だ

▶徒渉を繰り返し、一の沢沿いの道を下二股へ

プランニングのヒント

　東京から飛行機を利用しても登山開始は午後からになるので、初日は網走や小清水原生花園などを散策し、その後登山口の清岳荘か斜里町に前泊するといい。沢沿いのコースを行くので、防水性の高い登山靴やスパッツなどで防水対策は万全に。デジカメも濡らさないように工夫したい。

| ❶清岳荘 | → 0:40 | ❷下二股 | → 1:20 | ❸上二股 | → 1:00 | ❹斜里岳 | → 0:40 | ❸上二股 | → 0:40 | ❺熊見峠 | → 0:40 | ❷下二股 | → 0:30 | ❶清岳荘 |

標高
3000m
2500
2000
1500
1000
500
0

680　　808　　1233　1547　1233　　1230　　808　　680

0　水平距離　　　　　5　　　　　10km

18

▶次々と滝が現れる
旧道コースを登る
▲熊見峠からオホー
ツク海を見ながら下
っていく

が開け、気持ちのよい風が吹き抜けている。

馬の背からはハイマツの稜線を登っていく。急な斜面を登ると、小さな斜里岳神社が祀られたピークに出る。この先は花の多い砂礫の道となり、最後にひと登りで❹斜里岳の山頂にたどり着く。

独立峰のような山だけに山頂からの展望はすばらしく、百名山の羅臼岳をはじめとする知床連山やオホーツク海などが一望のもとだ。

山頂からは❸上二股まで下り、左手の新道に入る。なお、旧道のような沢沿いの道は下山時に滑りやすいので、極力、通行は避けたい。

注3 東側に稜線づたいに道がついているが、この道は廃道になっている。下山時に入り込まないように注意する。

▲コース中に咲くエ
ゾノツガザクラ

上二股からは樹林につけられた巻き道を行く。秋には紅葉が鮮やかな竜神ノ池への分岐を過ぎ、低いダケカンバ林の山腹を横切って進むと標高1250mのピークに出る。このあたりからこの先の熊見峠までは、ハイマツ帯の見通しのよい尾根歩きが続く。いくつかのピークを抱えた斜里岳の全貌も見渡せる。コケモモをはじめ花も多い。

❺熊見峠からは展望のない樹林の道となる。ジグザグに切られた急斜面を下るが、大きな段差があったり、木の根が張り出した箇所があり、疲れた足にはけっこう堪える。沢音が聞こえてくるとまもなく❷下二股に出る。

あとは往路をたどってタクシーの待つ❶清岳荘へと歩いていく。

3 斜里岳

◀斜里岳神社の
祀られた小ピー
クから最後の登
りで山頂へ

▶広い礫地の斜
里岳山頂

こぼれ情報　登山口の清岳荘（☎0152-25-4111・きよさと観光協会）は6月下旬〜9月下旬の営業。管理人は常駐しているが、素泊まりのみなので食料は持参する（寝具は有料で貸し出し）。宿泊の際は要予約。携帯トイレの販売・回収（有料）も行なっている。

19

ヒグマ対策

北海道の山で恐ろしいのがヒグマだが、できれば遭遇したくないもの。そのためには、次の点を守ろう。❶人を避けるので、登山者の多い時期に登る ❷鈴を鳴らして人間の存在を知らせる ❸登山道から外れない ❹食料はフードロッカー（食糧保管庫）に入れる、など。万一遭遇した場合は静かに対峙し、ヒグマが立ち去るのを待つ。動かない場合は徐々に後ずさりをしつつ、安全な場所に移動する。その際背中は見せないこと。

◀日本最大の陸上哺乳類だけに、大きな個体では400kg以上にもなる

神の子池

斜里岳登山の起点となるJR清里町駅から約25km、摩周湖の北麓に青い水をたたえる神秘の池。摩周湖の伏流水によって生まれたといわれ、周囲は約220m、水深は約5m。神の湖と呼ばれる摩周湖にちなんで「神の子」と名付けられた。小さな池ながら湧水は1日1万2000トンもあり、水底までくっきりと見ることができる。水温が8℃と低いため、倒木は腐ることなく沈んだままだ。2017年、阿寒国立公園に編入された。

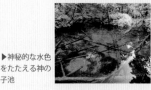

▶神秘的な水色をたたえる神の子池

豊里登山口

JR清里町駅・女満別空港

❶清岳荘 — 素泊まりのみ
（要煮沸）

•887

北尾根

1138

•1145

三井コース

玉石沢

北海道

斜里町

清里町

•829

•1075

の沢川

旧登山口
0:40
0:30
清里コース

•750

下二股
❷

•1009

ジグザグの急な下りがひたすら続く

旧道（沢）コース

1:20

1:00

竜神ノ池

大展望が広がる山頂

❹斜里岳
1547

斜里岳神社

この道は廃になってい

馬の背

胸突き八丁ガレ場の登

旧道コースは滝が連続するため、登りで利用したい

1417

上二股
❸

1:00

0:40

携帯トイレブース

1:00
0:40
新道（尾根）コース

1250

0:40

•1256

❺熊見峠

1:25,000
250   500m

1cm=250m
等高線は10mごと

斜里岳

N

展望のよいハイマツの尾根歩き。下山にはこちらの道がいい

標津

•1508

•1310

南斜

•1011

•1007

山頂からオンネトーコースを少し下った場所からの青沼

標高……	**1499**m
登山難易度	初級 ★★☆☆☆
日程……	前夜泊日帰り
歩行時間	**4**時間**10**分
総歩行距離	**7.2**km
累積標高差	登り**812**m 下り**889**m
登山適期	6上〜9中

阿寒岳［雌阿寒岳］

あかんだけ

秘境ムードあふれる山のいで湯に宿泊し、山の名を冠する花を愛でる。山頂部はダイナミックな火山景観が展開する。

北海道有数の観光地・阿寒湖を挟んで雄阿寒岳と雌阿寒岳の2山からなる。「男山」と呼ばれる雄阿寒岳は深い針葉樹に覆われ、一方の「女山」と呼ばれる雌阿寒岳は火山活動が活発で、山上の砂礫地には花が咲き揃う。登山の人気が高いのは後者で、北海道の百名山ではいちばん登りやすい。

アクセス

公共交通機関▶【行き】JR根室本線釧路駅→阿寒バス約1時間50分→阿寒湖温泉→タクシー約25分・約6500円→雌阿寒温泉 【帰り】オンネトー→タクシー約30分・約7000円→阿寒湖温泉→阿寒バス約1時間50分→釧路駅 ＊バスはたんちょう釧路空港を経由する。また、空港始発の阿寒エアポートライナーもある（阿寒湖温泉へ約1時間15分）。タクシーはあらかじめ予約しておこう。

マイカー▶雌阿寒温泉へはたんちょう釧路空港から国道240・241号、道道664号経由約74km。雌阿寒温泉、オンネトー国設野営場それぞれに無料の駐車場がある。オンネトー国設野営場〜雌阿寒温泉間は徒歩1時間。

問合せ先▶阿寒バス（阿寒エアポートライナーも）☎0154-37-2221、阿寒ハイヤー☎0154-67-3311、ニッポンレンタカー釧路空港前営業所☎0154-57-3871、足寄町経済課☎0156-25-2141、阿寒観光協会まちづくり推進機構☎0154-67-3200

参考地図▶1/25000地形図：雌阿寒岳、オンネトー

▶火口壁に出るとまず眼下に赤沼が見える。時に涸れていることもある

日帰り

雌阿寒岳は活発に噴煙を上げる活火山だけに、噴火活動によっては登山禁止になることもある。活動状況については各自治体や気象庁のホームページで確認できる。

野中温泉とも称される❶**雌阿寒温泉**隣にある登山口から登り始める。まずはうっそうとしたアカエゾマツの森を登っていく。地表は根張りで覆われ、つまずきやすい。転倒してケガをしないように気をつけよう。足元にはハクサンシャクナゲや ゴゼンタチバナ、マイヅルソウが咲いている。

二合目を過ぎるとハイマツが現れ、

▲雌阿寒温泉の登山口。ここから山頂までは2時間半の登り

注1 四合目から火口壁までの道は崩れやすい岩のため、時折ルートが変更される。

三合目の手前で早くもハイマツ帯となる

そのうちハイマツのトンネル状の道になる。イソツツジの咲く三合目から、大きくえぐられた沢状の地形を越えると❷**四合目**。ここですでに森林限界を超えている。展望もよく、原生林の奥に大雪山系が見えている。

四合目からは道の傾斜がきつくなり、地表を覆う植物もまばらになってくる。ジグザグに登り標高を稼いでいく。道端にはメアカンフスマやイワブクロ、ガンコウランなどが咲いている。振り返ると、眼下には樹海に囲まれたオンネトーが見える。

▶（左）登山口からアカエゾマツなどの樹林を登る（右）雌阿寒温泉コース五合目付近からの眺め

プランニングのヒント

登山口に雌阿寒温泉があり、前泊地として好適だ。下山後に雌阿寒温泉に宿泊する場合は逆コースにするといい。ここまで来たのなら下山後に阿寒湖温泉でもう1泊し、阿寒岳のもうひとつのピーク、深田久弥も登った雄阿寒岳にもチャレンジしたい（中級・P24サブコース参照）。

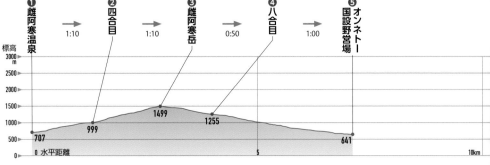

❶雌阿寒温泉 → 1:10 → ❷四合目 → 1:10 → ❸雌阿寒岳 → 0:50 → ❹八合目 → 1:00 → ❺オンネトー国設野営場

標高 3000m / 2500 / 2000 / 1500 / 1000 / 500 / 0

707　999　1499　1255　641

0 水平距離　5　10km

頂上付近からの青沼と噴気越しの阿寒富士

相変わらずきつい傾斜の道を登っていく。途中、フップシ岳などの展望が開けているのが救いだ。左手に見える岩場の高度を超えるとまもなく火口壁の上に出る。目の前には雄大な火山の景観が広がっている。

阿寒富士をバックに立ち込める噴煙、噴火口内の赤沼や青沼を眺めながら火口壁上をたどっていくと❸雌阿寒岳山頂にたどり着く。山頂からはコバルト色の水を湛えた青沼や阿寒富士、阿寒湖を挟んで雄阿寒岳などが見えている。

山頂からも火口壁を進む。左から阿寒湖畔コースが合流し、阿寒富士との鞍部方面を目指して山腹を斜めに下っていく。滑りやすいザレた道だが、メアカンキンバイやイワブクロ、コマク

▲阿寒湖や雄阿寒岳(左奥)を見ながら荒涼とした山頂部を下る

▲オンネトーコース八合目付近に咲くイワブクロ

注2 風向きによっては刺激臭のある噴気が流れ込み、息苦しくなることも。長居は避ける。

◀雌阿寒岳の山頂。遮るものがないだけに、強風時は立っているのがつらい

サなど、山中でいちばん花の多い場所となっている。

下り着いた❹八合目からは阿寒富士(標高1476m)への道が分岐している。往復1時間ほどなので、時間があれば登ってこよう。ただし傾斜のきつい登りで、道も火山灰で締まっておらず、靴が埋まってなかなか足が進まない。登る場合はスパッツを着用したい。

オンネトーを見ながら下り、ハイマツ帯、そしてアカエゾマツの根張りの道を下っていく。小さな流れを渡ると登山ポストがあり、平坦な道を行くと❺オンネトー国設野営場に出る。タクシー利用の場合は予約したタクシーで阿寒湖温泉へ、マイカー利用の場合はオンネトーの湖畔沿いの道を1時間ほど歩いて❶雌阿寒温泉に向かう。

▶オンネトーコース七合目付近から森に囲まれたオンネトーを俯瞰する

こぼれ情報 登山口の雌阿寒温泉には山の宿 野中温泉(☎0156-29-7321)がある。エゾマツの原生林に包まれた静かな地に立ち、前泊に適した宿だ。登山後の立ち寄り入浴も可(10〜19時)。

サブコース 雄阿寒岳往復

| 距離 11km | 時間 5時間40分 | 難易度 中級 |

◀阿寒湖と雌阿寒岳を背に雄阿寒岳山頂へと登っていく

マリモで有名な阿寒湖の東にあるのが雄阿寒岳（標高1371m）。五合目までは深い針葉樹林に覆われ、山頂からは阿寒湖やペンケトーなどの湖沼群、大雪山や斜里岳などが見渡せる。登山口の滝口バス停は釧路駅や釧路空港からのバス便が通っていて、アクセスは恵まれているが、傾斜がきつく花も少ないので、登山者はあまり多くない。しかしその分静かな山歩きが楽しめる。

▶メアカンキンバイは北海道の固有種で、雌阿寒岳以外に大雪山や後方羊蹄山などに咲く。花期は7〜8月

「雌阿寒岳」の名を冠する花

雌阿寒岳はいまも盛んに噴煙を上げる活火山だけに、植物の生育には厳しい環境だ。それでもコース上部の砂礫地を中心にたくさんの花が咲いている。なかでもメアカンフスマとメアカンキンバイはこの山で発見されたものだ。直径1cmほどの小さく白い可憐な花を咲かせるメアカンフスマはナデシコ科の多年草で、雌阿寒岳以外に知床半島に咲いている。メアカンキンバイはバラ科の多年草で、鮮やかな黄色い花が特徴。

阿寒岳（雌阿寒岳）

1:50,000
0　　500　　1000m
1cm=500m
等高線は20mごと

北海道
足寄町

雌阿寒温泉 ①
768・

雌阿寒温泉
公共駐車場
錦沼

② 四合目
999・

六合目

急斜面の登りが続く

剣ヶ峰 1328

・1155
・1278
・951

森林限界を超える

八合目

③ 雌阿寒岳 1339
・1499
1298・

阿寒湖畔コース

・105

メアカンキンバイなど花が多い

噴気ガスに注意

赤沼 青沼

オンネトー国設野営場〜雌阿寒温泉間徒歩約1時間

オンネトー国設野営場 ⑤
669・
658・

・1255
④ 八合目
1256

五合目オンネトーコース
944・

釧路市

展望のよい山頂

阿寒富士 △ 1476

・1238

阿寒富士へは歩きづらい急斜面を行く。登り30分、下り20分

・605
・653

オンネトー湯の滝

878・

張り出したアカエゾマツの根につまづかないように下る

白糠町

姿見ノ池畔からの旭岳。地獄
谷の噴気が絶えず上がる

5

北海道

標高	▶ **2291** m [旭岳]
登山難易度	▶ **中級** ★★ ★☆☆
日程	▶ **前夜泊日帰り**
歩行時間	▶ **7**時間**40**分
総歩行距離	▶ **13** km
累積標高差	▶ 登り**1140**m 下り**1221**m
登山適期	▶ 7上〜 9中

大雪山
<small>だいせつざん</small>

北海道の最高峰・旭岳から大雪山系を横断する。
行き帰りともロープウェイと温泉があるロングコース

「北海道の屋根」大雪山は、北海道最高峰の旭岳や黒岳、北鎮岳など20座近い山々の総称だ。スケール感ある火山地形や豊富な残雪、そこに咲くたくさんの高山植物、登山口に湧く温泉、そして登山を手助けしてくれるロープウェイ──。これらの魅力に惹かれ、登山シーズンには多くの登山者が訪れる。

アクセス

公共交通機関▶ 【行き】JR函館本線旭川駅➡旭川電軌バス約1時間45分➡旭岳駅➡大雪山旭岳ロープウェイ10分➡姿見 【帰り】黒岳七合目➡黒岳リフト/大雪山層雲峡・黒岳ロープウェイ乗り継ぎ約25分➡層雲峡➡道北バス約1時間55分➡旭川駅 ＊旭川駅発のバスは旭川空港を経由する（空港から旭岳駅へは約50分）。ロープウェイ・リフトの詳細はP27「こぼれ情報」参照のこと。

マイカー▶ 旭岳駅へは旭川空港から道道294・1160号経由約39km。駅前に有料、手前に無料駐車場あり。

問合せ先▶ 旭川電気軌道バス☎0166-23-3355、道北バス☎0166-23-4161、大雪山旭岳ロープウェイ☎0166-68-9111、大雪山層雲峡・黒岳ロープウェイ/黒岳リフト☎01658-5-3031、ニッポンレンタカー旭川空港前営業所☎0166-83-0919、ひがしかわ観光協会☎0166-82-3761、旭岳ビジターセンター☎0166-97-2153、上川町産業経済課☎01658-2-4058

参考地図▶1/25000地形図：愛山渓温泉、層雲峡、旭岳、白雲岳

▶目指す北鎮岳を横目に旭岳から間宮岳とのコルへ向けて下る。まだまだ先は長い

旭川方面からバスで山麓のいで湯・旭岳温泉へ。ここで前泊し、翌日は朝いちばんのロープウェイで標高約1600mの❶姿見駅へ。

姿見駅からはまず右への道に入る。すぐに旭岳温泉からの登山道が右から合流し、お花畑の道を旭岳石室の立つ姿見ノ池へ向かう。ここからは標高差約630mの岩礫の急斜面の登りとなる。左に地獄谷の噴気を眺めつつ高度を上げていくと、姿見ノ池や遠くに沼ノ平などが見えるようになる。尾根をひたすら登るとニセ金庫岩の大きな岩塊に出る。ここで左に大きく進路を変

▲コース上に咲く花。上はエゾタカネスミレ、下はエゾコザクラ。ともに間宮岳〜中岳分岐間で見られる

え、平坦地に出て右手に沢形を見ながら行くと今度は金庫岩がある。そこから最後の登りで❷旭岳に着く。白雲岳や黒岳など表大雪の山々、北大雪の武利岳やニセイカウシュッペ山、遠く日本百名山の阿寒岳や羅臼岳などを見渡す、最高峰にふさわしい眺望だ。

山頂からの展望を満喫したら、間宮岳へと向かう。途中の間宮岳とのコル（鞍部）への下りは急傾斜のうえ、シーズン初めは雪渓、雪解け後は滑りやすい砂礫の道だ。本コース一の難所といっていいだろう。慎重に下り切ると、

その名の通り真四角な形をした金庫岩（左）

▶北鎮岳から雲ノ平へ下る。7月中旬頃までは雪渓が残る

プランニングのヒント

入・下山時にロープウェイ・リフトを利用できるとはいえ、本州の3000m級の山に匹敵する厳しい気象条件を持ったロングコース。真夏でも防寒対策をしっかりとるとともに、天候の悪化が予想されるときや出発が遅かったときは旭岳の往復にとどめるべきだ。

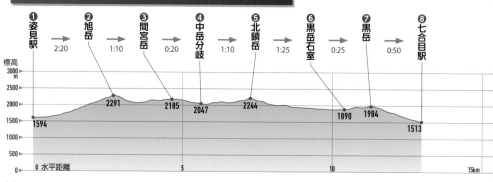

❶姿見駅		❷旭岳		❸間宮岳		❹中岳分岐		❺北鎮岳		❻黒岳石室		❼黒岳		❽七合目駅
	2:20		1:10		0:20		1:10		1:25		0:25		0:50	

標高 3000 m
2500
2000　2291　2185　2047　2244
1500　1594　1890　1984
1000　　　　　　　　　　　1513
500
0　水平距離
0　　　　　　5　　　　　　10　　　　15km

祠の立つ黒岳の山頂。開けた場所だけに好展望だ

コルの左手に裏旭キャンプ指定地がある。水場があるので給水していこう。ちなみにこの先水場は黒岳石室までない。

コルからは熊ヶ岳の南東面をトラバースするように進む。やがて御鉢上の**❸間宮岳**（まみやだけ）に出る。ここからは御鉢を巡るように左右に道が延び、どちらを行っても黒岳石室で合流する。右回りのコースは花は多いが、黒岳石室の手前で沢を渡る箇所がある。ここは危険箇所の少ない左回りのコースを取る。

間宮岳から熊ヶ岳を左に**❹中岳分岐**（なかだけぶんき）へと下る。マイカー利用者はここで左の道を下って裾合平経由で姿見駅へ戻ってもいいだろう（姿見駅へ約3時間40分）。分岐からは徐々に高度を上げ、北鎮分岐に出る。北にある北海道第二

▲黒岳への登りから来たりし方向を振り返る。正面奥に北鎮岳東面の白鳥、千鳥の雪形が見えている

注 御鉢の外周は風が強い場所だ。また9月ともなると気温はぐんと下がり、雹（ひょう）が降ることもある。

▲七合目の登山事務所。下山届をしてリフト駅へ

の高峰（2244m）で、展望のよい**❺北鎮岳**（ほくちんだけ）まで足を延ばしてみよう。

北鎮分岐に戻り、左に進んで御鉢の北面をたどる。急斜面を下ると平坦な尾根道になり、標高2020m地点に出る。ここからは不気味に口を開く御鉢平の底が眺められる。さらに緩く下っていき、ウラシマツツジなどの花を見ながら進むと避難小屋の**❻黒岳石室**（くろだけいしむろ）に着く。6月下旬〜9月下旬は管理人が入るが、食料（お菓子やカップ麺は販売）や寝具などは用意する必要がある。

石室からは岩礫の斜面を登って**❼黒岳**（くろだけ）へ。振り返ると北鎮岳東面の白鳥、千鳥の雪形が見える。リフト利用の観光客の多い道をジグザグに下っていくと、黒岳リフト**❽七合目駅**（ななごうめえき）に着く。

サブコース　銀泉台から愛山渓温泉

距離 23.9km　**時間** 14時間40分　**難易度** 中級

二度目の大雪山向きコース。旭岳の山頂こそ立てないが、大雪山の花を堪能するならメインコースよりおすすめ。大雪山東面の銀泉台を起点に大雪山固有種のホソバウルップソウを見ながら登り、初日は白雲岳避難小屋泊。翌日は好展望の白雲岳、御鉢の南面を通ってメインコース上の中岳分岐へ。さらにお花畑が広がる沼ノ平を経て愛山渓温泉へと下る。

▲（上）旭岳温泉涌駒荘の露天風呂　（下）立ち寄り入浴施設の層雲峡黒岳の湯

♨ 大雪山周辺の温泉

個性ある山々が揃う大雪山は、温泉も豊富。登山口に旭岳、層雲峡、愛山渓など5つの温泉があり、前泊や後泊がしやすく、登山プランが立てやすい。最大規模は北東麓にある層雲峡温泉。道内有数の観光地だけに、大型のホテルが並ぶ。西麓の旭岳温泉はロッジ調の建物が多く、高原リゾートの雰囲気。北西にある愛山渓温泉は先のふたつのような華やかさはないが、山のいで湯の雰囲気は抜群。

こぼれ情報 往路の大雪山旭岳ロープウェイは6〜17時30分（夏期）の運行。復路の黒岳リフトは6時30分〜17時30分（夏期）、大雪山層雲峡・黒岳ロープウェイは6〜18時（夏期）の運行。いずれも季節により変動あり。

27

大雪山

1:50,000
0　500　1000m
1cm=500m
等高線は20mごと

N

JR上川駅・国道39号

ポンアンタロマ川

愛山渓温泉
愛山渓ヒュッテ
愛山渓倶楽部

バスはないので
タクシーを利用する

雲井ヶ原湿原

愛別岳沢

三十三曲坂

イズミノ沢

愛別岳
△2113

昇天ノ滝

八島分岐

村雨ノ滝

一ノ沼

四ノ沼

半月ノ沼

五ノ沼

滝ノ上分岐

永山岳
2040

木道が敷かれ
た快適な道

二ノ沼

松仙園

三ノ沼

六ノ沼

沼ノ平

銀明水
（雪渓を利用

安足間岳 2194

比

当麻岳
2076

大沼

第二展望台

当麻乗越

小塚

大塚

中岳温泉
（施設なし）

ピウケナイ沢の増水時は渡れない

小沼

ビウケナイ沼

五色池

ピウケナイ沢

1:00

1:10

2:30

1:50

裾合分岐

裾合平

ビウケナイ第三沢川

裾合分岐～姿見駅間は
1時間50分

エゾコザクラや
エゾタカネスミレなど

熊ヶ岳
2210

コジキ沢

地獄滝

御田ノ原

夫婦池

瓢沼

姿見駅 1

姿見ノ池

地獄谷

旭岳 2

△2291

金庫岩

裏旭
キャンプ指定地

JR旭川駅・
旭川空港

大雪山旭岳ロープウェイ

旭岳駅

旭岳温泉

旭岳スキー場

第一天女ヶ原

姿見平

旭岳石室
（宿泊不可）

2:20

ニセ金庫岩

1:40

滑りやすい急斜面の下り。
7月中旬頃まで雪渓が残る

後

東川

駒止滝

勇駒別

旭岳ビジターセンター

湯の沼

旭岳青少年
キャンプ場

第二天女ヶ原

旭平

幣の滝

見川

裾平

小旭岳
1654

JR旭川駅・上川層雲峡IC↑

神仙谷

地獄谷

層雲峡キャンプ場

大雪湖・銀泉台

層雲峡橋

層雲峡温泉

層雲峡黒岳の湯

層雲峡ビジターセンター

層雲峡

層雲峡駅

39

楯岩

大雪山層雲峡・黒岳ロープウェイ

紅葉谷

北海道

上川町

白水温泉

白水川

上川岳
・1884

黒岳五合目駅

見晴台

（駅の水道施設）

黒岳五合目駅

黒岳沢川

赤石川

黒岳リフト

1417・

凌雲岳
・2125

桂月岳
1938

黒岳 **7**
1984

8 七合目駅

登山事務所

0:50

1:70

北海道第二の高峰

黒岳石室キャンプ指定地

御鉢平の眺め

雲ノ平

展望のよい山頂

マネキ岩

5

北鎮分岐

2020

2244

6 黒岳石室

0:25

0:20

1:25

2:10

御鉢の外周は風が強い

飛竜ノ滝

赤壁ノ滝

北海岳〜黒岳石室間は
1時間20分の下り

烏帽子岳
・2072

大雪山
（ヌタプカウシペ）

有毒温泉
（立ち入り禁止）

中岳分岐

御鉢平

北海岳
・2149

大雪山の固有種・
ホソバウルップソウなどが咲く

奥ノ平

コマクサ平

1:00

第二花園

0:40

赤岳
2078

2:00

1:30

第三雪渓

東平

第一花園

1:00

銀泉台

夏期運行

松田岳
・2136

北海沢

1:20

五色岳
・2038

東岳
・2067

コマクサをはじめ
花が多い

0:40

宮岳

荒井岳

1:00

小泉岳
2158

第四雪渓

小泉平

森林パトロール
銀泉台事務所

白雲岳
2230

0:40

0:10

0:40

0:20

0:30

展望よい

白雲岳避難小屋
（雪渓を利用する）

白雲岳キャンプ指定地

ホロカイシカリ川

小鉢平

小白雲岳
・1966

緑岳
（松浦岳）
2020

ユウツセツ沢

米沢ケルン

大雪山
（ヌタプカウシペ）

高原温泉分岐・忠別岳↓

大雪高原温泉↓

緑岳沢

ガイド登山活用法

日本百名山は登山レベルが中級以上の山が大半を占める。初級者（あるいは中級者）が次のレベルの山へのチャレンジをするための手助けのひとつとして「ガイド登山」という方法もある。

参加することで技術や知識が学べる

飯豊山はガイド登山を利用したい山のひとつ

八ヶ岳など山域のガイド協会もある

ガイド登山とは

　日本百名山は難易度の高い山が多い。百名山完登を目標にしつつも、自身の経験に不安を抱く人は少なくないことだろう。

　そんなときに頼りになるひとつの方法が「ガイド登山」である。その名のとおり、プロの登山ガイドが同行して登頂をめざすものだ。ここでいうプロとは、日本山岳ガイド協会や都道府県条例などに基づく認定資格を有するガイドのことで、その的確なアドバイスのもと、技術や知識を学ぶことができ、トラブル発生の際も適切に対処してもらうことができる。危険を可能な限り遠ざけたうえで、憧れの頂に立つことができるのがガイド登山といっていいだろう。

ガイド登山のスタイル

　ガイド登山は大きく2つに分けられる。それぞれの特徴と料金例を見てみよう。

①ガイド依頼型

　個人やグループの登山者が山岳ガイドを伴って目標の山に登るスタイルで、ガイドのホームページなどを介して同行を依頼する。北アルプスでの山小屋泊を例にとると、ガイド料金は1日あたり3万円前後。ここにガイドの経費（交通費・山小屋宿泊費）が加わる。1泊2日の場合、2日分のガイド料金とガイドの経費をマンツーマンなら全額、複数人数の参加なら人数割して支払うことになる。なお、山岳保険料に関しては、料金に含まれる場合と参加者が個人で加入する必要がある場合とがあるので注意したい。また、現地までの交通費、山小屋宿泊費等は参加者の自己負担となる。

②ツアー参加型

　ガイドやツアー会社が主催する登山ツアーに申し込み、参加するスタイル。首都圏や関西発の北アルプス登山ツアーの場合、2泊3日で5〜7万円がメインのようだ。現地までの交通費・宿泊費・食費・保険料などが含まれるケースがほとんどだが、コースの難易度によって参加制限が設けられているケースが多い。

メリットとデメリット

【メリット】
・個人山行に比べ安全対策が考慮されている。
・歩くペースが適切で、疲労が軽減される。
・登山道具の効果的な使い方が体得できる、など。

【デメリット】
・ガイド料金が含まれるため費用が高い。
・ガイドと相性が合わないことがある。
・大人数のツアー登山の場合、他の参加者とのペースが合わないことがある、など。

　おもなメリット・デメリットは上記のとおりだが、ガイドの資質に差があるのもまた事実。事前に電話やメールで登山コースやツアー内容の説明を受けたり、当該ガイドが主催する登山教室や机上講座、ツアー説明会などに参加して判断することも必要だろう。

トムラウシ公園からのトムラウシ。夏でも雪が多く残る

6

北海道

標高……▶	**2141**m
登山難易度▶	上級 ★★ ★★☆
日程……▶	前夜泊日帰り
歩行時間▶	**11**時間**15**分
総歩行距離▶	**17.4**km
累積標高差▶	登り1466m 下り1466m
登山適期▶	7上～9上

トムラウシ

南麓の秘湯・トムラウシ温泉をベースに、
花と水と岩の殿堂の山を目指すハードなコース

大雪山国立公園のほぼ中央にあり、大雪山と十勝連峰を結ぶ稜線にどっしり構えている。山中にある大小の湖沼や豊富な高山植物、そして無数に積み重なる岩の取り合わせは、さながら天然の公園のよう。しかしその岩場の通過と悪天候が命取りになった、2009年の大量遭難は忘れずにいたい。

▲**アクセス**

公共交通機関▶【往復】JR根室本線新得駅➡レンタカー約1時間40分➡短縮登山口
＊7月中旬～8月中旬(運行日は要問合せ)は新得駅～トムラウシ温泉間に北海道拓殖バスが運行(予約優先、約1時間30分)。新得町には短縮登山口まで運んでくれるタクシー会社はなく、レンタカーかマイカー利用限定の山と考えたい。なお、登山口の東大雪荘に宿泊する場合、北海道拓殖バスの運行日以外は新得駅から宿の無料送迎バスを利用できるが、東大雪荘から短縮登山口までの交通手段がない。
マイカー▶短縮登山口へはとかち帯広空港から国道236(川西中札内道路)・38号、道道109・54・75・718号経由約120km。短縮登山口に無料駐車場あり。
問合せ先▶北海道拓殖バス☎0155-31-8811、新得駅前レンタカー☎0156-64-0522(新得町観光協会)、ニッポンレンタカー帯広空港前営業所☎0155-64-5065、新得町産業課☎0156-64-0522

参考地図▶1/25000地形図：オプタテシケ山、トムラウシ山

日帰り　南麓のトムラウシ温泉東大雪荘で前泊し、翌日は早発ちして車で8km先の❶短縮登山口へ向かう。登山口で身支度をして出発しよう。

　登山口からは笹原を刈り分けた道を登っていく。20分ほどでトムラウシ温泉からの道が合流する❷正規コース分岐(せいきコースぶんき)に出る。正規コースを登る場合は、トムラウシ温泉を出て林道を横切り、急斜面を登っていく。標高850mあたりで傾斜が緩くなり、広い尾根をたどる。アップダウンを繰り返し、標高1008mのピークを越えるとまもなく❷正規コース分岐(せいきコースぶんき)に出る。ここまで登

▶カムイ天上を過ぎると右手に日本二百名山のニペソツ山が見える

▲短縮コース登山口。駐車場とバイオトイレ、登山届ポストなどがある

注1 地元の人の手により丸太の歩道の整備を進めているので、今後は改善されることが期待される。

▶礫地の中の前トム平を抜け、トムラウシ山頂を目指す

コース下部はダケカンバと針葉樹林の登り

り1時間40分ほど（下りは1時間20分）。短縮コースと比べると往復で2時間30分近い差がつくことを考えると、なるべく短縮コースから登りたい。

　分岐からは単調な尾根道を登る。周囲は原生林でこそないが針葉樹が多く、北海道の山の森の雰囲気は味わえる。やがて視界のない❸カムイ天上(てんじょう)に出る。以前はここで道が分岐したが、前方の旧道は閉鎖されている。この先は尾根上の笹原を切り開いた道を進む。ぬかるみを歩きつつ(注1)徐々に高度を上げていき、やがて広い尾根を越えて

プランニングのヒント

　休憩等も含めた総行動時間は12〜13時間を想定し、午前4時には歩き出したい。下山の時間切れに備え、ヘッドランプと予備電池も必携だ。コマドリ沢出合からトムラウシ公園にかけての雪渓は視界不良時、道迷いの多発地点。慎重に歩こう。なお、途中の水場の水は必ず煮沸すること。

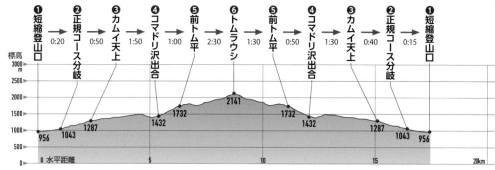

| ❶短縮登山口 | →0:20 | ❷正規コース分岐 | →0:50 | ❸カムイ天上 | →1:50 | ❹コマドリ沢出合 | →1:00 | ❺前トム平 | →2:30 | ❻トムラウシ | →1:30 | ❺前トム平 | →0:50 | ❹コマドリ沢出合 | →1:30 | ❸カムイ天上 | →0:40 | ❷正規コース分岐 | →0:15 | ❶短縮登山口 |

標高 3000m / 2500 / 2000 / 1500 / 1000 / 500 / 0

956　1043　1287　1432　1732　2141　1732　1432　1287　1043　956

水平距離　0　　5　　10　　15　　20km

ナナカマドなどの紅葉が鮮やかな秋のトムラウシ公園

▲トムラウシ山頂からの十勝連峰。左奥は富良野岳、右下は硫黄沼

カムイサンケナイ川に向けてジグザグに下っていく。沢を遡るとすぐ**❹コマドリ沢出合**（がわであい）に出る。

出合から右のコマドリ沢に入る。7月下旬まで雪渓の残る斜面を登り、源頭の岩礫の急斜面をペンキ印に従い右寄りへ。登り切ると岩礫帯の**❺前トム平**（まえトムだいら）に出る。手前はエゾナキウサギの生息地で、盛んに鳴き声が聞こえる。

前トム平からはハイマツの斜面を登る。ハイマツを抜けると岩礫帯の丘のような場所に出る。ここからは目指すトムラウシや十勝連峰、東大雪の展望がいいので、ひと休みしよう。

道は大きな岩を縫うようにしていったん下り、トムラウシ公園を横切って再び登る。トムラウシ公園は岩と水、

注2 ケルンがいくつもあるが、これは視界不良時の目印になる（P31の写真）。

▲南沼キャンプ指定地。トイレはなく、携帯トイレとトイレブースを使用する

そして雪渓との絶妙な取り合わせで、そこに夏は高山植物、秋は色とりどりの紅葉が広がる別天地だ。トムラウシ公園を左下に見下ろす高さまで登ってくると南沼キャンプ指定地はもう近い。テント泊に慣れた人はここで幕営もいいだろう。

キャンプ指定地で道は4方向に分かれるが、トムラウシの山頂は右方向だ。山頂へは急な岩礫の斜面で、これが思いのほかきつい。分岐から20分ほどで**❻トムラウシ**の山頂にたどり着く。岩を積み上げたような山頂からは、大雪山や十勝連峰、はるか遠くに日高山脈、眼下には北沼が見える。

山頂からは往路を下るが、登り同様きつい道のりだ。

◀登山者が集うトムラウシ山頂

 エゾナキウサギ

コマドリ沢と前トム平の間に岩礫帯があり、「キチッ」「ピィーッ」などの動物の鳴き声が聞こえてくる。声の主はエゾナキウサギだ。エゾを冠する通り北海道の一部の山岳地帯の岩場に生息する。岩場は天敵のキタキツネやエゾオコジョなどから身を守ってくれるうえ、高温に弱い彼らにとって夏でも冷涼な環境なので、棲み家にもってこい。運がよければ、岩の上で日光浴をする姿が見られるかも。

▲耳は一般的なウサギと異なり短く丸い形状。この方が岩の隙間で動きやすいからだ

こぼれ情報　正規コース登山口にトムラウシ温泉東大雪荘（☎0156-65-3021）がある。立ち寄り入浴可。ほかに19km手前に山の交流館とむら（☎0156-65-2000）、新得駅から東大雪荘側へ14kmの場所に湯宿くったり温泉レイク・イン（☎0156-65-2141）がある。

ヒサゴ沼避難小屋・化雲岳

美瑛町

ロックガーデン

三川台・オプタテシケ山

2009年の大量遭難が
発生したのはこのあたり

黄金ヶ原

2061

北沼

❻ トムラウシ

大雪山、十勝連峰など
主要山岳が見渡せる

南沼キャンプ指定地

携帯トイレブース

北海道
新得町

南沼

トムラウシ公園
（要煮沸）

コマドリ沢出合〜トムラウシ公園間は
7月下旬頃まで雪渓が残る

ケルン

❺ 前トム平

前トムラウシ山

コ
マ
ド
リ
沢

（要煮沸）

❹ コマドリ沢出合

岩礫の急斜面をペンキ
印を頼りに進む

急斜面の
ジグザグの下り

カ
ム
イ
サ
ン
ケ
ナ
イ
川

❸ カムイ天上

ぬかるんだ道だが、木道の
整備が進められている

正規コース分岐 ❷

❶ 短縮登山口

分岐に標識あり

ユ
ー
ト
ム
ラ
ウ
シ
川

樺沼

ユ
ウ
ト
ム
ラ
ウ
シ
ノ
沢

トムラウシ温泉〜正規コース分岐間
登り1時間50分、下り1時間20分

トムラウシ自然休養林

三股山
△1213

トムラウシ自然休養林
野営場

緑雲橋

国民宿舎東大雪荘

トムラウシ温泉

JR新得駅・とかち帯広空港

トムラウシ

1:50,000

0   500   1000m

1cm=500m
等高線は20mごと

N

7

北海道

標高……▶	**2077**m
登山難易度▶	**中級** ★★ ★☆☆
日程……▶	**前夜泊日帰り**
歩行時間▶	**8**時間**10**分
総歩行距離▶	**16.3**km
累積標高差▶	登り**1455**m 下り**1455**m
登山適期▶	**7中〜9中**

十勝岳
とかちだけ

**十勝連峰の最高峰。火口や火山礫、そして噴煙——。
火山活動のスケール感を感じながら登っていく**

十勝岳は大雪山の南にあり、今なお噴煙を上げる活火山。火山礫に覆われた山頂部は、荒涼とした草木の生えない灰色の世界が展開する。ただしその分展望は抜群で、北海道中央部の名峰を一望できる。山頂への登山道は複数あるが、北面の白金温泉や望岳台からの往復登山者が大半を占める。

アクセス

公共交通機関▶【往復】JR富良野線美瑛駅➡道北バス約35分➡白金温泉
＊旭川空港からはふらのバス約15分で美瑛駅に行き、上記のバスに乗り換える。タクシーは白金温泉先の望岳台まで入る（美瑛駅から約30分・約8500円）。
マイカー▶望岳台へは道央道旭川鷹栖ICから国道237号、道道966号経由約58km。旭川空港からは国道237号・道道966号経由約35km。望岳台に約100台分の無料駐車場がある。
問合せ先▶道北バス☎0166-23-4161、ふらのバス☎0167-22-1911、美瑛ハイヤー☎0166-92-1181、ニッポンレンタカー旭川空港前営業所☎0166-83-0919、美瑛町経済文化振興課☎0166-92-4321

参考地図▶1/25000地形図：白金温泉、十勝岳

日帰り **①白金温泉**〔しろがねおんせん〕に前泊して、針葉樹の中の白金コースを登って**②望岳台**〔ぼうがくだい〕に向かう。車利用なら車道を上がり望岳台まで行けば歩行時間が短縮できる。立派な防災シェルター（食堂、売店はない）が立つ望岳台からは、正面に目指す十勝岳や美瑛岳など、十勝連峰の山々がずらりと並ぶ壮観な眺めが広がっている。

望岳台から登山道に入り、泥流跡の緩やかな道を進む。周囲は殺風景な火山灰や火山礫の斜面だが、イソツツジなどの花が谷筋に確認できる。その先で分岐に出る。十勝岳と美瑛岳への道

▶望岳台先からの十勝連峰（中央右が十勝岳）。このあたりはまだハイマツやシラタマノキなど緑が多い

▲十勝岳避難小屋。トイレはない

が分かれる**③美瑛岳分岐**〔びえいだけぶんき〕だ。分岐を過ぎると十勝岳避難小屋に着く。

避難小屋周辺は一面の岩礫帯で、見晴らしはよいが山頂は見えない。小屋を過ぎてほどなく左手の沢を渡り、大きな火山礫に覆われた尾根に取り付く。踏み跡が不明瞭なので、岩につけられたペンキ印を頼りに急斜面を昭和火口へと登る。

傾斜が緩くなると左に**④昭和火口**〔しょうわかこう〕、右に広いグラウンド火口を望む平坦地に出る。グラウンド火口の奥には美しい円錐形の十勝岳が見えている。右手

望岳台の防災シェルター。週末の駐車は早めに

▶避難小屋（右）を背に尾根に取り付く

プランニングのヒント

歩行時間の短縮を図るためにも、白金温泉から望岳台まではできるだけ車を利用したい。美瑛岳を周回したい場合（P38サブコース参照）、望岳台を出発点にしないと時間切れになる恐れがある。十勝岳は活火山のため、噴火に備えた対策も万全にしておこう（下巻P8参照）。

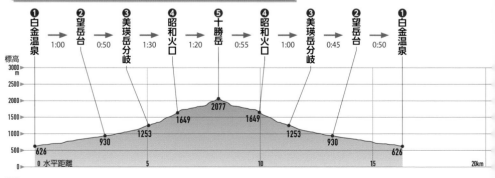

❶白金温泉		❷望岳台		❸美瑛岳分岐		❹昭和火口		❺十勝岳		❹昭和火口		❸美瑛岳分岐		❷望岳台		❶白金温泉
	1:00		0:50		1:30		1:20		0:55		1:00		0:45		0:50	

標高 3000m / 2500 / 2000 / 1500 / 1000 / 500 / 0

626 / 930 / 1253 / 1649 / 2077 / 1649 / 1253 / 930 / 626

0 水平距離 5 10 15 20km

眺めのよい尾根上の道を十勝岳を望みながら進む

は62-Ⅱ火口から噴煙が盛んに上がり、この山が現役の活火山であることを実感できる。

　グラウンド火口の縁を通って頂上を目指すが、これまでの歩きづらい砂礫の道から、平坦で歩きやすい道になる。ただし広大な火山灰の堆積地だけに、ガス時は方向を見失いやすい。

　しばらくは景観を楽しみながら緩やかに標高を上げていくが、やがて頂上への尾根の急な登りに差しかかる。尾根は距離こそ短いが、岩がゴロゴロして歩きづらい。このあたりの道は以前は粒子の細かい火山灰が厚く堆積していたが、大雨で流され、現在のような岩礫の道になった。

▲十勝岳山頂に立つ標柱

　登り切ると主稜線に出て、左に行けば❺十勝岳の山頂はもうすぐだ。登り着いた山頂は比較的狭い岩山だが、連峰の最高峰だけあって展望は抜群。前後に富良野岳や美瑛岳、オプタテシケ山など十勝連峰の峰々が、その奥に百名山のトムラウシなど表大雪が、遠くに日高山脈の連なりも確認できる。

　山頂から往路をたどって❷望岳台に下山する。タクシーを利用して帰る場合は、ここで乗車してもいい。往路の白金コースを下っていくと❶白金温泉に到着する。バスの待ち時間に周辺の宿で山の汗を流していくとよい。

◀急斜面を登り終えると十勝連峰南端の富良野岳（左）が頭をのぞかせる

▶山頂部は火山岩を縫って登っていく

こぼれ情報　特に神経痛に対する効能の高さから「杖忘れの湯」と称される登山口の白金温泉には、数軒のホテルや旅館、ゲストハウスと1軒の入浴施設がある。宿泊施設のほとんどが立ち寄り入浴も受け付けている。問合せはびえい白金温泉観光組合（☎0166-94-3025）へ。

サブコース　美瑛岳周回

距離 8km　時間 5時間　難易度 中級

　十勝岳登山者の多くは望岳台からの山頂往復だが、体力と時間のある人は北東に延びる稜線をたどり、十勝連峰第二の高峰、美瑛岳（2052m）へと向かってみよう。コースは十勝岳から広い稜線をたどり、分岐を左に取り美瑛岳に登る。展望を楽しんだら尾根を下ってポンピ沢に出て、お花畑の広がる雲ノ平を抜けるとメインコース上の美瑛岳分岐に戻ってくる。

◀美瑛岳の山頂。十勝岳や美瑛富士などの好展望

十勝岳周辺の温泉

　宿泊する白金温泉以外にも、十勝岳の周辺には魅力的な温泉が近在する。望岳台の南西にある吹上温泉には一軒宿の白銀荘（自炊のみ☎0167-45-4126）がある。宿から5分ほどにある混浴の露天風呂は、ドラマ『北の国から』で宮沢りえが入浴したことで知られる。吹上温泉のさらに南には十勝岳温泉凌雲閣（☎0167-39-4111）がある。温泉は2種類の源泉のかけ流しで、露天風呂は十勝連峰を見渡すすばらしいロケーション。

▶吹上温泉白銀荘。大露天風呂が人気だ

十勝岳

1:50,000
0　　500　　1000m
1cm=500m
等高線は20mごと
N

JR美瑛駅・旭川空港
国設白金野営場

① 白金温泉
白金温泉
・752

大雪山白金観光ホテル

国立大雪青少年交流の家
・708
第一展望台
硫黄沢川
ウグイス谷遊歩道
白金コース

・857
オヤウシナイ大滝
アバレ川

天然庭園
・1259

富良野川
JR十勝岳温泉富良野駅

第二展望台

第三展望台

北海道
美瑛町
・1116

美瑛富士避難小屋
美瑛富士
1888・

② 望岳台

十勝岳望岳台防災シェルターが立つ。タクシーはここまで

・1339

美瑛富士分岐

白金コースに1時間ほどで合流できる

九条武子歌碑

荒々しい十勝岳の姿が眺められる

雲ノ平

勝瑛ノ滝

2052 △美瑛岳

美瑛岳分岐
③ 1258

吹上温泉

吹上温泉白銀荘
吹上露天の湯

十勝岳避難小屋

岩につけられたペンキ印を頼りに登る

上富良野町

大正火口
1646・

62-Ⅱ火口

北向火口
④ 昭和火口

スリバチ火口

グラウンド火口

広い場所で、ガス発生時は方向を見失いやすい

岩礫のきつい尾根登り

⑤ 2077

上ホロカメットク山・富良野岳

十勝岳

平ヶ岳

鋸岳

新得町

広い稜線歩きだが、ガス発生時は道がわかりづらい

十勝岳新得コース登山口

戸蔦別岳の北側山腹から見た幌尻岳

標高……▶	**2052** m
登山難易度▶	**上級** ★★ ★★★
日程……▶	**前夜泊2泊3日**
歩行時間▶	**18**時間**30**分
1日目▶	4時間40分
2日目▶	9時間30分
3日目▶	4時間20分
総歩行距離▶	**28.5** km
1日目▶	9.7km
2日目▶	9.1km
3日目▶	9.7km
累積標高差▶	登り2193m 下り2193m
登山適期▶	7上～ 9中

幌尻岳

ぼろしりだけ

水量の多い沢の徒渉、標高差の激しい登山道、ヒグマの出没。
百名山屈指の難易度を誇る、日高山脈の最高峰

「北海道の背骨」と称される日高山脈。その最高峰が幌尻岳だ。山頂部には3つのカールを持ち、周囲には見事なお花畑が広がる。しかし山頂部に立つのはかなり厳しい。登山者の多い額平川コースでも股下までの水量のある沢の徒渉や1000m以上の標高差の登降など、経験者でも手強い道のりだ。

アクセス

公共交通機関▶【往復】JR日高本線代行バス富川駅➡道南バス約1時間➡振内案内所➡タクシー約20分・約4500円➡とよぬか山荘➡シャトルバス約1時間(有料)➡林道第二ゲート　＊シャトルバスは要予約。

マイカー▶とよぬか山荘駐車場へは日高道日高富川ICから国道237号、道道71・845・638号経由約58km。第二ゲートへは上記シャトルバスに乗り換える。なお、駐車場での車中泊、テント泊は禁止。

問合せ先▶道南バス☎01457-2-2311、振内交通(タクシー)☎01457-3-3021、平取ハイヤー☎01457-2-3181、とよぬか山荘(シャトルバス)☎01457-3-3568、平取町観光協会(平取町観光商工課)☎01457-3-7703

参考地図▶1/25000地形図：二岐岳、ピパイロ岳、幌尻岳

▶幌尻岳登山の拠点・幌尻山荘。45人収容で、登山シーズンは週末を中心に満員になる

1日目

とよぬか山荘からのシャトルバスを❶**林道第二ゲート**で降り、林道を歩く。❷**北海道電力取水施設**から額平川右岸沿いの山道へ。

函（別名ゴルジュ。川の両岸が高くそびえ川幅が狭くなった場所）が現れるとすぐ先が四ノ沢出合。ここからはいよいよ徒渉が始まる。幌尻山荘までは赤いテープや岩につけられた赤いペンキ印を頼りに15回近く徒渉を繰り返す。地下足袋や渓流靴など、沢歩きに適した靴に履き替えよう。徒渉自体はさほど難しくはないが、水量が豊富な沢だけに、増水には気をつけたい。

▲とよぬか山荘は7月1日～9月末営業。もともとは学校だった建物を宿泊施設に改装したものだ

注1 バスは7月1日～9月30日の運行で、乗車にあたってはとよぬか山荘に予約を入れる（幌尻山荘の予約時にも申し込み可）。

額平川を徒渉する

左岸に五ノ沢を見ると、❸**幌尻山荘**に着く。平取山岳会が管理する山小屋で、期間中は管理人が常駐する。ただし素泊まりにつき、食料や炊事道具、寝具、トイレットペーパーは必携。

2日目

宿泊用具を小屋に預けて軽荷で登山に臨むが、最後に何度か徒渉があるので、渓流靴は忘れないように。

山荘からはいきなり針葉樹林のジグザグの登りとなる。林相がダケカンバに変わると尾根上に出る。しばらく登ると冷たい❹**命の泉**がある。

▶取水施設をあとに、額平川沿いの登山道に入る

プランニングのヒント

前泊地はシャトルバスが出発する「とよぬか山荘」がいい。シャトルバスは1日3往復で、始発は午前4時。当コースは徒渉が多く、天候悪化の際はより困難度が増すため、不安を感じる人はプロの山岳ガイドと同行すべきだろう。登山情報は平取町役場ととよぬか山荘のHPに詳しい。

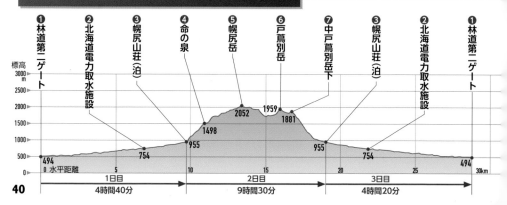

標高3000m
| ❶林道第二ゲート | ❷北海道電力取水施設 | ❸幌尻山荘（泊） | ❹命の泉 | ❺幌尻岳 | ❻戸蔦別岳 | ❼中戸蔦別岳下 | ❸幌尻山荘（泊） | ❷北海道電力取水施設 | ❶林道第二ゲート |

494 / 754 / 955 / 1498 / 2052 / 1959 / 1881 / 955 / 754 / 494

水平距離 0　5　10　15　20　25　30km

1日目 4時間40分　2日目 9時間30分　3日目 4時間20分

幌尻岳から雲海越しに望むカムイエクウチカウシ山（右奥）

命の泉からは再び急斜面の登りとなるが、この先で樹林が切れ、展望が一気に開ける。ハイマツと岩の尾根を登り切ると、北カールを囲む壁の上に出る。ここからは馬蹄形の稜線をたどり幌尻岳に向かうが、カール壁は一面のお花畑となっている。

やがて右手遠くにイドンナップ岳の大きな山塊が姿を現し、眼下には幌尻湖が見える。新冠川コースが右から合流し、まもなく⑤**幌尻岳**に着く。

展望を楽しんだら稜線を北進し戸蔦別岳へ向かうが、ここまでできつく感じるようなら往路を下山しよう。

東カールを右下に見て進むと「肩」と呼ばれる場所に出て、今度は七ツ沼カールが眼下に見えるようになる。こ

▲北カールからの戸蔦別岳の眺め。北カールは7～8月は花に彩られる

注2 耳を澄ませばエゾナキウサギの声も聞こえる別天地だが、ヒグマも多い。カールに下る際は稜線上から様子を確認する。

注3 ガスの発生時は東に延びる明瞭な踏み跡に誘い込まれやすい。GPSやコンパスで方向を確認しよう。

こで進行方向を北に変え、急斜面を大きく下る。途中七ツ沼への降り口が2ヵ所あるが、戸蔦別岳寄りを使った方がいい。七ツ沼カールは名前通り7つの沼が点在し、お花畑が展開する。

礫地帯を抜け、急斜面を登ると⑥**戸蔦別岳**に出る。山頂から稜線を下って⑦**中戸蔦別岳下**に出て、左手の細い尾根に入る。嫌になるほどジグザグを繰り返すと六ノ沢に出て、少し下ると本流との出合となる。❸**幌尻山荘**までは沢沿いの不明瞭な踏み跡をたどるが、徒渉地点の印を見落とさないこと。

3日目 渓流靴を履いて幌尻山荘を出発する。四ノ沢出合で登山靴に履き替えて❶**林道第二ゲート**へひたすら歩く。

◀七ツ沼カールを見下ろしながら戸蔦別岳に向かう

▶中戸蔦別岳下からは長い尾根を下って幌尻山荘を目指す

8 幌尻岳

こぼれ情報　幌尻山荘（4～6月☎01457-3-3838。7～9月☎01457-3-3568）は7～9月営業で素泊まりのみ（寝具なし）。要予約だが、受付期間・時間が複雑なのでホームページ（http://horoshiri-biratori.jp）で確認を。

登頂の成否を分ける、額平川の徒渉

　幌尻岳登山の難易度をより高めているのが、幌尻山荘まで何度も繰り返す額平川の徒渉。額平川は雪解け時には股下、渇水期でも膝程度の水深があり、降雨時は急激に水位が上がる。通行のポイントとして、**❶事前に登山当日前後の天気をチェック(雨の場合は諦める)　❷渓流靴など沢用の足回りを用意(ヘルメットも用意したい)　❸下山中に天候が悪くなった場合、無理に動かず幌尻山荘で待機する**、などが挙げられる。

◀徒渉は15回前後にもおよぶ。重荷を背負っているだけにきつい

びらとり温泉 ゆから

　幌尻岳登山の拠点となる平取町の町営温泉施設。とよぬか山荘に向かう途中の二風谷ファミリーランド内にあり、露天風呂や炭酸泉など5種の湯がある。宿泊施設や、びらとり黒毛和牛、びらとりトマトなど地場の食材を活用したレストランも充実し、登山後の立ち寄り、宿泊に好適だ。新規オープンしたグランピング(贅沢キャンプ)施設も人気。

☎01457-2-3280
営業=10～22時(受付～21時30分)、無休(臨時休業あり)。

▶森に包まれた露天風呂

ここまでシャトルバスが入る
❶林道第二ゲート

ゲートからここまでは林道歩き

林道歩きがたいへん長いが、徒渉の少ないコース。歩く際は新冠町役場にコース状況を確認する

四ノ沢出合～幌尻山荘間は徒渉が連続する。増水時通行不可

急斜面の登りが続く

六ノ沢出合までひたすら急斜面の下り

徒渉の連続。増水時通行不可

花多い

日高の最高峰にふさわしい大展望

幌尻岳

1:66,000
0　500　1000m
1cm=660m
等高線は20mごと
N

チロロ川本流ゲート
二岐岳 △1590
北海道電力取水施設
二岐沢・二ノ沢出合
日高町
・1623
トツタの泉
ヌカビラ岳 △1808
北戸蔦別カール
・1912
北戸蔦
❼中戸蔦別岳 △1881
戸蔦別岳 **❻**
❸幌尻山荘
六ノ沢出合
五ノ沢
❹命の泉
戸蔦別岳
・1766
北カール
・1829
❺幌尻岳 △2052
東カール
・1719
新冠川コース
幌尻沢
幌尻右沢
幌尻湖
新冠ポロシリ山荘
新冠川コース

とよぬか山荘
アッチャシヒナイ沢
ビラチシウスナイ沢
奥幌尻橋
額平林道
苫茶古留志山 △997
ウエンナイ沢
・1359
幌振橋
2:30
2:20
一ノ沢
額平川
二ノ沢
北海道電力取水施設 **❷**
洗心ノ滝
三ノ沢
四ノ沢
四ノ沢出合
2:10
2:00
・900
・1000
1:100
1:50
1:20
・1000
・1300
3:40
2:40
0:20
2:10
2:30
1:40
2:30
・1400
・1500
ヌカンライ岳 △1518
北海道 新冠町
・1627
アイラル別川
平取町
二岐沢
オアイセニ沢

9

北海道

標高……▶	**1898**m
登山難易度▶	上級 ★★ ★★☆
日程……▶	前夜泊日帰り
歩行時間▶	**9**時間**40**分
総歩行距離▶	**12.7**km
累積標高差▶	登り**1648**m 下り**1649**m
登山適期▶	6下〜 9中

後方羊蹄山 [羊蹄山]
しりべしやま

後方羊蹄山のクラシックルート、比羅夫コースを登る。
標高差約1500mのハードな登りだが、花と大展望が待つ

札幌を中心とする道央エリア西部にある山で、均整の取れた姿から「蝦夷富士」の名で親しまれる。そんな見た目の姿に反し登山はハード。独立峰ゆえ気象変化が激しく、4本の登山道はすべて標高差が大きい。それでも天然記念物の植物群落や山頂からの大展望など、苦労してでも登る価値は高い。

～～～ アクセス

公共交通機関▶【往復】JR函館本線倶知安駅➡タクシー約15分・約3500円➡半月湖野営場
＊バス利用の場合は倶知安駅からニセコバス・道南バスで羊蹄登山口バス停下車（約10分）、さらに徒歩約40分で半月湖野営場。野営場へはJR函館本線比羅夫駅から徒歩でのアクセスも可能。約1時間。
マイカー▶半月湖野営場へは札樽道小樽ICから国道393・276・5号経由約69km。半月湖畔自然公園と半月湖野営場に広い無料駐車場がある。
問合せ先▶ニセコバス☎0136-44-2001、道南バス☎0136-22-1558、ニセコ国際交通（タクシー）☎0136-22-1171、倶知安町観光課☎0136-23-3388

参考地図▶1/25000地形図：倶知安、羊蹄山

▶岩がゴロゴロした比羅夫コース九合目。左手は山頂、右は羊蹄山避難小屋へ続く

日帰り 倶知安（くっちゃん）からタクシーで❶半月（はんげつ）湖野営場（こやえいじょう）へ。バスの場合は国道5号上の羊蹄登山口バス停から車道を約40分歩く。広い駐車場の一角が登山口。登山届を提出し、登山（注1）に取り掛かる。なお、コース中には水場がないので、ここで必ず給水しておこう。

▲案内板が並ぶ比羅夫コースの登山口

登り始めはトドマツやカラマツの人工林、やがて天然の林の道を行く。一合目を過ぎると急な斜面となり、ジグザグに登っていく。やがて尾根上に出ると平坦地の二合目だ。

二合目からは単調な尾根の登りとなる。このあたりからは植物の垂直分布

注1 登山の際は植生保護のため、ストックを使用する場合は、先端にゴムキャップをつけること。

に注目しながら登ってみよう。三合目からはエゾマツやダケカンバの大木が現れる。エゾマツ林は五合目の下まで続くが、なかでも四合目や五合目付近の大木は見事だ。

❷**五合目**（ごごうめ）付近から植生が変わり、エゾマツ林からウコンウツギやオガラバナの混じる低いダケカンバ林となる。チシマザサやハイマツに覆われた急斜面を登り、視界が開けると六合目。大きな岩があり、背後にはスタート地点の半月湖が見えている。この先もきつい登りが続くので、ひと休みしよう。

4.合目
▲標高800m地点の四合目にある標識

一合目の先にある風穴

▶（左）二合目でひと休み
（右）五合目手前の針葉樹にある立ち枯れ木

プランニングのヒント

歩行時間が長いので、山麓で前泊する。九合目の羊蹄山避難小屋は以前と違って緊急避難用となっているため（P45こぼれ情報参照）、可能な限り日帰り登山を前提として計画したい。この山の花の見頃は6月下旬〜8月、紅葉は9月初めから。例年、9月下旬頃には初冠雪を迎える。

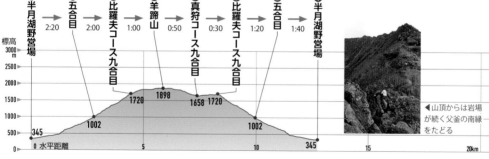

❶半月湖野営場 →2:20→ ❷五合目 →2:00→ ❸比羅夫コース九合目 →1:00→ ❹羊蹄山 →0:50→ ❺真狩コース九合目 →0:30→ ❸比羅夫コース九合目 →1:20→ ❷五合目 →1:40→ ❶半月湖野営場

標高 3000m / 2500 / 2000 / 1500 / 1000 / 500 / 0
1898　1720　1658　1720　1002　1002　345　345
水平距離　0　5　10　15　20km

◀山頂からは岩場が続く父釜の南縁をたどる

44

羊蹄山山頂に集う登山者。眼下は京極の町並み

▲京極ピーク付近からの父釜の眺め。周囲5km、深さ200mあり、山頂部でいちばん大きな火口だ

　相変わらずの急な斜面をジグザグに登る。だんだんハイマツが多くなっていくと、岩礫に覆われた❸比羅夫コース九合目に出る。ここで道は2方向に分岐する。左は北山へ、右は羊蹄山避難小屋への道だ。ここは左に進路を取る。チシマフウロやイワギキョウなど高山植物の多いカール状の地形を左手に見ながら登っていく。再び羊蹄山避難小屋との分岐があり、ここを直進。さらに登ると火口の縁に出る。ここからは頂上部が一望できる。頂上部は思いのほか複雑で、父、母、子の名前がつけられた火口（釜）がある。

　火口縁から母釜の外周をたどり、北山を越える。眼下の大展望と高山植物の咲く砂礫の道を緩やかに登ってい

▲建て替えられた羊蹄山避難小屋。小型化され、緊急避難用としての性格が強まった

[注2] このあたりは複雑な地形で、視界不良時は迷いやすい。

く。左から京極コースが合流すると三角点のある1893mのピークに着く。さらに150m進むと❹羊蹄山に着く。山頂は360度の大パノラマだ。

　山頂からは父釜の南縁をたどっていく。アップダウンのある岩場が続き、やや難儀する。右から母釜からの道が合流すると真狩コース分岐に出る。分岐からはお花畑の斜面を下り、砂礫の斜面を横切ると❺真狩コース九合目。右に進み、羊蹄山避難小屋の前を通過する。天気の悪化や体調不良の際などの緊急時にはここを利用することになる。小屋の前には7月上旬までは雪渓があり、水が得られる。

　❸比羅夫コース九合目からは往路を下って❶半月湖野営場へ向かう。

サブコース　真狩コース

| 距離 | 7.4km | 時間 | 5時間30分 | 難易度 | 上級 |

　南面の真狩村を起点とする、後方羊蹄山のもうひとつのポピュラーコース。危険箇所は少ないが、メインの比羅夫コース同様に標高差が1700m近いハードな登りが続く。登山口は道道66号の羊蹄自然公園入口バス停。羊蹄自然公園を抜け登山道に入る。二合目からは急斜面をひたすら登ってガイドコース上の真狩コース九合目に出る。山頂へはあと1時間。

▲エゾタンポポ。かつてはエゾフジタンポポと呼ばれていた

🌸　後方羊蹄山の花

　後方羊蹄山は全山で300種以上の植物を産する花の名山。なかでも比羅夫コースと山頂部は「後方羊蹄山の高山植物帯」として天然記念物に指定されている。後方羊蹄山の別名「蝦夷富士」の名を冠するエゾフジタンポポ（エゾタンポポ）や北海道ではこの山のみに咲くオノエリンドウ（P43の写真）、日本の南限となるメアカンキンバイなど多くの花々が九合目付近のお花畑に咲いている。

こぼれ情報　羊蹄山避難小屋（素泊まり・有料。寝具は別料金）は6月中旬～10月中旬、管理人が常駐するが、建て替えで宿泊可能数が大幅に減少し、現在は緊急時の避難用と考えたい。宿泊の可能性がある場合は、事前に倶知安町観光課（☎0136-23-3388）へ。

45

JR倶知安駅・小樽IC

羊蹄国道

5

比羅夫

羊蹄自然公園バス停

羊蹄登山口

△456

半月湖畔自然公園

半月湖

P

1 半月湖野営場

P

一合風穴

一合目

倶知安町

植生がエゾマツからダケカンバに変わる

比羅夫コース九合目

後方羊蹄山の高山植物帯

視界不良時は迷いやすい

二合目

三合目

四合目

2 五合目

比羅夫（倶知安）コース

2:20
1:40

六合目

七合目

2:00
1:20

3

北山
1843

1:00
0:50

京極コース

八合目

京極コース

八合目

1893
1898

4 羊蹄山（後方羊蹄

父釜

母釜
予釜

（有料）

601

△315

北海道

ニセコ町

△503

山中に水場がないので必ず給水しておく

羊蹄登山口バス停〜半月湖野営場間
登り40分、下り30分

見ケ池

0:30

緊急時用

羊蹄山避難小屋

（有料）

真狩コース九合目 **5**

0:50
1:00

喜茂別コース

独立峰だけに展望は抜群

エゾノツガザクラなど花の多い斜面

真狩コース分岐

急斜面の登りが続く

八合目

七合目

真狩コース

四合目

3:30
2:40

南コブ
△650

二合目

0:30
0:20

真狩コース登山口

真狩キャンプ場

金刀比羅宮

P

羊蹄山自然公園

真狩村

△448

新陽

近藤

道道66号岩内洞爺線

社

羊蹄ふるさと館
（夏期開館）

0:30
0:20

羊蹄山湧水

JA澱粉工場

P

羊蹄自然公園入口

北九線

東

富里

真狩川

緑岡

細川たかし記念像

留寿都・蛇田洞爺湖IC

羊蹄登山口バス停・JR倶知安駅

鳥海山から鳥の海噴火口越しに見た岩木山の山頂部

O

青森県

標高……▶	**1625**m
登山難易度▶	**中級** ★★ ★☆☆
日程……▶	**前夜泊日帰り**
歩行時間▶	**7**時間
総歩行距離▶	**7.4**km
累積標高差▶	登り**1451**m 下り**374**m
登山適期▶	**6中〜10中**

いわきさん

岩木山

岩木山神社里宮が鎮座する百沢からのコースは、固有種の名花ミチノクコザクラを堪能するクラシックルート

津軽平野に優美な裾野を広げる岩木山は「津軽富士」とも呼ばれ、外輪山の鳥海山と巌鬼山との間に中央火口丘の岩木山がそびえる独立峰だ。八合目までは山岳観光有料道路の津軽岩木スカイラインが、さらに九合目までは登山リフトが運行されており、コース次第では初級者でもトライしやすい山だ。

アクセス

公共交通機関▶【**行き**】 JR奥羽本線弘前駅→弘南バス約40分→岩木山神社前 【**帰り**】スカイライン八合目→弘南バス約30分→岳温泉前→弘南バス約55分→弘前駅

＊スカイライン八合目発の最終バスは15時台。スカイライン八合目バス停そばの岩木山頂駅から九合目の鳥の海噴火口駅までリフトが運行されている(10分)。スカイラインのバス運行期間はスカイライン開通〜10月末。

マイカー▶百沢スキー場駐車場へは東北道大鰐弘前ICから国道7号、県道260・3号経由約28km。車の回収には岳温泉前から弘南バスに乗り換え岩木山神社前で下車し(約10分)、徒歩で駐車場に戻る。

問合せ先▶弘南バス☎0172-36-5061、岩木スカイライン(リフト)☎0172-83-2314、弘前市観光課☎0172-35-1128

参考地図▶1/25000地形図：岩木山

▶百沢スキー場のゲレンデ越しに望む岩木山（中央）。左は鳥海山

日帰り ❶岩木山神社前でバスを降り、荘厳な造りで知られる岩木山神社里宮の境内へと入っていく。石畳の参道を踏み、拝殿前から左の石段を下り鎮守の森の登拝路に入る。森を抜けると車道に飛び出て、神苑桜林公園に突き当たる。公園内の桜並木の中を真っ直ぐ通り抜け、さらに車道を横切り、レストハウスを経て百沢スキー場のゲレンデに入っていく。

ゲレンデ内の作業道づたいに左へ寄り、コナラなどの落葉樹林に入るとまもなく❷登山道入口に出て、すぐに小沢を渡るようになる。急登はときおり

注1 残雪があると上級者向け（★★★）になる。滝は普段、流水はない。1つ目の滝は左側を、2つ目と3つ目の滝は右側を迂回する。

▲冷たい水がこんこんと湧く錫杖清水

「山頂まで四時間」の標柱が立つ神苑桜林公園

現れるが、おおむね穏やかな樹林内の単調な道だ。小さな広場のカラスの休み場を越し、鼻コクリの標柱を過ぎると道はやや傾斜がつき始める。

足が少々重くなる頃、❸姥石に着く。しめ縄の張られた路傍の大きな石が姥石で、ここからも単調な樹林内の登りが続く。徐々に傾斜が増してきて、山腹を横切る水平な道に変わると、まもなく避難小屋の❹焼止りヒュッテ前に出る。

小屋を通り越し、コース核心部の大

▶（左）大沢は初めは水量の少ない沢床を遡る（右）種蒔苗代畔から見上げた岩木山の山頂部

プランニングのヒント

　6月中旬から登ることができるが、コース上部の大沢はミチノクコザクラの花期である7月中旬前後まで残雪がある。雪上歩行に不安がある場合は、7月下旬以降に歩いたほうがいい。首都圏から遠いだけに、八甲田山や八幡平などと組み合わせて登るのもおすすめだ。

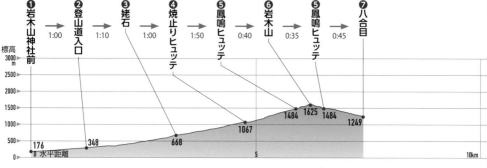

❶岩木山神社前		❷登山道入口		❸姥石		❹焼止りヒュッテ		❺鳳鳴ヒュッテ		❻岩木山		❺鳳鳴ヒュッテ		❼八合目
	1:00		1:10		1:00		1:50		0:40		0:35		0:45	

標高 3000m／2500／2000／1500／1000／500／0

176　348　　668　　1067　　1484　1625　1484　　1249

水平距離　　　5　　　10km

48

大沢の上部で視界が大きく開けるようになる

▲モニュメントが立つ岩木山山頂からの七里長浜と日本海

注2 二のおみ坂は滑落や落石による死亡事故が起きており細心の注意が必要。三点支持での登高を守ること。三のおみ坂も同様。

沢へと入っていく。大沢は両側の狭まった沢底を遡るルートで、水量の少ない、幾段かの滝が懸かる。また花期なら固有種のミチノクコザクラなどの花々が沢べりを彩っている。初めは狭い沢内だが、次第に天上などが開けてきて、やがて山中唯一の水場である錫杖清水に着く。

　岩が露出する窪地内の遡行はまだしばらく続き、前方に鋭く尖る黒々した大倉石が迫ると草付きの斜面となり、ほとりにミチノクコザクラが咲き揃う小さな池の種蒔苗代に出る。

　池畔の左縁をなぞり、さらに草付きの急斜面をひと登りすると**❺鳳鳴ヒュッテ**で、帰路の八合目からのコースと合流する。軽装のハイカーや観光客な

▲避難小屋の鳳鳴ヒュッテと双子岩（右上）

◀難所の二のおみ坂と三のおみ坂の間にある二のテラス

ども混じり出す。

　ヒュッテから急な岩場の二のおみ坂[注2]に取り付く。二のテラスに飛び出してひと息つき、続いて三のおみ坂に取り付く。北側に回り込むと大きな石がゴロゴロした**❻岩木山**山頂に着く。一等三角点が置かれた山頂には休憩棟や鐘の下がるモニュメントが立ち、岩木山神社奥宮が南隅に鎮座する。独立峰だけに眺望は抜群だ。

　帰路は、**❺鳳鳴ヒュッテ**まで下って往路を左に見送り、大倉石北側から鳥の海噴火口縁の鞍部に下り立つ。登山リフトコースを見送り、右下の灌木帯を20分ほど下降すれば、津軽岩木スカイライン終点でバス停のある**❼八合目**に下り立つ。

▶ゴールとなる岩木山八合目にはバス停や駐車場、レストハスなどがある。右は九合目・鳥の海へのリフト

こぼれ情報　宿泊や立ち寄り入浴は岩木山の南山麓にある百沢温泉や嶽温泉、一軒宿の三本柳温泉などがいいだろう。問合せは弘前市観光課（☎0172-35-1128）へ。岩木山中の山小屋はすべて避難小屋となる。

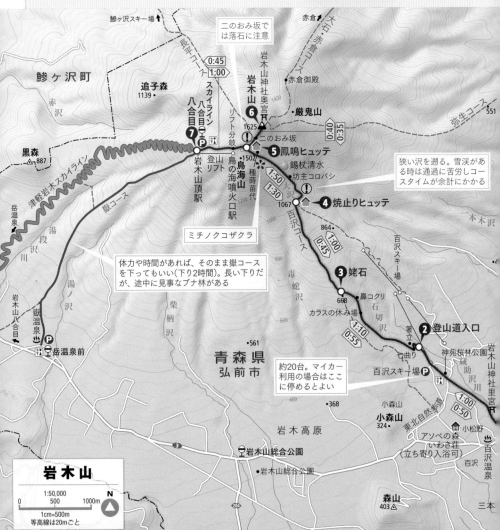

岩木山
1:50,000
0　500　1000m
1cm=500m
等高線は20mごと
N

青森県 弘前市

鰺ヶ沢町

津軽岩木スカイライン

二のおみ坂では落石に注意

岩木山神社奥宮
岩木山 1625 ⑥

狭い沢を遡る。雪渓がある時は通過に苦労しコースタイムが余計にかかる

体力や時間があれば、そのまま嶽コースを下ってもいい（下り2時間）。長い下りだが、途中に見事なブナ林がある

約20台。マイカー利用の場合はここに停めるとよい

田茂萢湿原から見上げた赤倉岳、井戸岳、八甲田大岳（左から）

青森県

標高……▶	**1585** m [八甲田大岳]
登山難易度▶	初級 ★★☆☆
日程……▶	前夜泊日帰り
歩行時間▶	**4**時間**35**分
総歩行距離▶	**9** km
累積標高差▶	登り479m 下り884m
登山適期▶	6下〜10下

八甲田山
<ruby>八甲田山<rt>はっこうださん</rt></ruby>

いくつもの峰と湿原を巡る展望の山歩き。通過困難な箇所はないが、天候の急変には十分な注意を

岩木山とともに青森県を代表する山。深田久弥は八甲田山のいわれを「…八つの峰と、その山中の所々に湿地、つまり田が多いので、八甲田と名づけられたと伝えられる」と書いたが、まさにその表現通りの眺めが展開する。夏の花もいいが、秋の毛無岱の草紅葉、山腹のブナ林の黄葉は絶品。

アクセス

公共交通機関▶【行き】JR東北新幹線新青森駅➡JRバス東北約55分➡ロープウェイ駅前〔山麓駅〕➡八甲田ロープウェー約10分➡山頂公園駅 【帰り】酸ヶ湯温泉➡JRバス東北約1時間10分➡新青森駅
＊JRバスは通年運行で、1日5〜6本。ロープウェイも通年運行で、始発は9時。運行間隔は15〜20分。酸ヶ湯温泉の宿泊者にはJR青森駅〜酸ヶ湯温泉間の送迎バスがある（1日2往復・要予約）。
マイカー▶八甲田ロープウェー山麓駅へは東北道黒石ICから国道102・394・103号経由約28km。山麓駅に約350台分の無料駐車場がある。
問合せ先▶JRバス東北☎017-773-5722、八甲田ロープウェー☎017-738-0343、幸福タクシー☎017-739-5029、青森市観光課☎017-734-5179、十和田市商工観光課☎0176-51-6771

参考地図▶1/25000地形図：雲谷、酸ヶ湯

▶井戸岳の下りからの大岳鞍部避難小屋

日帰り 山麓駅から観光客で賑わう八甲田ロープウェーに乗車して❶**山頂公園駅**へ。天気のいい日の展望台からは、これから登る八甲田大岳をはじめ、岩木山、陸奥湾などを眺めることができるだろう。

まずは観光客向けの遊歩道を行く。前方に八甲田大岳や井戸岳、右手に毛無岱や田茂萢湿原を眺めながら緩やかに下ったところが❷**上毛無岱分岐**で、ここは赤倉岳に向けて正面の登山道に入る（上毛無岱へは右に約30分）。

道はほどなく樹林を抜け、ハイマツの生えた広い尾根筋を登るようにな

▲ロープウェイ山麓駅。売店やトイレのほか、八甲田山からの水が出る給水所がある

注1 風の強い日や濃霧などの悪天候時は転落に注意したい。

荒涼とした井戸岳の噴火口

▶八甲田大岳山頂から小岳（中央）と高田大岳（左）を望む

る。急な木段を登り詰め、八甲田温泉への分岐点を過ぎると左手に赤倉岳の噴火口が赤茶色の険しい姿を見せ始め、道はこの噴火口の崖づたいに続く。道の左側は切れ落ちている。やがて小さな祠が見えてくれば❸**赤倉岳**で、ここからは少しの間、ハイマツ帯を登り、いったん緩く下ってから井戸岳を目指していく。

プランニングのヒント

　歩行時間は短いが、飛行機や新幹線を使っても日帰りは難しく、千人風呂で知られる酸ヶ湯温泉か八甲田ロープウェー付近の宿に前泊する必要がある。八甲田山は標高こそ1500m程度だが、北東北の山だけあって、悪天候時は真夏でもアルプスなみに気温が低下する。防寒対策は万全に。

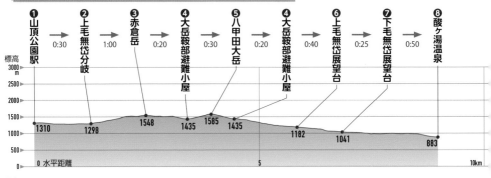

❶山頂公園駅 →0:30→ ❷上毛無岱分岐 →1:00→ ❸赤倉岳 →0:20→ ❹大岳鞍部避難小屋 →0:30→ ❺八甲田大岳 →0:20→ ❹大岳鞍部避難小屋 →0:40→ ❻上毛無岱展望台 →0:25→ ❼下毛無岱展望台 →0:50→ ❽酸ヶ湯温泉

標高 3000m / 2500 / 2000 / 1500 / 1000 / 500 / 0

1310　1298　1548　1435　1585　1435　1182　1041　883

0　水平距離　5　10km

八甲田大岳から大岳鞍部避難小屋へと下っていく

なだらかに上下する道を行くとまもなく井戸岳。右手には荒涼とした噴火口、左手には高田大岳の三角錐が美しい。この井戸岳から木段と岩屑の道を下ると、すぐに小さな丸い池と❹**大岳鞍部避難小屋**が間近に見えてくる。鞍部に降り立ったら❺**八甲田大岳**を往復してこよう。やや急な登りだが往復で1時間とかからない。頂上からは、岩木山、白神山地、陸奥湾、下北半島など大パノラマが展開する。

❹**大岳鞍部避難小屋**に戻り、西へと毛無岱方面に歩を進める。酸ヶ湯温泉までは意外に時間がかかるので、気を引き締めて歩こう。まずはやや急な樹林帯を下る。道はやがて傾斜を緩め、湿原の木道を歩くようになる。ここが

▲上毛無岱から望む紅葉に彩られた下毛無岱の全景

▲大岳鞍部に立つ道標

注2 木道や木段は濡れている時は非常に滑りやすい。眼下の景観に見とれることなく、慎重に下ろう。

毛無岱の東端で、上毛無岱と呼ばれるところだ。夏ならば花々を、秋なら紅葉を眺めながら歩く。田茂萢湿原からの道との合流点を過ぎれば、ほどなく❻**上毛無岱展望台**に出る。

展望台の先からは下毛無岱に向け急下降する。[注2]200段以上はありそうな木段を下るが、眼下に広がる下毛無岱には目を奪われる。道が平らになればまもなく❼**下毛無岱展望台**で、ここから南西方向に向きを変え下っていく。

ブナや針葉樹の森の道は、小さな登り下りこそあるがなだらかに続き、城ヶ倉温泉への道を右に見送ってしばらくすると酸ヶ湯温泉の屋根が見えてくる。急坂を注意して下れば❽**酸ヶ湯温泉**の広い敷地の一角に降り立つ。

▲木道の敷かれた上毛無岱を行く。周囲は一面の草紅葉だ

▶終点の酸ヶ湯温泉。立ち寄り入浴もできるのでバスの待ち時間に入浴していこう

こぼれ情報 八甲田山は花が多い。主に八甲田大岳南側の仙人岱や鏡沼、八甲田大岳周辺、上毛無岱・下毛無岱にお花畑が広がり、初夏から初秋にかけて次々と咲く。代表的な花は仙人岱のヒナザクラ。「雪の妖精」といわれる可憐な花だ。

　酸ヶ湯温泉を起点に花の多い仙人岱（せんにんたい）経由で八甲田大岳に登る。メインコースの下山路と組み合わせると周回コースになるので、マイカー利用者に最適。仙人岱への途中にある地獄湯ノ沢の源頭部は火山性ガスが発生しているので、通過の際は要注意だ。仙人岱から八甲田大岳にかけては高山植物が多く、なかでも7〜8月にかけてはヒナザクラが見事。

◀地獄湯ノ沢の源頭部を横切る。このあたりは火山性ガスが発生しているので、なるべく素早く通過したい

♨ 酸ヶ湯温泉

　八甲田山西麓に湧く、東北を代表する温泉のひとつ。江戸時代から湯治場として知られていた宿で、昔ながらの湯治場はいまも健在だ。四万温泉（群馬県）、日光湯元温泉（栃木県）とともに1954（昭和29）年、日本で初めて国民保養温泉地に指定された湯でもある。有名なヒバ千人風呂は原則として混浴だが、1日に2時間、女性専用時間帯が設けられている。☎017-738-6400　営業＝7〜18時（日帰り入浴）、無休

▶千人風呂は複数の浴槽に入ることでより効果が高まる

2

岩手県・秋田県

標高……▶	**1613** m
登山難易度▶	初級 ★★☆☆☆
日程……▶	日帰り後泊
歩行時間	**5** 時間
総歩行距離	**12.1** km
累積標高差▶	登り**516**m 下り**766**m
登山適期▶	6上〜10下

八幡平
はちまんたい

高原逍遥と湖沼群巡り。樹林の多い八幡平にあって、ふたつの展望地を踏む盛りだくさんのぜいたく山旅コース

　岩手・秋田の県境にあり、「平」の名の通り、高原のようななだらかな山容。山頂部には沼や湿原が点在し、多くの花が咲いている。周囲には温泉も多い。山頂に立つだけなら南側の八幡平頂上バス停から30分ほどの短時間コースだが、この山の魅力を味わうには東面の茶臼口からの縦走がいい。

アクセス

公共交通機関▶【行き】JR東北新幹線盛岡駅➡岩手県北バス約1時間50分➡茶臼口
【帰り】ふけの湯温泉➡羽後交通バス・秋北バス約2時間➡JR秋田新幹線田沢湖駅
＊茶臼口へのバスは1日3本（2便は松尾鉱山資料館乗り換え）。ほかに1日1便、盛岡駅から自然散策バス（岩手県北バス）が運行される。盛岡駅からタクシー利用の場合は約1時間20分・約1万6500円。ふけの湯温泉から田沢湖駅へのバスは1日2便。
マイカー▶茶臼口へは東北道松尾八幡平ICから県道45・23号（八幡平アスピーテライン）経由約20km。茶臼口には駐車場が2ヵ所あるが、ともにスペースは少ない。
問合せ先▶岩手県北バス☎019-641-1212、羽後交通☎0187-43-1511、秋北バス☎0186-23-2183、岩手中央タクシー（盛岡駅）☎019-622-8686、八幡平市商工観光課☎0195-74-2111、鹿角市産業活力課☎0186-30-0248

参考地図▶1/25000地形図：茶臼岳、八幡平

▶茶臼岳山頂から日本百名山の岩手山を望む。八幡平三大眺望地に恥じない眺めだ

日帰り ❶**茶臼口**バス停で下車し、車道を横切って登山口から笹原の急坂に取り付く。背後に岩手山がそびえる二段階の急坂を登り切ると、十字路分岐のある茶臼山荘の前に出る。八幡平三大眺望地のひとつ❷**茶臼岳**へは往復10分ほどなので、立ち寄ってこよう。山頂からは眼前の岩手山の眺めが圧巻だ。夜沼や熊沼、畚岳から連なる裏岩手連峰なども一望できる。

▲登山口の茶臼口バス停。バスの本数が少ないのが難

　山荘に戻り緩やかに下ると、木造展望デッキのある❸**黒谷地湿原**に出る。デッキからは湿原のワタスゲやニッコウキスゲなどが見渡せる。近くには熊

▲無人小屋の茶臼山荘。バイオトイレが設置されている

茶臼口からはいきなりの急な登りとなる

▶静かで落ち着いた雰囲気の黒谷地湿原

の泉と呼ぶ清水も湧き出ている。

　黒谷地湿原からはアオモリトドマツ樹林の道を緩やかに登っていく。安比高原への道を右に見送ると木道が現れ、明るい草原の斜面となる。この草原は湿原より花の種類は多いぐらいだ。登り切ると平坦な道になり、まもなく八幡平三大眺望地のひとつ源太森の入口に着く。❹**源太森**は樹林からわずかに抜きん出た小高い丘で、目の前に広がるひたすらなだらかな八幡平の山頂部と八幡沼が印象強い。

　源太森から先が八幡平の核心部とな

プランニングのヒント

　山頂だけなら八幡平頂上バス停から30分あれば十分だが、あまりにもったいない。この山の魅力は豊富な高山植物と個性豊かな温泉なので、両方楽しめる縦走とした。八幡平では長いコースだが、全体的に歩きやすい。山頂から八幡平頂上バス停に下れば首都圏からの日帰りもできる。

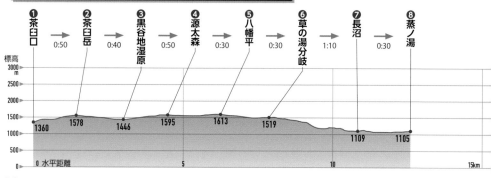

❶茶臼口 → 0:50 → ❷茶臼岳 → 0:40 → ❸黒谷地湿原 → 0:50 → ❹源太森 → 0:30 → ❺八幡平 → 0:30 → ❻草の湯分岐 → 1:10 → ❼長沼 → 0:30 → ❽蒸ノ湯

標高 m
3000
2500
2000
1500
1000
500
0

1360　1578　1446　1595　1613　1519　　　　　1109　1105

0　水平距離　　　　　5　　　　　10　　　　15km

八幡沼北岸につけられた木道を行く

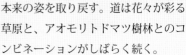
▲八幡平三大眺望地・源太森からの八幡平山頂部。山名通りのまっ平らな山頂だ

り、八幡沼北側に開けた広い湿原を、木道をたどって横断する。夏は花々が彩り、秋には草紅葉が輝く。陵雲荘入口付近から立派な歩道になり、沼を横目にひと登りすると、2基の木造展望デッキが置かれたガマ沼分岐に着く。

左から見返峠からのコースが合流し、観光客に混じって右の整備のよい遊歩道を進むと**❺八幡平**の頂上だ。樹林の中で見晴らしはなく、展望デッキ上からのみ見渡せる。

多くの人はここから南へ20分ほどの八幡平頂上バス停へと下っていくが、ここは北西に延びる長沼コースへと進む。長沼へのコースは、山頂に立つ大きな標柱の横から、西の山道に入る。すぐに静寂が支配する、八幡平の

注 標高差約150mを下る本コース唯一のロープ場。補助用のロープがあるが、滑りやすいので慎重に下る。

▲長沼の水面から顔を出すネムロコオホネ

◀アオモリトドマツの樹林の中にある八幡平頂上の展望デッキ

▶タチギボウシが咲き誇る、晩夏のブシ谷地の湿原

本来の姿を取り戻す。道は花々が彩る草原と、アオモリトドマツ樹林とのコンビネーションがしばらく続く。

❻草の湯分岐を過ぎると周囲は樹林のみになり、やがて急斜面に差しかかる。ロープ場を慎重に下り切るとブシ谷地の湿原があり、花期にはタチギボウシなどが湿原一帯を埋めている。

樹林内をいったん登って今度は下降すると、水面にネムロコウホネが浮かぶ**❼長沼**畔に出る。岸辺にはサワギキョウが群生している。沼畔に立つあずま屋から鋭角に折れ、ブナ林を抜けると大谷地湿原。晩夏ごろならタチギボウシとサワギキョウの見事な群落が広がる。幅広い道に出ると、湯煙が方々で湧き上がる**❽蒸ノ湯**が間近になる。

こぼれ情報 ふけの湯温泉からJR秋田新幹線田沢湖駅へのバスは、春、夏、秋の一定期間を除いて土・日・祝日の午後2便のみ。ただし、バスの運行がない日は、バス便の増えるアスピーテ入口バス停まで無料送迎（宿泊者用）あり。

距離	4.9km	時間	2時間15分	難易度	初級

　標高1578mの畚（もっこ）岳は、八幡平と岩手山を結ぶ裏岩手連峰の先端にそり立つ八幡平三大眺望地のひとつで、なだらかな山容の八幡平にあってひときわ目を引く。八幡平山頂から南に20分ほど下り八幡平頂上バス停へ。車道を15分ほど下ると裏岩手縦走路入口に出る。縦走路に入り、笹の尾根道を進む。肩で右に入ると畚岳山頂だ。下山は八幡平頂上バス停へと引き返す。

▲畚岳は八幡平三大眺望地のひとつ

▶蒸ノ湯は至るところから蒸気が湧き上がる

八幡平の温泉

　八幡平は温泉の宝庫だ。東北でも最高所にあり、雲上の露天風呂が自慢の藤七温泉。秋田側には青森ヒバの内風呂や5つの露天風呂を備えた蒸ノ湯がある。すぐ近くには素朴な昔ながらの湯治場の面影を色濃く留めた大深温泉が、そしてその下流には、「馬で来て足駄で帰る後生掛（ごしょうがけ）」と、効果のほどを謳われた後生掛温泉がある。また草の湯や元安比温泉のような手掘りの湯船のみの極めてシンプルな温泉も存在する。

八幡平

1:63,000
0　500　1000m
1cm＝630m
等高線は20mごと

3

岩手県

標高⋯⋯▶	**2038**m [薬師岳]
登山難易度▶	上級 ★★ ★★☆
日程⋯⋯▶	前夜泊日帰り
歩行時間▶	**9**時間**45**分
総歩行距離▶	**11.3**km
累積標高差▶	登り**1411**m 下り**1410**m
登山適期▶	7上～10中

岩手山

いわてさん

岩手山登山のメインコースを登り、大展望が開ける山頂部を一周する。国内屈指のコマクサのお花畑も必見。

美しい姿から「南部富士」と呼ばれ、宮沢賢治や石川啄木など岩手県の人の心のふるさとの山として親しまれている。山頂部は遠めの姿からは想像できないほど複雑な地形をなし、その周囲には多くのコマクサが自生する。数ある登山道のうち、アクセスしやすい南東の柳沢コースがよく登られる。

アクセス

公共交通機関▶【往復】JR東北新幹線盛岡駅➡タクシー約40分・約7000円➡馬返し駐車場
＊下山時のタクシーは行きの乗車時に予約しておこう。IRGいわて銀河鉄道滝沢駅からタクシーを利用した場合は約20分・約4500円。
マイカー▶馬返し駐車場へは東北道滝沢ICから国道4・282号、県道278号経由約10km。駐車場は無料で、約100台分のスペースがある。
問合せ先▶岩手中央タクシー〔盛岡駅〕☎019-622-8686、滝沢交通（タクシー）☎019-694-3277、滝沢市観光物産課☎019-656-6534、八幡平市商工観光課☎0195-74-2111

参考地図▶1/25000地形図：姥屋敷、大更

▶新道と旧道が合流する七合目の鉾立。長く続いた急登はここまでだ

日帰り ❶**馬返し**の広い駐車場から歩き出す。トイレの横を通り、傾斜のあるキャンプ場内の林間をまっすぐ進む。岩手山を見上げるモニュメントやトイレ、休憩棟のある上部の広場が登山道の入口だ。広場には鬼又清水があるので、水筒を満たしておくこと。

ナラなどの落葉樹林に入るとまもなく登り坂となり、改め所を通り越す。ほどほどの傾斜の坂道が続き、ブナの樹が中央に立つ分岐点で、直上コース[注1]と 桶の淵を通るコースにいったん分かれる。すぐに一合目で合流し、その先の❷**二・五合目**で再び新道と旧道

▲真ん中にブナが立つ〇・五合目

柳沢コース登山口となる馬返し

注1 桶の淵付近や一合目と二合目の間のトーフ岩付近は滑りやすい粘土質の道なので、スリップに注意したい。

▶新道と旧道が分岐する二・五合目

に分かれる。左の旧道は天上の開けた見晴らしのよいルートだが、日差しを遮る樹林がなく、炎天下は避けたい。直進路の新道は六合目あたりまで樹林内を進む。なお、コース自体はどちらも七合目まで急斜面の登りで、火山特有の歩きづらい砂礫の道が続く。

新道と旧道が合流する❸**七合目・鉾立**で急登から解放され、薬師岳火山体と外輪の鬼ヶ城尾根との間に開けた快適な火口原を行く。波打つハイマツ帯を進むと、まもなく八合目の大きな避難小屋の前に出る。

プランニングのヒント

紹介する馬返しからのコースは標高差が1100m以上と大きく、足元の不安定な火山砂礫とあいまって意外に時間を要する。山麓での前泊、あるいは歩き出す時間によっては八合目避難小屋利用がベター。ただし素泊まりのみ。国内屈指の規模を誇るコマクサの最盛期は7月上〜中旬。

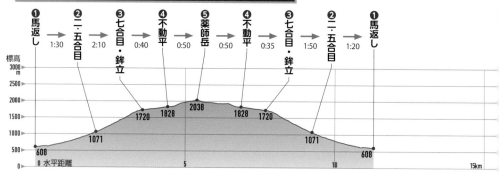

❶馬返し		❷二・五合目		❸七合目・鉾立		❹不動平		❺薬師岳		❹不動平		❸七合目・鉾立		❷二・五合目		❶馬返し
	1:30		2:10		0:40		0:50		0:50		0:35		1:50		1:20	

標高 3000m / 2500 / 2000 / 1500 / 1000 / 500 / 0

608 / 1071 / 1720 / 1828 / 2038 / 1828 / 1720 / 1071 / 608

0 水平距離　5　10　15km

お鉢の内部を埋め尽くすコマクサ群落

▲お鉢の内部から見た御室火口と岩手山最高点の薬師岳（右奥）

ここからは開放感のあるお花畑を進み、十字路分岐のある**❹不動平**に出る。不動平には石室風の休憩小屋が立っており、トイレやベンチがある。

不動平からは右の丸みを帯びた薬師岳火山体へと取り付くが、火山特有のスコリアと呼ばれる砂礫道で、ズルズルと歩きづらい。斜面途中のY字路分岐を左に入ると路傍に立つ三十三観音様と足元のコマクサの出迎えを受け、「お鉢」と呼ぶ火口縁に飛び出る。すり鉢状のお鉢内部には、荒々しい口を開けた御室火口と中央火口丘の妙高岳が立っている。斜面には国内屈指の規模のコマクサ群落やオヤマソバなどが見られ、荒地ながら意外に花は多い。

三十三観音石仏に導かれ、時計回り

▲八合目避難小屋。カップ麺やコーヒーなどの食料やTシャツなども購入できる

注2 奥宮の鎮座する東側は火山性ガスが噴出しているので、噴出孔には絶対近づかないこと。

にお鉢を巡る。獅子頭（P59の写真）が奉られる平笠不動分岐を見送れば、岩手山最高地点の**❺薬師岳**山頂に着く。

さすがに東北屈指の高峰だけに、天候に恵まれたなら、さえぎるもののない大展望が得られる。また、東西の新旧の火山体を見下ろすと、岩手山の火山様式が見た目ほど単純ではなく、東西の相違が一目瞭然だ。特に西側の巨大カルデラの内部は複雑だ。

山頂からはそのまま時計回りでお鉢を進み、岩手山神社奥宮、下降地点分岐を経て、先のY字路分岐へと戻る。

なお、お鉢巡りは視界の悪い時や強風時は通行を避け、往路を引き返す。

Y字路分岐からは往路を**❶馬返し**へと下っていく。

◀不動平からは歩きづらい火山砂礫を登っていく。スパッツがあると便利だ

▶お鉢から眼下に西岩手火山体を見る。中央左は御苗代湖

こぼれ情報 コース上部の八合目避難小屋（☎019-656-6534・有料）には、7月1日から10月のスポーツの日まで管理人が入る（2020年は10月第2日曜予定）。食事の提供はないが、毛布の貸し出し（有料）を行なっている。5名以上で宿泊の場合は、滝沢市観光物産課まで事前に要連絡。

距離 6.2km **時間** 3時間35分 **難易度** 中級

岩手山北東面にある国の特別天然記念物・焼走り溶岩流につけられたコース。標高差はメインとなる柳沢コースと大差なく、最初から最後まで火山砂礫のきつい下降を強いられる。それでも溶岩の海原が広がる焼走り溶岩流の豪快な眺めやふたつの噴出口跡、ツルハシの分れ付近のコマクサの大群落など、岩手山の魅力が凝縮されたコースだ。下山口には立ち寄り温泉の「焼走りの湯」も。

▶溶岩塊が広がる焼走りコースからの岩手山

♨ 網張温泉

柳沢コースからは離れるが岩手山の南西にあり、8世紀開湯といわれる歴史ある温泉。一軒宿の休暇村岩手網張温泉では宿泊以外に立ち寄り入浴も楽しめる。館内の内風呂や男女別の露天風呂以外に、宿から徒歩10分ほどの場所に男女共用の露天風呂「仙女の湯」などがある。背後に滝が流れ、ワイルド感満点。☎019-693-2211 営業=8〜14時（温泉館は9〜18時、仙女の湯は12〜15時）、無休（仙女の湯は冬期休業）

▶秘湯ムード満点の仙女の湯。混浴だけに水着着用の人もいる

岩手山

1:50,000
0 500 1000m
1cm=500m
等高線は20mごと
N

岩手県 八幡平市

↑大更

岩手山パノラマライン

700 上坊神社

上坊コース

岩手山焼走り
国際交流村
●焼走りキャンプ場

焼走りの湯
（立ち寄り温泉）
P 焼走り駐車場

焼走り自然観察教育林

800

焼走り溶岩流

コマクサの大群落

第1噴出口跡

焼走りコース

2:00
1:40

国の特別天然記念物。一帯が溶岩塊で覆われている

イタゲ沢
洞ヶ沢

平笠不動避難小屋

ツルハシの分れ

1419 1:50
1:20

赤倉岳

屏風尾根 1660

茶臼岳
三十六童子

1200

0:50
0:35

1251

第2噴出口跡

滝沢市

お鉢巡りは強風時や濃霧時は通らないこと

5 薬師岳
2038

0:50
1:00

妙高岳

御室火口
岩手山神社奥宮

陸上自衛隊
岩手山演習場

御苗代湖
切通し・大倉駅

0:50
0:40

1828

平笠不動分岐
お鉢の火口縁

Y字路分岐

下降地点分岐

六合目

2:10
1:50

新道

三合目

火口原コース

鬼ヶ城

切通し・大倉駅

鬼ヶ城コース

不動平避難小屋
妻ノ神沢
御神坂沢

御神坂コース

4 不動平

平笠不動小屋
御神坂避難小屋

0:40
0:35

1720

3 七合目・鉾立

御成清水
八合目避難小屋

旧道 五合目

1794

大倉石

柳沢コース

2 二・五合目

一合目

トーフ岩

大ナメリ

一合目

改め所

必ず給水しておく

零石町

1035

御成清水
八合目避難小屋

旧道は展望はいいが樹林がない。盛夏の通行は避けたい

1035

862

桶の淵

鬼又清水

馬返しキャンプ場

608

1:30
1:20

1 馬返し
P

滝沢駅・滝沢IC↘

南面の薬師岳中腹から見た早池峰山。中央右手の尾根筋を登る

標高	▶ **1917**m
登山難易度	中級 ★★ ★☆☆
日程	▶ 前夜泊日帰り
歩行時間	**4**時間**50**分
総歩行距離	**4.8**km
累積標高差	登り**867**m 下り**674**m
登山適期	▶ 6中〜10上

早池峰 [早池峰山]
はやちね

500種以上の花が咲くといわれる、日本屈指の花の名山。固有種の花々に癒されながら、ハードな登降をこなしていく

北上山地の中心にあり、植生の特異性が強い蛇紋岩の山であることからハヤチネウスユキソウなどの固有種を産み、標高1300mから上は国の特別天然記念物となっている。数本ある登山コースのうち、南側からの正面コースと小田越コースがメイン。ともに蛇紋岩の急傾斜が続くきつい登降だ。

アクセス

公共交通機関▶【往復】JR東北新幹線・釜石線新花巻駅➡早池峰環境保全バス約1時間20分➡小田越
＊バスは6〜9月の特定日運行。直行バスの運行日以外は新花巻駅から大迫まで岩手県交通バスに乗車し（約30分）、タクシーに乗り換える（約25分・約8500円）。
マイカー▶登山口の小田越は駐車場がないため、東北道花巻ICから国道4・396号、県道37・214・102・43・25号を経由して約40kmの岳駐車場へ向かい、シャトルバスに乗り換える（約25分）。6月中旬〜8月上旬の土・休日のマイカー規制期間以外は約6km先の河原の坊に駐車し、小田越まで車道を歩く（約40分）。
問合せ先▶早池峰環境保全バス（ファミリー観光岩手）☎019-671-7555、岩手県交通バス☎019-654-2141、岩手観光タクシー〔花巻市〕☎0198-23-4136、大迫観光タクシー☎0198-48-2234、花巻市大迫総合支所☎0198-48-2111、遠野市観光交流課☎0198-62-2111

参考地図▶1/25000地形図：早池峰山

▶五合目御金蔵の標柱。背後に場所名の由来となった岩が立っている

日帰り 前日は約6km手前の花巻市岳地区などにある宿に前泊し、翌日バスで登山口の**❶小田越**に向かう。途中の河原の坊にはビジターセンター的存在の早池峰総合休憩所があるので、バスを下車し、登山前に立ち寄って登山コースの情報を入手していこう。山中にはトイレがないので、ここか小田越で携帯トイレを購入しておくとよいだろう。なお、南面に延びる早池峰山の2本のメインコースのうち、河原の坊からの正面コースは2016年5月26日の雨によりコース上部が崩壊し、それ以来通行止めが続い

▲早池峰総合休憩所（8時30分〜17時）。ハイビジョン映像などで早池峰の自然を紹介している

注1 蛇紋岩の道はただでさえ滑りやすいので、濡れている時は相当難儀する。靴用の滑り止めがあると便利。

▶北面の門馬コースが合流すると山頂はもうすぐ

小田越コースの登山口。最初は木道を歩く

ている。したがって、当面の間は小田越コースを往復することになる。

登山口の案内を目印に、まずは木道へと入っていく。樹林につけられた起伏の少ない木道を30分ほど進むと、徐々に傾斜がきつくなっていく。展望が開けるようになると、まもなく一合目の御門口に着く。

この先はハイマツの中の蛇紋岩の道 [注1] になり、早池峰山を代表するハヤチネウスユキソウ（P66「コラム」参照）やミヤマオダマキなどの高山植物が見られるようになる。それと同時に、

プランニングのヒント

首都圏からの日帰りは厳しく、花巻周辺や登山口の小田越手前にある花巻市岳地区の宿に前泊する。この山を代表する花・ハヤチネウスユキソウの見頃は7月上旬〜下旬。この時期の週末は岳〜河原の坊間がマイカー規制されるので、車で河原の坊まで行けるのは平日のみ。

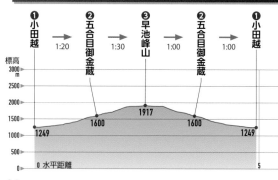

❶小田越 → ❷五合目御金蔵 → ❸早池峰山 → ❷五合目御金蔵 → ❶小田越
1:20 　 1:30 　 1:00 　 1:00

標高3000m
2500
2000
1500　1917
1000　1600　　1600
500　1249　　　　1249
0　水平距離
0　　　　　　　　　5　　　　　　10km

▲（左上から時計回り）ミヤマオダマキ、ミヤマアズマギク、ヨツバシオガマ、ナンブトラノオ

岩が堆積する早池峰山の山頂

傾斜もどんどんきつくなってくる。あせらず、ゆっくり登っていこう。

なおも蛇紋岩の岩道を登っていく。ところどころでロープで区切られた箇所がある[注2]。「山頂まで1.0km」の標柱がある❷五合目御金蔵（ごごうめおかねぐら）、さらに竜ヶ馬場と通過していく。相変わらず花の多い道を、緩急をつけながら標高を上げていく。

八合目まで来ると、岩に設置された2本の長い鉄ハシゴの通過がある。さほど難しい箇所ではないが、石を落とさないよう慎重に行動すること。

ハシゴ場を越え、岩の道を登るとまもなく東西に連なる主稜線上の御田植場（おたうえば）の平坦地に出る。南面に三角形の薬師岳、正面に目指す山頂を見ながら木

▲眼下に深い針葉樹の森を見ながら小田越コースを下降する

▲山頂避難小屋にある携帯トイレの自動販売機とトイレブース

注2　踏み込みによる歩道の拡幅防止や植生保護のためのもの。くれぐれも立ち入らないように。

道を進んでいく。

湿性のお花畑が広がる賽ノ河原（さいのかわら）とよばれる場所を行くと、右から北面の門馬（かどま）からのコースが合流する。ここから山頂までは100mほどだ。

登り着いた❸早池峰山（はやちねさん）（早池峰）の山頂には、早池峰神社の奥宮と早池峰山頂避難小屋（緊急時以外宿泊禁止）が立っている。北上山地の最高峰だけに展望はすばらしく、広い山頂を移動し、好みの展望ポイントを見つけよう。花も多く、西側の中岳方面はヨツバシオガマやミヤマシオガマの赤紫の花が目立っている。

山頂で思い思いの時を過ごしたら往路を下るが、蛇紋岩の道でのスリップにはくれぐれも注意してほしい。

◀木道が設けられた御田植場のお花畑

▶小田越コース上部の長い鉄ハシゴ。落石に注意して慎重に行動しよう

こぼれ情報　環境保全の面から早池峰山は登山口以外トイレがなく、山麓（岳・河原の坊・小田越）か山頂避難小屋で携帯トイレを購入する。トイレブースは、登山口〜一合目間と山頂避難小屋にある。使用済みトイレは持ち帰るか、登山口の回収ボックスに捨てる。

ハヤチネウスユキソウ

日本屈指の花の名山・早池峰は約500種もの高山植物が見られるが、代表的なのが固有種のハヤチネウスユキソウだ。ヨーロッパアルプスの名花エーデルワイスに最も近い品種であることから「日本のエーデルワイス」と称されるこの花は、7月上旬から下旬にかけ正面コースの頭垢離から小田越コースの一合目御門口までの蛇紋岩帯で見られる。ほかにもナンブトラノオ（P64の写真）やナンブトウウチソウなども早池峰の固有種だ。

◀その形状から「地上の星」とも称される

大迫産直センターアスタ

早池峰西麓の花巻市大迫町は山に囲まれ、寒暖の差の激しい気候を生かした農業が盛ん。国道396号沿いにある産直センターアスタは、名産のブドウをはじめとする新鮮な野菜や果物を販売している。人気の商品は「早池峰醍醐」。地元産の絞りたての牛乳を使用し手作業で作られた本格的なナチュラルチーズで、出荷当日に即完売することも。

▶大迫はブドウとワインの町。9月にはワインまつりが開催され、ワインだけでなく地元の特産品も味わえる

☎0198-48-2760　営業＝9〜18時（11〜3月は時間短縮）、不定休

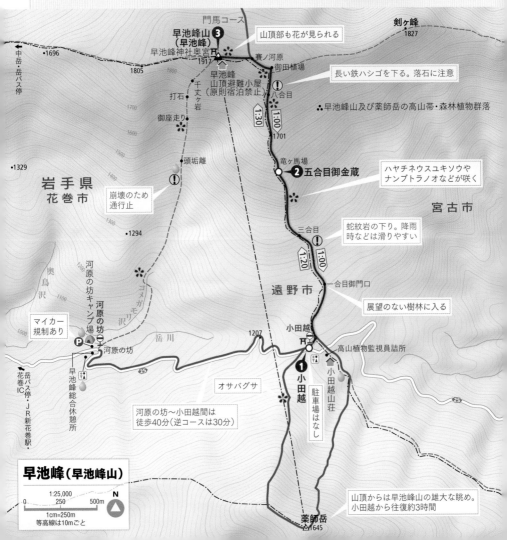

門馬コース

剣ヶ峰
1827

早池峰山
（早池峰）**③**

山頂部も花が見られる

早池峰神社奥宮🌸
1917

中岳・岳バス停
•1696

1805
1800

早池峰山頂避難小屋
（原則宿泊禁止）

打石

千丈ヶ岩

養ノ河原

御田植場

八合目

長い鉄ハシゴを下る。落石に注意

早池峰山及び薬師岳の高山帯・森林植物群落

1701

御座走り

1:30

1:00

竜ヶ馬場

②五合目御金蔵

ハヤチネウスユキソウやナンブトラノオなどが咲く

頭垢離

•1329

岩手県
花巻市

崩壊のため通行止

宮古市

三合目

蛇紋岩の下り。降雨時などは滑りやすい

1:20

1:00

•1294

遠野市

一合目御門口

展望のない樹林に入る

奥烏沢

河原の坊キャンプ場

河原の坊

コメガモリ沢

岳川

1207

小田越🅿

高山植物監視員詰所

マイカー規制あり
🅿

河原の坊

①小田越

駐車場はなし

小田越山荘

花巻IC・岳バス停・JR新花巻駅

早池峰総合休憩所

オサバグサ

河原の坊〜小田越間は徒歩40分（逆コースは30分）

山頂からは早池峰山の雄大な眺め。小田越から往復約3時間

早池峰（早池峰山）

1:25,000

0　250　500m

1cm=250m
等高線は10mごと

N

薬師岳
△1645

伏拝岳付近から鳥海山最高点の新山（中央やや左）と七高山を望む。山頂の直下は千蛇谷の雪渓

5

秋田県・山形県

標高……▶	**2236** m
	［新山］
登山難易度▶	**上級** ★★ ★★☆
日程……▶	前夜泊1泊2日
歩行時間▶	**10**時間**40**分
	1日目▶ 6時間10分
	2日目▶ 4時間30分
総歩行距離▶	**11.6** km
	1日目▶ 6km
	2日目▶ 5.6km
累積標高差▶	登り1157m 下り1156m
登山適期▶	7中〜10上

ちょうかいさん
鳥海山

鳥海山で最も高い登山口・滝ノ小屋登山口を起点に、まばゆい残雪と花の楽園を経て外輪山へダイレクトに上がる

山形県と秋田県の境に孤高を誇る鳥海山は「出羽富士」とも呼ばれ、日本海に裾洗う東北第二の高峰だ。火山岩ドームの新山を外輪山が囲んでおり、チョウカイフスマなどの花の固有種も多い。東北の高山ゆえ環境は厳しく真夏でも残雪が多いだけに、雪に慣れない登山者は雪山経験者の同行が必須だ。

アクセス

公共交通機関▶【往復】JR羽越本線酒田駅➡タクシー約1時間・約1万3000円➡滝ノ小屋登山口
マイカー▶滝ノ小屋登山口へは山形道酒田みなとICから国道344・345号、県道59・366・368号経由約33km。車道の終点とその手前に計120台分の駐車場がある。酒田第一タクシーは滝ノ小屋登山口〜鉾立間のマイカーの回送を行なっている（料金別途）。
問合せ先▶酒田第一タクシー☎0234-22-9444、酒田市八幡総合支所建設産業課☎0234-64-3111、遊佐町企画課☎0234-72-5886

参考地図▶1/25000地形図：湯ノ台、鳥海山、小砂川

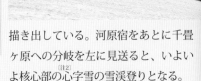
▶万年雪が広がる心字雪。盛夏でもひんやりとしている

1 日目 鳥海高原ライン終点の**❶滝ノ小屋登山口**から、ブナ灌木の中へと入っていく。荒木川源頭部の板の橋を渡ると、遊佐町営の山小屋である**❷滝ノ小屋**に着く。

小屋をあとにするとすぐ湯の台からのコースが左から合流し、小沢の徒渉などを経て八丁坂に取り付く。八丁坂は急な斜面だが快適な草原で、登り切ると**❸河原宿**へ出る。

河原宿小屋（閉鎖）が立つこのあたりは広々した溶岩台地で、高山植物が咲き乱れる。前方の緑の斜面には、心字雪と呼ぶ雪渓が絶妙のコントラストを

注1 融雪時期は登山道の至るところで沢状に水があふれ、避けることもままならない場合もある。降雨時はなおさらだ。

注2 雪渓は日ごとにその姿を変えるので、コースは絶えず変化する。下部の大雪路は真夏のわりと早い時期から左に登山道が現れる。上部の小雪路は、左から右へと中央付近を横断する。雪渓の踏み抜きや、視界不良時には要注意。

荒木沢を足元に注意して渡り滝ノ小屋へ

描き出している。河原宿をあとに千畳ヶ原への分岐を左に見送ると、いよいよ核心部の心字雪の雪渓登りとなる。

心字雪は大雪路と小雪路のふたつの雪渓を通るが、上部の小雪路は中ほどから右へ向かい雪渓を途中で降りる。雪渓を降りるとまもなく薊坂へと取り付く。薊坂はコース中で最も辛抱を要する急坂だが、足元を飾る花々が大きな励みとなるだろう。

坂の途中で文殊岳へのコースを左に見送り、登り切ると外輪山の一角である**❹伏拝岳**に飛び出る。標高はもう

▶外輪山には固有種のチョウカイフスマが咲く

プランニングのヒント

早朝から歩けば日帰りもできるが、歩行時間が長いために山中の山小屋1泊が基本だ。ただし、山頂直下の山頂御室小屋は9月上旬までの営業。これ以降は日帰りとなる。秋は日没が早いので時間切れに注意したい。また、雪渓歩きが苦手な人は軽アイゼンとストックがあると便利だ。

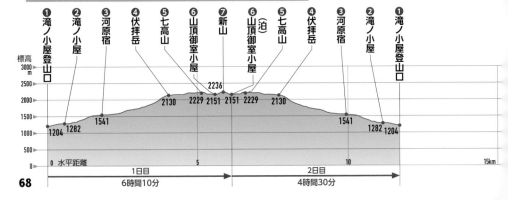

標高
3000m
2500
2000
1500
1000
500
0 水平距離

❶滝ノ小屋登山口 1204
❷滝ノ小屋 1282
❸河原宿 1541
❹伏拝岳 2130
❺七高山 2229
❻山頂御室小屋 2151
❼新山 2236
（泊）❻山頂御室小屋 2151
❺七高山 2229
❹伏拝岳 2130
❸河原宿 1541
❷滝ノ小屋 1282
❶滝ノ小屋登山口 1204

5　　　　　　　10　　　　　　15km

1日目　6時間10分　　　2日目　4時間30分

岩が積み重なる新山ドームを背に立つ大物忌神社

▲新山から俯瞰した影鳥海。早朝に見ることができる

2000mを超えており、雪渓が埋める千蛇谷越しには岩屑を積み上げた鳥海山山頂の新山ドームがそびえている。

　外輪山をたどって行者岳を通過し、右に百宅コースを見送るとまもなく外輪山最高点の❺七高山に着く。山頂からはぐるり360度の大展望が得られる。七高山は新山よりはわずかに低いが、一等三角点の置かれたこちらを鳥海山山頂とする人も多い。

　その新山へは、今来たコースを少し戻り、右手の千蛇谷側へと下降する。かなり険しい岩場の道だけに、落石や滑落などには要注意。また、千蛇谷源頭部の急な残雪にも注意したい。

[注3]

　新山を回りこむように下ると、宿泊する❻山頂御室小屋に出る。余分な荷

注3 下りずに雪渓の西縁を回り込むように登るルートもあるが、落石やスリップに要注意。

▲外輪山最高峰の七高山山頂

を預け、大物忌神社に手を合わせたら、新山を往復してこよう。

　小屋の西側から新山の南面に取り付く。ときには両手も必要な岩屑の積み重なる急登をよじ登り、胎内と呼ばれる大岩の大亀裂を潜り抜けると、❼新山の山頂はもう目の前だ。東北第二の高峰からの眺めを堪能したら❻山頂御室小屋へ往路を忠実に戻る。

2日目 翌日は天候に恵まれたなら早起きしてもう一度山頂に立ち、ご来光を拝してこよう。

　❻山頂御室小屋からは往路を戻るが、登り同様、心字雪の通過に注意したい。

　マイカーでなければ山頂西面の千蛇谷を下り、御浜神社から象潟口経由で鉾立に下ってもいい（P70参照）。

15 鳥海山

◀新山の山頂で記念撮影

▶山頂でご来光を待つ登山者

こぼれ情報 滝ノ小屋（☎0234-72-5886）は6月下旬〜10月中旬の営業で、宿泊の際は予約が必要。山頂直下にある山頂御室小屋（☎0234-77-2301）は7月上旬〜9月上旬の営業。

69

サブコース　新山から鉾立

距離	6.9km	時間	4時間40分	難易度	中級

▲ニッコウキスゲが咲き揃う鳥海湖。奥は鳥海山の山頂部

新山から雪渓の埋まる千蛇谷や花の多い御田ヶ原を通り、鳥海ブルーライン頂点の鉾立へと下る。千蛇谷の雪渓は心字雪ほど難易度が高くないので、初級者が登る場合はこのコースを取る方がいいだろう。その場合、下山は七高山から外輪山を経由する山頂周回にすると変化がつけられる。メインコースの滝ノ小屋登山口と鉾立間のマイカー回送サービスもある（P67アクセス参照）。

♨湯の台温泉鳥海山荘

酒田市街から車で約30分、鳥海山南麓に立つ宿泊施設。滝ノ小屋登山口に近く、庄内の食材が勢揃いする食事も好評で、前泊地に最適。立ち寄り入浴もできる。炭酸水素塩分が満たされた露天風呂からは、庄内平野や月山、日本海が見渡せる。館内には山岳写真の大家・白簱史朗氏の写真も展示されている。売店では鳥海高原ヨーグルトやカレーが人気。軽アイゼンの貸し出しもある。☎0234-61-1727　営業＝通年（入浴11～21時）

▶月山や日本海に浮かぶ粟島を望む内風呂

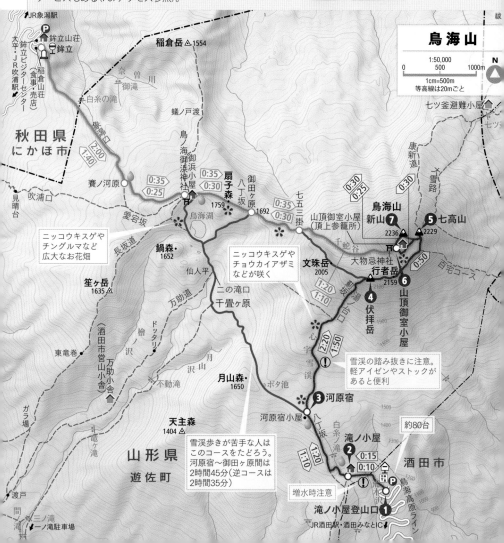

山頂に立つ月山神社本宮と頂上小屋（手前）、青空を映す神泉池

標高……▶	**1984** m
登山難易度▶	初級 ★★☆☆
日程……▶	前夜泊日帰り
歩行時間▶	**4** 時間
総歩行距離▶	**6.1** km
累積標高差▶	登り584m 下り584m
登山適期▶	6中〜 10中

月山
がっさん

信仰の山・出羽三山の主峰をリフトで登り、フラワートレッキングを満喫。夏でも雪渓の残る涼味あふれるコースを行く

山形県南西部にある月山は、標高こそ2000mに満たないが、日本アルプスにも劣らない高山植物の宝庫で、その数は350種ともいわれている。北面の月山八合目と南面の姥沢からのコースはどちらも歩きやすく、しかも花が多いだけに登山者が多い。ぜひ花の時期に歩きたい山だ。

〰〰 **アクセス**

公共交通機関▶【往復】JR山形新幹線山形駅→山交バス・庄内交通バス（高速バス）約40分→西川バスストップ〔西川IC〕→西川町営バス約50分→姥沢→徒歩15分→リフト下駅→月山ペアリフト13分→リフト上駅
＊JR左沢線寒河江駅から西川町営バスに乗車し道の駅にしかわで下車、同町営バスに乗り換えて姥沢に行く方法もある（約1時間15分）。月山ペアリフトは6月中旬〜10月下旬の運行。
マイカー▶リフト下駅へは山形道月山ICから国道112号、県道114号経由約12km。姥沢バス停近くに駐車場がある。
問合せ先▶山交バス☎023-632-7272、庄内交通☎0235-24-7600、西川町営バス☎0237-74-4118、月山観光タクシー（西川町）☎0237-74-2310、月山ペアリフト☎0237-75-2025、月山朝日観光協会☎0237-74-4119

参考地図▶1/25000地形図：月山

姥沢バス停から車道をたどり、15分ほどで月山ペアリフト下駅に着く。ペアリフトに揺られること約15分、❶リフト上駅で降りる。標高約1510mだが、すでに森林限界となっており（日本アルプスや富士山では2500m前後）、周囲は草原が広がっている。

姥ヶ岳休憩所から木道の階段を行くとじきに牛首へのショートカット道に出るが、この道は下山に利用するとして、ここは階段状の道をそのまま登る。

夏ならばコース沿いにニッコウキスゲやミヤマリンドウ、ヨツバシオガマなどが咲く道を進む。やがて木道沿いに池塘が見られるようになり、❷姥ヶ

▲花の種類が多いので、花図鑑は必携だ

注1 山開きの7月1日以降も雪が残ることも。7月上旬に登る場合は軽アイゼンやストックがあると安心だ。

▶姥ヶ岳への登りからリフト山頂駅方面を見る

岳に到着する。姥ヶ岳の山頂部はぐるりと周回できるようになっていて、ミヤマウスユキソウやイワカガミ、ウメバチソウ、チングルマなど、さまざまな高山植物と出会えることだろう。

ひと休みしたら、草原の中に延びる木道をたどる。この稜線でもたくさんの花々を愛でることができる。途中の❸金姥で出羽三山のひとつ湯殿山（湯殿山神社）からの道が左から合流し、一度下ってから山腹をたどりながら進む。このあたりは、夏の早い時期なら残雪があるので注意したい。右からリ

（左）月山リフト　（右）姥ヶ岳山頂

▶（左）姥ヶ岳のチングルマ（右上）イワカガミ（右下）ニッコウキスゲ

プランニングのヒント

首都圏から遠いので、姥沢の民宿や月山志津温泉など登山口周辺での前夜泊となる。山頂の山小屋に宿泊し、日の出を眺めるのもおすすめ。花の最盛期は7月中旬〜8月上旬。紅葉は9月下旬〜10月上旬がベスト。マイカー利用でなければ月山八合目への縦走もいいだろう（P73参照）。

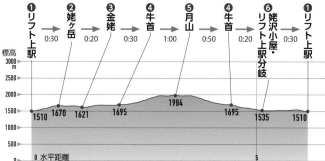

❶リフト上駅	❷姥ヶ岳	❸金姥	❹牛首	❺月山	❹牛首	❻姥沢小屋・リフト上駅分岐	❶リフト上駅
	0:30	0:20	0:30	1:00	0:50	0:20	0:30
1510	1670	1621	1695	1984	1695	1535	1510

標高 m
3000
2500
2000
1500
1000
500
0　水平距離　　　　　　　　　5　　　　　　　　　10km

◀出羽三山のひとつ湯殿山神社からの道が合流する金姥

石垣に囲まれた鍛冶稲荷神社

▲姥ヶ岳から牛首へは明るく開けた木道を行く

フト上駅からの道が合流すると❹牛首に出る。

牛首からは岩混じりの道を登っていく。ややきつい道を緩急つけながら登っていくと、やがて鍛冶小屋跡に着く。現在は延命地蔵尊と石に囲まれた鍛冶稲荷神社がある。ここから石段状の急斜面を登っていく。やがて芭蕉句碑が立つ月山山頂の一角に出る。

あとは植生保護のロープで守られた、たくさんの高山植物が咲く草原を行き、最後は石積み沿いに登って月山頂上小屋の脇を抜けると❺月山の最高点にたどり着く。

三角点のある月山の山頂は、天照大神の弟神である月読命を祀る月山神社本宮の裏手に回ったところだ。独立峰

注2 時期によっては雪渓を通過することになる。スリップに注意。

だけに山頂からの展望は抜群で、鳥海山や朝日連峰など東北の名峰群を眺めることができる。

下山は往路を❹牛首まで戻り、[注2]左の道を下ってリフト上駅へ向かう。途中、沢筋を渡り、下りがひと段落したら木道をたどる。❻姥沢小屋・リフト上駅分岐で姥沢小屋への道が分かれ、緩やかに下っていく。さらに木道を進むと❶リフト上駅へ戻る。

▶牛首の下部は7月下旬でも残雪を見る

サブコース 月山八合目から月山

距離 4.8km | 時間 3時間 | 難易度 初級

月山北面の月山八合目バス停を起点とするコースで、全体的になだらかな道が続く。登山口近くの弥陀ヶ原は月山屈指の花の名所だ。標高1400mの月山八合目から弥陀ヶ原の西端を抜け、尾根の左手を登っていく。たたみ石や仏生池小屋を過ぎ、オモワシ山の直下をトラバースする。行者返しからやや急斜面となり、大峰を過ぎると月山山頂に着く。

▲2446段の石段が続く羽黒山の参道

📷 出羽三山

出羽三山は主峰の月山と、西方の湯殿山(1500m)、北方の羽黒山(414m)からなり、修験道の行場として歴史を刻んできた。その中心の羽黒山には国宝の五重塔や出羽三山神社三神合祭殿、いでは文化記念館など見どころが多い。山頂へは2446段の石段を登るので、月山登山のウォーミングアップにいい。参籠所「斎館」では、旬の食材を使用した精進料理が味わえる。☎0235-26-8776(鶴岡市羽黒庁舎)

こぼれ情報

月山山頂に頂上小屋(☎090-8781-7731)が立っている。6月下旬〜9月中旬営業(要予約)。登山拠点となる姥沢にも数件の宿泊施設がある。問合せは月山朝日観光協会(☎0237-74-4119)へ。

月山

1:50,500

| 0 | 500 | 1000m |

1cm=505m
等高線は20mごと

N

JR鶴岡駅・山形道庄内あさひIC
剣ヶ峰 △1403
月山八合目 P
月山八合目レストハウス
御田原参籠所
弥陀ヶ原
1:30 1:40

広大な湿原に木道がつけられている

東北自然歩道

山形県
鶴岡市

チシマギキョウなどお花畑が広がる

たたみ石

庄内町

行者ヶ峰

雨告山
・1309

1759 △ 仏生池小屋

笹川

田麦川

オモワシ山

行者返し

品倉山
△1211

湯殿山参籠所

大峰

行者返し
モックラ坂
1:10
1:20

鳥海山、朝日連峰望む360度の展望

月山 ⑤
△1984
頂上小屋

月山神社本宮
芭蕉句碑
牛首
④ 1:00

湯殿山バス停から金姥へは2時間の登り

金姥
柴灯森 ③ 1729
0:30
0:30

湯殿山神社

水月光

月光坂

清身川

装束場

姥ヶ岳 ②
1670

花の多い山頂

0:20

0:30

0:50

小鍛冶屋冶跡
鍛冶稲荷神社
胎内岩
賽ノ河原
柳沢池
月見ヶ原

大雪城

東沢コース

雪が残っている時はスリップに注意

姥沢小屋・リフト上駅分岐 ⑥

0:20

旧六十里越街道

湯殿山有料道路

湯殿山仙人沢

湯殿山IC・JR鶴岡駅

薬師岳
・1262

仙人岳
・1265

湯殿山
1500

丹生鉱泉

リフト上駅 ①

売店

月山ペアリフト

リフトを利用しない場合はこの道を下って姥沢に出ることもできる（下り1時間20分）

清川行人小屋

出羽三山の一峰だが登山道はない

リフト下駅

姥沢小屋跡

西川町

大蔵村

ブナ沼

姥沢バス停〜リフト下駅間徒歩15分

姥沢 P

大越沢

田代沢

カワクルミ沼

庄内あさひIC

大越沢橋

田代沢橋

112

皮松谷地

山形県立自然博物園

ネイチャーセンター

四ッ谷川

跳ザ川

志津野営場前

月山山麓湧水群
道の駅にしかわバス停・月山IC

不動沢

112

西朝日岳からの大朝日岳（右）
と中岳

標高 ▶	**1871** m [大朝日岳]
登山難易度 ▶	上級 ★★ ★★☆
日程 ▶	前夜泊日帰り
歩行時間 ▶	**9**時間**45**分
総歩行距離 ▶	**16.2** km
累積標高差 ▶	登り1513m 下り1512m
登山適期 ▶	7上〜10上

アクセス

朝日岳

あさひだけ

「遠い朝日」と謳われる朝日連峰主峰の大朝日岳に
最短コースからの日帰り山行でチャレンジする

山形・新潟県境に南北約60km、東西約30kmにわたる大山塊・朝日連峰。その主峰が朝日岳（大朝日岳）だ。豪雪地帯だけに地形の変化が大きく険しい登山道が多いが、古寺鉱泉からのコースは比較的急登が少ないため人気が高い。とはいえ、長時間を歩き通す強い体力が要求される。

公共交通機関 ▶【往復】JR左沢線左沢駅→タクシー約1時間・約1万2000円→古寺案内センター駐車場
＊左沢駅へはJR山形新幹線山形駅でJR左沢線に乗り換え終点下車（約50分）。古寺案内センター駐車場から古寺鉱泉へは徒歩5分。
マイカー ▶古寺案内センター駐車場へは山形道月山ICから国道112号、県道27号、林道地蔵峠線、真室川小国大規模林道、古寺林道経由約21km。駐車場は約200台分のスペースのほか、トイレもある。
問合せ先 ▶大沼タクシー☎0237-62-2248、朝日タクシー☎0237-62-6088、大江町政策推進課（古寺案内センターも）☎0237-62-2139、朝日町総合産業課☎0237-67-2113

参考地図 ▶1/25000地形図：朝日岳、羽前葉山

❶古寺案内センター駐車場から沢沿いの道を5分ほど行くと、突然大正時代にタイムスリップしたような錯覚にとらわれる**❷古寺鉱泉**の朝陽館（休業中）が目に飛び込む。

沢沿いに宿の左手から裏手に回ると大朝日岳の登山口があり、すぐにブナの林の斜面に取り付く。急斜面をひと登りすると、幾本もの太いヒメコマツが立つ尾根に出る。尾根の途中にはブナとヒメコマツがせめぎ合いをする合体の樹（P75の写真）などが見られ、ほどほどの傾斜で高度を稼いでいく。尾根からブナの斜面を横につたうよう

▶古寺鉱泉からブナ林の斜面を登り、ヒメコマツの尾根に入っていく

▲古寺山付近に咲くヒメサユリ

注1 夏は雷が多く、時には早朝から鳴り出すこともしばしば。登山中止の判断は早めに。

古寺鉱泉の裏手に登山口がある

になると一服清水に着く。太いブナも見られ、ひと息つくには最適な広場となっている。

水場をあとにひと登りすると**❸ハナヌキ峰分岐**で、日暮沢からのコースが右上から合流してくる。左に進んで鞍部を越すと、コース中で最も辛抱を強いられる急坂に取りかかる。路傍に導水された三沢清水を越しても、なお急登はしばらく続き、我慢のしどころだ。

周囲が開け平坦な肩に飛び出ると、まもなく古寺山の山頂だ。視界はいっきに開け、大朝日岳から以東岳へと延

▶熊越付近からの大朝日岳（左）と中岳。その間に大朝日小屋が見える

プランニングのヒント

山麓の古寺案内センターに前泊する日帰り登山としたが、歩行時間が長いので大朝日岳手前の大朝日小屋に泊まる1泊2日でもいい（ただし素泊まり）。山名通りのすばらしい朝焼けを眺めることができる。下山は東に延びる中ツル尾根を下って朝日鉱泉に出てもいいだろう（P78参照）。

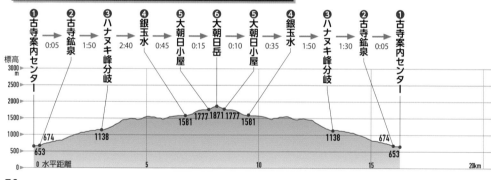

| ❶古寺案内センター | 0:05 | ❷古寺鉱泉 | 1:50 | ❸ハナヌキ峰分岐 | 2:40 | ❹銀玉水 | 0:45 | ❺大朝日小屋 | 0:15 | ❻大朝日岳 | 0:10 | ❺大朝日小屋 | 0:35 | ❹銀玉水 | 1:50 | ❸ハナヌキ峰分岐 | 1:30 | ❷古寺鉱泉 | 0:05 | ❶古寺案内センター |

標高 3000m 2500 2000 1500 1000 500 0

1777 1871 1777
1581　　　　　1581
1138　　　　　　　　　　　　1138
674　　　　　　　　　　　　　　　　674
653　　　　　　　　　　　　　　　　653

0　水平距離　　5　　　10　　　15　　20km

（左）名水の銀玉水。やわらかい味だ
（右）大朝日小屋は通常は避難小屋となっている

びる主脈稜線が眺められるようにな
る。初夏なら、このあたりからヒメサ
ユリの群生地となる。

　古寺山をあとに、前方にそびえ立つ
小朝日岳を見ながらいったん緩やかに
下って登り返す。往路は右手の迂回路
へ入り、小朝日岳の北側斜面を巻くよ
うに熊越に下っていく。なお、迂回路
は7月の早い時期は残雪があること
も。この場合は小朝日岳経由にしよう
（迂回路経由より20分多くかかる）。

　切れ込んだ熊越の鞍部からはダケカ
ンバ林などが現れ、高山の様相を見せ
始める。あたりが開けた狭い尾根の道
になり、しばらく緩やかに登っていく
と、「連峰一の名水」と謳われる❹**銀
玉水**に着く。

▲大朝日小屋の
お花畑から見る
主脈稜線。正面
やや右が中岳、
左は西朝日岳

注2 夏の早い時期
はまだ一面に残雪
があり、アイゼン
とピッケルが必
要。スリップに要
注意。

▲ケルンと三角点標石
が置かれた大朝日岳の
山頂

この先は草原の中の整備された急坂
となり、ニッコウキスゲなどを見なが
らひと登りする。傾斜が緩むと周囲は
白い花崗岩が点在する高山帯の様相と
なり、高山植物などが足元を飾りだす。
朝日嶽神社奥宮を左に見送ると、目前
にノッポの❺**大朝日小屋**が現れる。

　小屋に荷物を置き、大朝日岳を往復
してこよう。縦走路が右から合流する
小屋の背後から、急斜面の細長い稜線
を15分ほど登ると❻**大朝日岳**山頂に
到着する。遮るもののない山頂からの
眺めは抜群によく、天候がよければ北
に延びた朝日連峰の主脈稜線や祝瓶
山、広大な山塊の飯豊連峰などが一望
の下だ。

　下山は往路を引き返す。

◀大朝日小屋を
あとに急な斜面
を登って大朝日
岳を目指す

▶大朝日岳から
たどり来た稜線
と小朝日岳（中
景右）を望む

大朝日岳の北側直下にある大朝日小屋（☎0237-62-2139）は通年営業だが、管理人が入るのは7月上旬～10月中旬となる。ただし
素泊まりなので、食料や寝具、マットを持参する必要がある。水場は北側へ約20分の金玉水。

サブコース　大朝日岳から朝日鉱泉

| 距離 | 7.5km | 時間 | 6時間 | 難易度 | 上級 |

　大朝日岳から東に延びる中ツル尾根を下り、朝日連峰の人気の宿・朝日鉱泉に下るコース。中ツル尾根は標高差約1100mの急な下りが続く。朝日鉱泉は朝日川渓谷沿いにある一軒宿で、古くから大朝日岳登山の拠点として親しまれている。ここをベースに鳥原山経由でガイドコースの熊越に出て大朝日小屋で1泊、翌日大朝日岳に登り、中ツル尾根を下る周回コースもおすすめだ。

◀草紅葉が映える秋の鳥原湿原。夏はイワイチョウキンコウカなどの湿性の花が見られる

▶かつての登山基地だった朝陽館は休業中

🈩　古寺案内センター

　ガイドで紹介したコースの登山基地として親しまれてきた古寺鉱泉朝陽館は2019年秋から休業となり、新たな登山基地として、朝陽館の下部に大江町営古寺案内センターが新築された。営業は5月上旬〜11月上旬で、食事付きの宿泊、入浴（温泉ではない）ができる。200台収容の大型駐車場、トイレ完備。古寺案内センターから古寺鉱泉朝陽館裏手の登山口までは徒歩約5分。問合せは大江町政策推進課☎0237-62-2139へ。

朝日岳

1:65,000
0　　500　　1000m
1cm=650m
等高線は20mごと

N

ゴロビツの水場
日暮沢小屋
JR左沢駅・月山IC
古寺林道
古寺案内センター ❶
古寺鉱泉朝陽館（休業中）
山形県
大江町
竜門滝
△1058
0:05
P
一服清水
1:50
古寺鉱泉 ❷
△1565 ユウフン山
ハナヌキ峰
ハナヌキ峰分岐 ❸
1:30
古寺川
寒江山・以東岳
△1688 竜門山
以東岳へと続く、朝日連峰のメイン縦走路
残雪時はトラバース道は通らないように
三沢清水
ハナヌキ峰分岐〜古寺山間はコース中最大の急登
畑場峰
田代清水
古寺山 △1501
西朝日岳 1814
迂回路分岐
2:40　1:50
鳥原山 1430
0:30
0:30
銀玉水 ❹
△1647
小朝日岳
1:40　2:00
鳥原山分岐
夏期管理人が入るが素泊まりのみ
金山沢
大朝日小屋から20分
（大朝日避難小屋）大朝日小屋
熊越
0:45　0:50
1:00
鳥原山展望台
鳥原小屋
中岳 1812
金玉水
❺
0:35
山頂手前にロープがある
金山沢出合
ニッコウキスゲやコバイケイソウなどのお花畑
0:10　0:15
△1871
裸地化防止のため草地に入り込まないこと
黒俣沢
3:00
4:00
360度の大パノラマが展開する
大朝日岳 ❻
3:10　2:30
中ツル尾根
1:20
小国町
平岩山 1609
中ツル尾根はひたすら急斜面の下りが続くハードな道
四合目水（渇水期には涸れることもある）
長命水（渇水期には涸れることもある）
1:00
二俣
2:30
朝日鉱泉コース分岐
りふれバス停・JR小国駅
大沢峰 △1484
朝日町
朝日鉱泉 ナチュラリストの家
朝日鉱泉
△1469 北大玉山
朝日連峰登山者に人気の宿。5月上旬〜11月上旬営業
大玉山・祝瓶山

馬ノ背の上部から見おろした御釜

8

山形県・宮城県

標高	**1841** m [熊野岳]
登山難易度	初級 ★★ ☆☆☆
日程	前夜泊日帰り
歩行時間	**2**時間**50**分
総歩行距離	**8.3** km
累積標高差	登り**314**m 下り**651**m
登山適期	6上〜10下

蔵王山
ざおうさん

山頂からの展望と蔵王のシンボル御釜、高山植物も楽しめる
蔵王の贅沢コース。登り下りともロープウェイが嬉しい

　山形市南東にある蔵王山は、熊野岳や刈田岳、地蔵岳などの総称。ここではロープウェイを利用し、展望に優れた主峰の熊野岳と、蔵王屈指の観光スポットである御釜を目指す。山中は花も多く、コマクサやミネズオウ、アオノツガザクラなど岩場や砂礫を好む花々が可憐な顔をのぞかせる。

アクセス

公共交通機関▶【行き】 JR山形新幹線山形駅➡山交バス約35分➡蔵王温泉バスターミナル➡徒歩15分➡蔵王山麓駅➡蔵王ロープウェイ山麓線・山頂線17分（樹氷高原駅乗り換え）➡地蔵山頂駅　**【帰り】** 樹氷高原駅➡蔵王ロープウェイ山麓線7分➡蔵王山麓駅（以降は行きを参照のこと）

＊蔵王山麓駅前の蔵王ロープウェイ前バス停へのバス便は1日1本のみ。

＊山交バスはほぼ1時間に1本の運行。蔵王ロープウェイは8時30分〜17時の運行で、運行間隔は15分ごと（山頂線は随時運行）。

マイカー▶ 蔵王山麓駅へは山形道山形蔵王ICから国道286号、県道167・53・21・14号経由約18km。無料駐車場あり。

問合せ先▶ 山交バス☎023-632-7272、蔵王ロープウェイ☎023-694-9518、山形市観光戦略課☎023-641-1212

参考地図▶1/25000地形図：蔵王山

▶ロープウェイ
内から蔵王温泉
を見下ろす

日帰り 蔵王温泉バスターミナルから蔵王ロープウェイ蔵王山麓駅へは15分ほど車道を歩く。

蔵王ロープウェイ❶**地蔵山頂駅**（じぞうさんちょうえき）を出たら道標に従って右折し、地蔵岳を目指す。すぐ左手には巻き道がついているが、時間に大差はないので、地蔵岳からの展望を楽しんでいきたい。地蔵岳を越え、先の巻き道が左から合流すると、熊野岳と地蔵岳の鞍部にあたる❷**ワサ小屋跡**（ごやあと）に出る。右の道は、帰りに歩くことになる祓川（はらいかわ）コースだ。

ワサ小屋跡から標柱に従って緩やかな石畳の道を登ると分岐に出る。左は

▲地蔵山頂駅そばにある蔵王地蔵尊（別名災難よけ地蔵）はその大きさに驚かされる

注1 広い尾根筋を歩くので、ガスで視界の悪い時は道に迷いやすい。こういう時は無理に進まず、引き返すことも考慮する。

熊野岳避難小屋を経由して馬ノ背へと続く巻き道で、ここは右手の直登コースを行く。岩がゴロゴロした歩きづらい山腹の道を、ペンキ印を頼りに登っていく。ひと汗かくと❸**熊野岳**（くまのだけ）に着く。広い山頂からは、飯豊連峰、朝日連峰、鳥海山、月山などの東北の名峰が見渡せる。

眺めを堪能したら、御釜の全貌が望める馬ノ背へと下る。道はふた通りあるが、展望の優れた日なら頂上から東へ歩き、熊野岳避難小屋を経由するとよい。ほどなく、大きくえぐれた地形

登山の拠点となる蔵王ロープウェイ蔵王山麓駅

▶地蔵岳の木道を行く

プランニングのヒント

東京駅から朝一番の山形新幹線に乗車すれば日帰りが可能だが、できれば山麓の蔵王温泉に前泊か後泊したい。熊野岳のコマクサの見頃は例年、7月中旬〜8月上旬。なお、蔵王山は活火山であり、火山活動が活発化する可能性は常にある。地図に示した緊急避難路を確認しておきたい。

	❶地蔵山頂駅		❷ワサ小屋跡		❸熊野岳		❹馬ノ背		❷ワサ小屋跡		❺いろは沼		❻樹氷高原駅
		0:25		0:20		0:20		0:40		0:40		0:25	

標高 3000m / 2500 / 2000 / 1500 / 1000 / 500 / 0

1660　1701　1841　1760　1701　1442　1336

0 水平距離　　5　　10km

ペンキ印を頼りに岩礫の道を熊野岳へ

▲馬ノ背上部の登山者たち。後方は熊野岳避難小屋

の中に緑色の水を湛えた御釜を見下ろす❹馬ノ背に到着する。馬ノ背は明確なポイントがあるわけではなく、馬の背中のように長く広い尾根状の一帯をいう。地図上の馬ノ背は、その最南端とした。南には刈田岳山頂の駐車場からの御釜への見物客が小さく見える。

馬ノ背からは来た道を戻り、熊野岳から下ってきた道を左に見送ってから、正面の熊野岳避難小屋へ登っていく。わずかの登りでたどり着いた避難小屋周辺は、[注2]コマクサの群生地となっている。避難小屋から熊野岳北東面の巻き道を下ると、まもなく❷ワサ小屋跡。ここで左手に延びる祓川コースに入り、山腹につけられた[注3]下り道を歩く。

ワサ小屋跡から30分ほどで石祠の

注2 写真撮影での踏み付けや盗掘の影響により減少傾向にある。撮影の際は登山道から外れないこと。

注3 途中不安定な崖下や、道が一部崩れたロープ場を通過する。悪天候時は特に注意。

立つ御田神。祓川コースはここで右に分岐するが、まっすぐ進みいろは沼へ向かう。道はやがて針葉樹林に変わり、林道を二度横断すると❺いろは沼に出る。夏にはキンコウカやワタスゲが咲き誇るいろは沼の木道を抜けると、樹齢300年を超すキタゴヨウマツが群生する観松平。蔵王連峰随一の太さを誇る天竜の松をはじめ、羽衣の松、王将の松などの名松が立ち並び、さながら山中の日本庭園の趣だ。

観松平からはスキー場に入り、ゲレンデ内をリフト1本分下れば蔵王ロープウェイの❻樹氷高原駅だ。下界に下りたら、バスを待つ間に名湯・蔵王温泉の入浴施設（P82コラム参照）で汗を流して帰ろう。

▶ワサ小屋跡からいろは沼へはガレた山腹道を横切るように進んでいく

▶キンコウカの咲くいろは沼には木道がつけられている

こぼれ情報 下山は馬ノ背から南へ20分ほどの蔵王刈田山頂バス停へ行き、ミヤコーバス（☎0224-25-3204）でJR東北新幹線白石蔵王駅へ向かってもよい（約1時間35分）。ただしバスの本数が極端に少ない（1日2本、土・休日のみ）。

♨ 蔵王温泉

　蔵王山北西部の山腹、標高約900m地点にあり、山形のみならず、全国的にも知られる名湯。宿は近代的なものから湯治宿まで混在し、目的に応じて選択できる。立ち寄り入浴は3ヵ所の共同浴場と、5ヵ所の日帰り温泉施設で楽しめる。なかでも、最も山側にある蔵王温泉大露天風呂は女性用、男性用それぞれ2段の露天風呂があり、渓流のせせらぎを聞きながら入浴が楽しめる。☎023-694-9328（蔵王温泉観光協会）

◀一度に200人入ることができる大露天風呂

👁 蔵王のシンボル・御釜

　熊野岳の南東側にぽっかりと口を開ける御釜は、樹氷と並ぶ蔵王のシンボル。五色岳の噴火で生まれた直径約300m、水深約25mの火口湖で、強酸性のため生物は生息していない。緑色の水は光線具合によって色が変化するように見えることから、「五色沼」とも称される。季節やその日の天候により多彩な顔を見せるだけに、何度でも行ってみたくなる場所だ。

▶エメラルドグリーンの水は、雨や雪解け水が溜まったもの

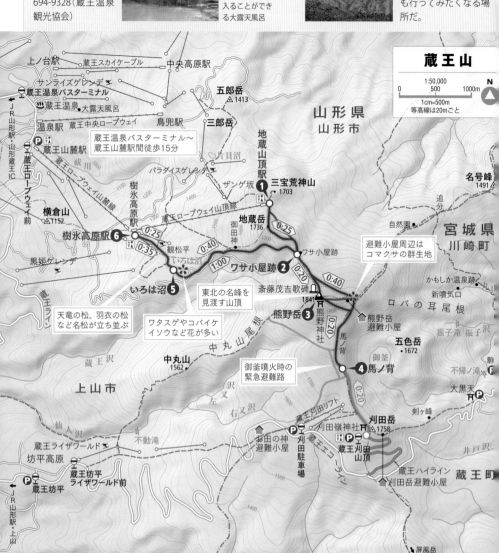

蔵王山

1:50,000
0　　500　　1000m
1cm=500m
等高線は20mごと
N

蔵王温泉バスターミナル〜
蔵王山麓駅間徒歩15分

避難小屋周辺は
コマクサの群生地

東北の名峰を
見渡す山頂

ワタスゲやコバイケイソウなど花が多い

天竜の松、羽衣の松
など名松が立ち並ぶ

御釜噴火時の
緊急避難路

姥権現の前から望む飯豊本山。姥権現はかつて女人禁制だった飯豊山に登ろうとした女性が神の怒りに触れ石にされたという伝説を持つ

9

福島県

標高……▶	**2128**m [大日岳]
登山難易度▶	**上級** ★★ ★★★
日程……▶	前夜泊1泊2日
歩行時間▶	**18**時間**15**分
	1日目▶ 7時間55分
	2日目▶ 10時間20分
総歩行距離▶	**20**km
	1日目▶ 6.9km
	2日目▶ 13.1km
累積標高差▶	登り2006m 下り2006m
登山適期▶	7上〜 10上

いいでさん
飯豊山

晩夏でも残雪ちりばめたボリュームたっぷりの山塊の盟主へ、
登拝路として栄えた川入からのメインコースを登る

飯豊山は古くから修験道、そして地元の人々の信仰の山として崇められてきた名山だが、登山道はどのコースも標高差が大きく、他の山域のように至れり尽くせりの山小屋もない。自分自身の登山レベルが試される山だ。しかし、豊富な残雪やそこに咲く花々、山頂からの展望など、苦労も吹き飛ぶ魅力がある。

アクセス

公共交通機関▶【往復】 JR磐越西線山都駅➡タクシー約40分・約7500円➡御沢キャンプ場

＊7月中旬〜 9月上旬の金〜月曜に限られるが、山都駅から川入まで飯豊山登山アクセスバスが1日2便運行される（約45分）。川入から御沢キャンプ場へは徒歩30分。川入にある民宿に宿泊すれば、御沢キャンプ場まで送迎してもらえる。

マイカー▶ 御沢キャンプ場へは磐越道会津坂下ICから国道49・459号、県道43・385号等経由約33km。キャンプ場の駐車場（無料だが、車中泊の場合は有料。トイレ・水場あり）を利用する。

問合せ先▶ 山都タクシー☎0241-38-2025、喜多方市山都総合支所産業建設課（アクセスバスも）☎0241-38-3831

参考地図▶1/25000地形図：川入、大日岳、飯豊山、長者原

▶飯豊切合小屋と飯豊本山。山頂までは約2時間半の登りだ

1日目　登山者用駐車場がある**❶御沢キャンプ場**でタクシーを降りる。林道を15分ほど進み、御沢橋を渡るとすぐ**❷御沢登山口**に出る。バス停や民宿のある川入から歩いた場合は御沢登山口まで45分ほど。

　右のブナ林に入り、ひたすら急登が続く長坂尾根に取り付く。途中に下十五里、中十五里、上十五里など、昔の信仰登山の面影を残す休憩適地の広場がある。ブナ樹林の急坂は最も汗をしぼられるが、急がずゆっくり高度を上げていこう。

　❸横峰からは傾斜が緩くなる。地蔵

種蒔山周辺は沿道をヒメサユリが飾る

▲駐車場のある御沢キャンプ場。タクシーもここまで入る

注1　剣ヶ峰ではいく度か転落死亡事故が起きており、通過には細心の注意を払いたい。

▲飯豊山の固有種・イイデリンドウ

▶(左)クサリの架かる剣ヶ峰(右)種蒔山手前の岩場を越える

山の迂回路分岐に出て左の巻き道に入る。極上の湧き水、峰秀水をあとにすると右から五段山からのコースが合流する。左に折れて下降すると、いよいよコース最難所の剣ヶ峰の岩稜帯に取り付く。2ヵ所の鎖場とへばりつくような岩場があり、慎重に登っていく。登り切ると三国岳避難小屋の立つ**❹三国岳**に着く。

　三国岳からはアップダウンのある稜線の縁を慎重にたどっていく。頑丈な金属製のハシゴが設置された駒返しを慎重に越し、再び稜線上の起伏を繰り

プランニングのヒント

　宿泊する飯豊切合小屋は山中の山小屋で唯一、食事の提供を行なうが、7月上旬～8月と9月の一部のみ。飯豊山は基本的に食事から寝具まで担いで登るので、急登や岩場の通過でバテないように。夏の暑さも大敵。早発ちし、陽が高くなる前に風通しの悪いブナ林を通過する。

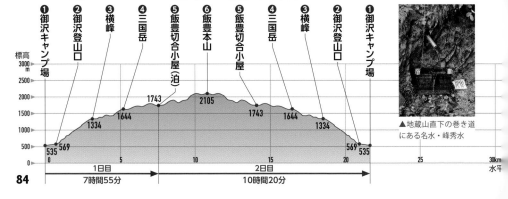

❶御沢キャンプ場	❷御沢登山口	❸横峰	❹三国岳	❺飯豊切合小屋(泊)	❻飯豊本山	❺飯豊切合小屋	❹三国岳	❸横峰	❷御沢登山口	❶御沢キャンプ場

標高 3000m / 2500 / 2000 / 1500 / 1000 / 500 / 0

535　569　1334　1644　1743　2105　1743　1644　1334　569　535

▲地蔵山直下の巻き道にある名水・峰秀水

0　5　10　15　20　25　30km 水平

1日目　7時間55分　　2日目　10時間20分

飯豊山避難小屋付近からの飯豊山最高峰・大日岳(中央)

▲御西岳付近に広がるコバイケイソウのお花畑越しに飯豊本山(左)を見る

返すと足場の悪い岩場が現れる。距離こそ短いが両側が切れ落ちており、通過には細心の注意を払いたい。

　ほっとひと息つくまもなく今度は急登にさしかかり、ひと登りすると種蒔山(たねまきやま)に出る。種蒔山の標柱を越したあたりからは高山風となり、お花畑の草原が広がってくる。大日杉コースが右から合流し、白いザレ地に降り立つと宿泊する❺飯豊切合小屋(いいでさりあいごや)は目前だ。

2日目 翌日はご来光を眺め、小屋前のパイプの水を給水して出発する。小屋を出ると、遅くまで残雪がある草履塚(ぞうりづか)の急登となる。ここから高山植物が増えてくる。草履塚北峰から姥権現にいったん下り、また登っていく。その先の御秘所(おひしょ)の岩稜は東側が

注2 岩稜の右側は沢までスッパリ切れ落ちており、クサリは張られているが三点支持の登高を実践したい。またストックは収納すること。その先の御前坂では落石に注意。

▲飯豊本山山頂に立つ標柱

切れ落ち、鎖場もあり要注意だ。

　岩がゴロゴロする御前坂(おんまえ)が最後の長い急登となる。登り切ると飯豊山避難小屋は近い。小屋と神社の間を通り、固有種のイイデリンドウが咲くおおらかな山稜を15分ほど登っていくと、待望の❻飯豊本山(いいでほんざん)の山頂に到着する。一等三角点の山頂は高さこそ大日岳に譲るが、展望はひけを取らない。

　山頂から往路を戻るが、時間と体力に余裕があれば、そのまま稜線を西にたどり、御西岳(おにしだけ)手前のお花畑まで足を延ばしてみよう。6〜8月にかけチングルマやコバイケイソウなどの高山植物が一面に咲き、秋は草紅葉が美しい。ただし往復2時間30分はかかるので、飯豊切合小屋でもう1泊必要となる。

サブコース　飯豊連峰縦走

| 距離 | 27km | 時間 | 18時間20分 | 難易度 | 上級 |

　主峰の飯豊本山からさらに延びる主脈をたどる、飯豊連峰を味わい尽くす大縦走。飯豊山の最高峰・大日岳を往復し、稜線のお花畑や展望を楽しみながら扇ノ地紙へ。梶川尾根の長い尾根を下って山形県側の飯豊山荘に向かう。登山プランは川入起点の3泊4日となる。メインコース同様相当な体力が求められるが、歩き切った充実感は格別だ。

▲JR山都駅から車で約15分。登山口の川入にも近い

温泉保養センターいいでのゆ

　川入へ向かう途中の一ノ木集落を抜けた先にある宿泊可能な入浴施設で、2種類の大浴場のお湯と露天風呂が自慢。泉質はナトリウム塩化物・硫酸塩温泉で、創傷や神経痛などに効能があるとされる。施設のある山都地区はそばの産地だけに、そば打ち名人の実演も見られ、味わうこともできる。☎0241-39-2360　営業＝9〜21時、入浴・宿泊とも第2月曜休(祝日の場合は翌日)

こぼれ情報 飯豊切合小屋(☎090-3366-7696)は飯豊山山中の山小屋では唯一、食事の提供を行なっている。期間は7月上旬〜8月と9月の一部で、米3合を持参すれば宿泊料金が1000円安くなる。宿泊の際は要予約。寝具はないのでシュラフも忘れずに。

JR山都駅・会津坂下IC↑

羽前椿駅・国道113号 ↑JR

大日杉登山小屋

長之助清水

飯豊トンネル

小白布コース

川入切合登山口

横峰まで急な いい登りが続く

川入～御沢キャンプ 場間は徒歩30分（逆 コースは25分）

JR山都駅・会津坂下IC↑

飯豊町

五段山 1312

七ツ岩山 △1402

地蔵山

夏でも早い時期には 残雪があり、通過に はアイゼンが必要

日洗清水

△1485

長坂尾根 中十五里 上十五里 下十五里

0:15 0:10

P

民宿あり

福島県 喜多方市

3 横峰 △1334 長坂平

3:10 1:50

御沢登山口 **2** △1232 代塚山

御沢キャンプ場 **1**

約70台収容・無料

新稲荷峠 △729

鎖場を通過する

剣ヶ峰

2:10 1:50

三国岳 難所 △1644

2ヵ所の鎖場と岩場の あるこのコースの難所

長坂峰

松平峠

長坂峰

新長坂

十森

御坪

御西岳山神社

種蒔山 1791

2:20 1:50

三国岳 4

疣岩山 △1654

猟師平

祓川山荘

弥平四郎登山口

P

△1491

△876

新潟県 新発田市

飯豊山避難小屋 御沢

5

草履塚 1908

2:30 2:10

御秘所

御前坂

姥権現

御前坂

御秘所

草履塚

巻岩山 1578

鏡山 1339 △

西会津町

飯豊本山

駒形山

△2102

1:40 2:00

御西岳の手前にお花畑が あり6～8月にかけて多く の花が見られる。飯豊本 山から往復2時間30分

△1551

御西岳

天狗岳

御西小屋

2013

2:00 1:50

文平ノ池

おんべ松尾根

月心清水

湯ノ島小屋

弥平四郎 △

JR徳沢駅

弥平四郎登山口

△1339

新潟県

草月平

大日岳

△2128

牛ヶ首山

牛首山

飯豊山の最高峰

飯豊山の長最高峰

△2092

薬師岳 西大日岳

実川山

おんべ松尾根は最高峰の大日岳へ 直接登れるが、登山口の林道ゲー トから12時間近く登りとなるので、 飯豊本山から往復する方が無難

新発田市

橅ヶ峰 1866 △

笠掛山 1397 △

阿賀町

林道ゲートから徒歩 3時間（車は入れない）

立石山 990 △

△789

水晶峰 1175 △

焼曽根山 △789

山戸 木不動滝

赤谷 沢

↑林道ゲート・JR日出谷駅

日本百名山に選ばれなかった山

日本百名山は、候補の時点では140前後の山が上がっていた。
どの山も甲乙つけがたく、深田久弥自身も選定にあたっては相当苦慮したようだ。

ニペソツ山。深田も絶賛する堂々たる山だ

深田の故郷の山・能郷白山

笊ヶ岳は残雪期のみ登ることができる

国土地理院の地形図には約１万8000もの山が掲載されている。地形図に掲載されていない山を含めれば膨大な数になる山を、深田久弥は50年にわたり登り続けてきた。その中から自らが設けた基準をクリアした百の山を選んだわけだが、外すには惜しい山も多くあり、深田自身「愛する教え子を落第させる試験官の辛さに似ていた」と記している。

なかでも北海道のニペソツ山は深田がのちに「日本百名山を出版した時、この山をまだ見ておらず、ニペソツには申し訳ないが百名山には入れなかった。実に立派な山であることを登ってみて初めて知った」と述べている。

選考外とはいえどの山も個性充分だけに、百名山を登り終えた人は、次はこの45山を目標にしてはいかがだろう。また、ウペペサンケ山以外の山は日本二百名山（上巻P209）もしくは日本三百名山（下巻P136）に選ばれている。

日本百名山に選ばれなかった山一覧

※鈴鹿山は御在所岳（1212m）と藤原岳（1144m）の2山

地域	山名	標高	地域	山名	標高	地域	山名	標高
北海道	ウペペサンケ山	1848m	関東・上信越	飯縄山	1917m	北ア・南アルプス	毛勝山	2415m
	ニペソツ山	2013m		守門岳 すもんだけ	1537m		笊ヶ岳 ざるがたけ	2629m
	ペテガリ岳	1736m		荒沢岳	1969m		七面山	1989m
	石狩岳	1967m		白砂山	2140m		大無間山 だいむげんざん	2330m
	芦別岳	1726m		鳥甲山 とりかぶとやま	2038m	北陸・近畿・中国	笈ヶ岳 おいずるがたけ	1841m
	渡島駒ヶ岳	1131m		岩菅山	2295m		大笠山	1822m
	樽前山	1041m	北アルプス	雪倉岳	2611m		能郷白山	1617m
東北	秋田駒ヶ岳	1637m		奥大日岳	2611m		鈴鹿山※	1212m
	栗駒山	1626m		針ノ木岳	2821m		比良山（蓬莱山）	1174m
	森吉山	1454m		蓮華岳	2799m		氷ノ山	1510m
	姫神山	1124m		燕岳	2763m		蒜山 ひるぜん	1202m
	船形山	1500m		大天井岳	2922m		三瓶山 さんべさん	1126m
関東・上信越	女峰山	2483m		霞沢岳	2646m	九州	由布岳	1583m
	仙ノ倉山	2026m		有明山	2268m		市房山	1721m
	黒姫山	2053m		餓鬼岳	2647m		桜島	1117m

池塘が点在するいろは沼の湿
原を歩く

標高	**2035**m [西吾妻山]
登山難易度	初級 ★★☆☆☆
日程	前夜泊日帰り
歩行時間	**3**時間**25**分
総歩行距離	**6.6**km
累積標高差	登り**379**m 下り**366**m
登山適期	6下〜 10中

吾妻山
あづまやま

ロープウェイとリフトを乗り継ぎ、お花畑と大展望の広がる
吾妻連峰の最高峰を目指す

東西約20kmにわたる吾妻連峰。その最高峰が標高2035mの西吾妻山だ。この山の魅力はリフトで手軽に登れ、コース中の展望やコバイケイソウなどのお花畑が満喫できること。通過困難箇所はなく、歩行時間も短いが、東北の2000m級の山だけに、夏期でも体温低下に注意したい。

山形県・福島県

アクセス

公共交通機関▶【往復】JR山形新幹線米沢駅➡山交バス約40分➡湯元駅前〔白布湯元駅〕➡天元台ロープ
ウェイ約5分➡天元台高原駅➡リフト3本約30分➡北望台
＊グリーンシーズンのロープウェイ・リフトは6月上旬〜 10月下旬の運行（ロープウェイは〜 11月上旬）。
ロープウェイ・リフト往復共通券あり。
マイカー▶湯元駅へは東北中央道米沢八幡原ICから国道13号、県道151・2号経由約21km。無料駐車場あり。
問合せ先▶山交バス☎0238-22-3392、米沢タクシー☎0238-22-1225、天元台ロープウェイ・リフト☎0238-
55-2236、米沢市観光課☎0238-22-5111

参考地図▶1/25000地形図：天元台、吾妻山

日帰り 湯元駅から天元台ロープウェイで天元台高原駅へ、さらにリフトを3本乗り継いでリフト終点・標高約1820mの**❶北望台**へ向かう。

アオモリトドマツに囲まれた北望台から、まず正面右手に見える登山道へと入る。樹林の中の道を行くとすぐに分岐に出るので、ここを直進する。左は帰りに歩く人形石からの道だ。

針葉樹林を登るとほどなく**❷かもしか展望台**に出る。北面には飯豊連峰や朝日連峰などが望める。すぐに小湿原内の木道が始まり、右手には山頂手前のピーク、梵天岩がなだらかな姿を見せている。

▶大凹の木道を西吾妻山に向かう登山者たち

▲シャクナゲ

注1 植生保護のため、木道から出ないように。また、雨のあとは滑りやすいので、気をつけて歩こう。

木道をゆったりと下っていき、下山時に通る人形石への道を左に分けると、当コース最大の湿原である**❸大凹**に出る。7〜8月にかけて、チングルマ、ワタスゲ、コバイケイソウ、イワカガミなどが大群落を作っている。

大凹の最奥にある水場で木道は途切れ、道は滑りやすい岩場の急な登りとなる。一歩一歩の高低差が大きく、下りではスリップに注意したい。急登がひと段落すれば池塘のあるいろは沼で、好展望の**❹梵天岩**へはここから少しの登りで到着する。

（左）天元台高原駅にある幸福の鐘　（右）北望台をあとにまずはかもしか展望台を目指す

▶岩がごろごろした天狗岩。悪天時は方向に注意

プランニングのヒント

湯元駅から北望台までは乗り換え時間を含めると1時間近くかかるので、首都圏から公共交通機関利用での日帰りは難しい。登山口の白布温泉での前泊がベスト。北望台発のリフトの最終は16時。花を眺めながらゆっくり歩くなら、湯元駅を9時前後発のロープウェイに乗りたい。

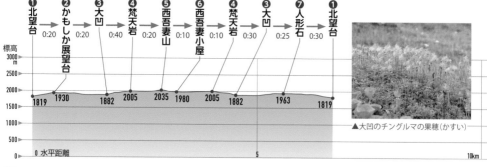

| ❶北望台 | 0:20 | ❷かもしか展望台 | 0:20 | ❸大凹 | 0:40 | ❹梵天岩 | 0:20 | ❺西吾妻山 | 0:10 | ❻西吾妻小屋 | 0:10 | ❹梵天岩 | 0:30 | ❸大凹 | 0:25 | ❼人形石 | 0:30 | ❶北望台 |

標高 3000 m 2500 2000 1500 1000 500 0
1819　1930　1882　2005　2035　1980　2005　1882　1963　1819

0　水平距離　　5　　10km

▲大凹のチングルマの果穂（かすい）

90

大凹の水場

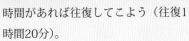
▲大きな岩が累積する梵天岩から眺めた西吾妻山

コース随一の展望を楽しんだら平坦な道を進み、天狗岩を目指す。天狗岩は長方形の岩が一帯を埋め尽くす広い場所で、踏み跡が明瞭でない。天狗岩からは前方に見える吾妻神社には向かわず（吾妻神社は下山時に通る）、岩の縁を左方向に進む。標柱の立つ場所から道は岩の混じった下りとなり、最後に樹林帯を少し登ると❺西吾妻山山頂にたどり着く。吾妻連峰の最高峰（標高2035m）だが、山頂は樹林に囲まれていて、残念だが展望はまったく利かない。

山頂からは登ってきた道とは反対側に下っていく。途中に分岐があるが、左は西大巓への道だ。西大巓は安達太良山や磐梯山などの展望がよいので、

注2 濃霧時などはコンパスやGPSを使用するなど、慎重に行動したい。

注3 分岐に着いたのが15時前後の場合、人形石へは向かわずに、左の道に入り北望台へ戻ろう。

時間があれば往復してこよう（往復1時間20分）。

分岐の先には避難小屋の❻西吾妻小屋が立つ。分岐に戻ってすぐ先で若女平・白布温泉への分岐を左に見送り（この道で白布温泉に下ることもできる。下り約3時間40分。中級）、吾妻神社へと登っていく。天狗岩の一角である吾妻神社への道は急な岩場となっているので、足元に気をつけて登ろう。

❹梵天岩の手前で往路に戻り、❸大凹の先の分岐を右に進み❼人形石へと向かう。ここは梵天岩と並ぶ展望ポイントだ。大展望を楽しんだら、やや歩きづらい道を❶北望台へと戻る。北望台発のリフトの最終は16時なので、遅れないようにしたい。

◀樹林に囲まれ静かな西吾妻山山頂

▶人形石に立つ高度指導標。標高1963mは谷川岳の山頂と同じ高さだ

サブコース　西吾妻小屋から白布温泉

| 距離 | 5.2km | 時間 | 3時間40分 | 難易度 | 中級 |

西吾妻小屋から直接、白布温泉へ下るコース。終点の白布温泉までは長い下りがひたすら続くので膝を痛めないように。途中の若女平（わかめだいら）は、ダケカンバ林や吾妻連峰の主稜線を望む気持ちのよい場所だ。西吾妻小屋から湿地帯を抜け、オオシラビソなどの林を下る。若女平を過ぎ、尾根上の急斜面を下って右の斜面を下降すると沢に出て、白布温泉へ向かう。

◀なだらかで休憩適地の若女平にある標識

▶（左）上杉神社・松ヶ岬公園の桜　（右）神戸牛・松阪牛とともに日本三大和牛の米沢牛

城下町・米沢

西吾妻山の登山拠点・山形県米沢市。米沢は伊達氏、上杉氏などが治めた城下町で、米沢城址や上杉神社など上杉家関連の史跡が多く残る。また米沢はグルメの街としても知られ、ブランド牛として名高い米沢牛のほか、鯉料理や米沢ラーメンも名店揃い。お土産には舘山りんごやワインがおすすめ。詳細は米沢観光コンベンション協会☎0238-21-6226へ。

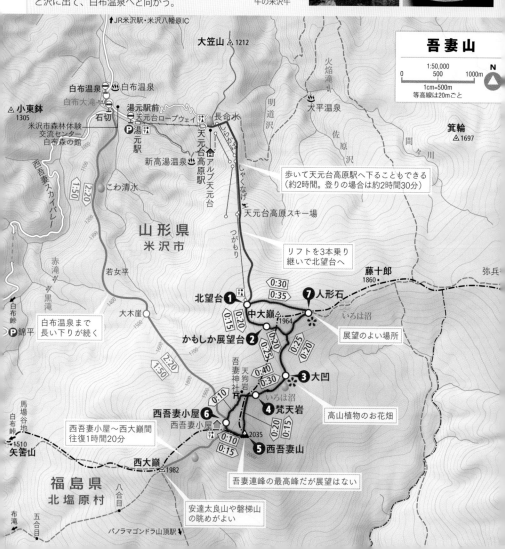

吾妻山

1:50,000
0　　500　　1000m
1cm=500m
等高線は20mごと
N

歩いて天元台高原駅へ下ることもできる（約2時間。登りの場合は約2時間30分）

リフトを3本乗り継いで北望台へ

白布温泉まで長い下りが続く

展望のよい場所

西吾妻小屋〜西大巓間往復1時間20分

高山植物のお花畑

吾妻連峰の最高峰だが展望はない

安達太良山や磐梯山の眺めがよい

山頂駅付近から見た「ほんとの空」記念碑と安達太良山(中央の黒い突起)

安達太良山

あだたらやま

ゴンドラリフト利用で展望の山頂に立ち、
山腹の温泉宿とツツジの名所をたどる周回コース

標高……	**1700** m
登山難易度	初級 ★★☆☆☆
日程……	前夜泊日帰り
歩行時間	**3**時間**25**分
総歩行距離	**8.1** km
累積標高差	登り**365**m 下り**771**m
登山適期	5中〜11上

高村光太郎の詩集『智恵子抄』に登場し、その名を知られることとなった安達太良山。東麓からはなだらかで女性的な雰囲気の姿を見せるが、山上に上がると爆裂火口の荒々しい景観が広がる、二面的な顔を持つ山だ。コースは四方から延びるが、東面のゴンドラを利用した周回コースの人気が高い。

アクセス

公共交通機関▶【行き】JR東北本線二本松駅➡福島交通バス約30分➡岳温泉➡タクシー約10分・約2500円➡奥岳〔山麓駅〕➡あだたらエクスプレス10分➡山頂駅 **【帰り】**行きの二本松駅〜奥岳間を参照のこと
＊岳温泉からのタクシーは要予約。二本松駅からタクシー利用の場合は約30分・約6000円。4月下旬〜9月末の土・日・祝日と10〜11月上旬の毎日には、岳温泉〜奥岳間(往路の1便は二本松駅始発)のシャトルバス(有料)が運行。
マイカー▶奥岳へは東北道二本松ICから国道459、県道386号経由約15km。無料駐車場あり。
問合せ先▶福島交通(シャトルバスも)☎0243-23-0123、昭和タクシー☎0243-22-1155、あだたらエクスプレス☎0243-24-2141、二本松市観光課☎0243-55-5122

参考地図▶1/25000地形図：安達太良山

▶山頂下の広場から見上げた安達太良山

▶（上左）オオカメノキ　（上右）マイヅルソウ（下）岩混じりの道を登って山頂を目指す

◀山麓駅と山頂駅の標高差約400mを約10分で結ぶあだたらエクスプレス

日帰り

奥岳バス停からあだたら高原スキー場へと進み、あだたらエクスプレス（ゴンドラリフト）に乗って標高1350mの❶山頂駅（さんちょうえき）に上がる。なお、ゴンドラは雷や強風などの悪天候時は運休になるので、乗車前に問合せておこう。

山頂駅からはまっすぐ安達太良山に向かわず、「ほんとの空」記念碑に立ち寄って行こう。ここにはこの山のシンボル・智恵子抄の記念碑が立ち、目指す安達太良山が一望できる。特に秋の紅葉時は見事だ。

安達太良山へは、ゴヨウマツやハクサンシャクナゲに囲まれた中を、緩やかに登っていく。初夏には足元にイワカガミがピ

注1 コース上部は濃霧が発生すると方向を誤りやすい。ところどころに進路を示すペンキ印のついた岩があるので、それを目印に進もう。

ンクの花を咲かせている。

しばらくで灌木帯を抜け、❷仙女平（せんにょたいら）分岐（ぶんき）に到着する。ここからは登りが続くので、ひと休みして出発しよう。徐々に傾斜がきつくなり、右へ回り込むように登っていくと視界が開けてくる。岩[注1]混じりの山道を緩急つけながら登り、左へ進行方向を変えていくと、目の前に乳首の異名を持つ岩峰が姿を現

プランニングのヒント

公共交通機関利用の場合はJR二本松駅からタクシーで直接、奥岳へ行かない限り日帰りは難しいので、岳温泉に前泊するのがベスト。また、下山途中にある温泉付きの山小屋・くろがね温泉に宿泊してもよいだろう。勢至平のレンゲツツジの見頃は年にもよるが5月中旬〜6月。

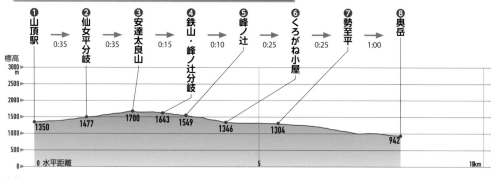

❶山頂駅		❷仙女平分岐		❸安達太良山		❹鉄山・峰ノ辻分岐		❺峰ノ辻		❻くろがね小屋		❼勢至平		❽奥岳
	0:35		0:35		0:15		0:10		0:25		0:25		1:00	

標高
3000m
2500
2000
1500
1000
500
0

1350　1477　1700　1643　1549　1346　1304　942

0　水平距離　　　　5　　　　10km

94

牛ノ背から。船明神山の奥に磐梯山(左)が見える

す。ガレ場をひと登りすれば❸**安達太良山**の広い山上に出る。山頂への岩峰へは右側から回り込むように登る。たどり着いた岩峰からは、さえぎるもののない、360度の大展望が広がっている。北に鉄山、箕輪山、鬼面山と続く安達太良連峰、さらに磐梯山、吾妻山など、福島県の名峰群が一望できる。

下山は北西に延びる「牛ノ背」と呼ばれる尾根道を進もう。いったん緩やかに下り、わずかに登り返すと沼ノ平の爆裂火口が広がる。草木も生えぬ荒涼とした景観に目を見張ることだろう。❹**鉄山・峰ノ辻分岐**で主稜線を離れ右に下れば、十字路の❺**峰ノ辻**に出る。なお、時間に余裕がない場合は安達太良山山頂から直接峰ノ辻に下って

▲レンゲツツジに彩られる勢至平。後方は安達太良山と篭山

注2 有毒ガスが発生しているので、コースの西側に入り込まないこと。

注3 林道をショートカットする道だが、雨のあとなどは滑りやすい。その場合はやや大回りになるが林道を下っていくとよい。

もよい。その場合は10分ほど時間が短縮できる。

道標に従い山中の一軒宿❻**くろがね小屋**へと下っていこう。ここからは整備された平坦な道を進む。すぐに塩沢温泉への湯川コースが左へ分かれていく。水場のある金明水を過ぎ、右へ回り込むように進むと右手から峰ノ辻からの道が合流する❼**勢至平**だ。初夏はレンゲツツジが一帯を赤く染め上げる。また、振り返ると安達太良山も展望できる。

勢至平から下っていくと、林道と合流するが、ここはショートカットコースを進もう。烏川を渡り、あだたら高原スキー場のゲレンデが見えてくれば❽**奥岳**に戻り着く。

◀岩につけられたペンキ印を道しるべに進む

▶山小屋ながら温泉に入れるくろがね小屋

こぼれ情報 安達太良山北東の標高1346m地点に立つくろがね小屋(☎090-8780-0302)は、温泉付きの山小屋として登山者に親しまれている。青森ヒバの浴槽には源泉かけ流しのお湯が満たされている。通年営業で、立ち寄り入浴もできる。

安達太良連峰は、安達太良山を中心に南北に連なる約10のピークの総称。安達太良山から北に延びる尾根をたどって野地(のじ)温泉に向かう縦走は、沼ノ平の荒涼とした景観や連峰最高峰の箕輪山の展望、終着点となる山のいで湯・野地温泉など、登山の醍醐味が凝縮されている。時間に余裕があれば、メインコースの下山路としてもよい。ただし野地温泉はバスが少ないのが難点。

◀馬ノ背からの荒涼とした沼ノ平の景観。内部は有毒ガスが発生し立入禁止

▶道の両側に宿やお土産店が立ち並ぶ

♨岳温泉

安達太良山の周辺には奥岳温泉や塩沢温泉、安達太良温泉など多くの温泉があるが、最大規模なのが、東麓にある岳(だけ)温泉だ。坂の両側には多くの宿やお土産店が軒を連ね、温泉街の風情を醸し出している。肌に優しいことで評判のお湯はくろがね温泉からの引き湯で、泉質は珍しい酸性泉。立ち寄り入浴施設はないが、旅館やホテルで日帰り入浴を受け付けている。問合せは岳温泉観光協会☎0243-24-2310へ。

安達太良山

1:50,000
0　500　1000m
1cm=500m
等高線は20mごと

北面の櫛ヶ峰方面からの磐梯山。明治時代の大噴火により生まれた景観だ

福島県

標高……▶	**1816**m
登山難易度▶	初級 ★★☆☆☆
日程……▶	日帰り
歩行時間▶	**4**時間**40**分
総歩行距離▶	**7**km
累積標高差▶	登り723m 下り723m
登山適期▶	5中〜10中

磐梯山
ばんだいさん

会津のシンボルを最短コースで往復する。
固有種の花と山頂からの展望も魅力

日本で4番目に大きい猪苗代湖の北にそびえる独立峰で、均整の取れた姿から「会津富士」と称される。しかし、北面は明治時代の大噴火による山体崩壊により、南面とは似ても似つかぬ荒々しい姿をなす。登山コースは四方から延び、最短路となる西側の八方台コースが近年は人気が高い。

⌒⌒⌒ アクセス

公共交通機関▶【往復】JR磐越西線磐梯町駅→タクシー約25分・約6000円→八方台
＊八方台に公衆電話はないので、行きのタクシーの乗車時に帰りの予約もしておこう。
マイカー▶八方台へは磐越道磐梯河東ICから県道7・64号（磐梯山ゴールドライン）経由約16km。八方台登山口に第1、少し南側に第2の無料駐車場（計120台）とトイレがある。第1駐車場が満車の場合は、路上駐車をせず第2駐車場へ。第2駐車場から登山口へは徒歩5分ほど。
問合せ先▶磐梯観光タクシー☎0242-62-2364、磐梯町商工観光課☎0242-74-1214

参考地図▶1/25000図 地形図：磐梯山、猪苗代

▶中ノ湯跡へはブナの林を登っていく

日帰り❶八方台[注1]の広い駐車場をあとに磐梯ゴールドラインを横断し、1888(明治21)年の大噴火の災害を免れた太いブナの混じるブナの林へと踏み入っていく。道幅の広い緩やかな登りが続き、火山特有の地形が現れると、朽ち出した建物が立つ❷中ノ湯跡(なかのゆあと)に出る。かつては山のいで湯として親しまれたが、管理人の他界により長らく休業し、その後廃業となった。なお、中ノ湯の周辺は噴出する火山性ガスに要注意だ。

小さな湿地に敷かれた木道を進み、一段登ると樹林の尾根に出る。裏

注1 山中にはトイレがないので、八方台で事前に済ますか、携帯トイレの利用を検討しよう。携帯トイレは弘法清水の2軒の売店で購入できる。回収箱は八方台にある。

注2 雨天時や雨後などは、木の根や泥道が滑りやすいので要注意。

八方台登山口。万一に備えクマ除けの鈴をつけておこう

磐梯からのコースが左から合流し、初めは平坦路だがすぐに急登となる。いつしかアップダウンを繰り返す山腹をたどる道となり、樹林帯の斜面を横切[注2]っていく。

磐梯山の三角錐の山頂部が、わずかに樹間越しに望めると、トラバース道から急登へと変わり、10分ほど緩や

▶廃業となった中ノ湯付近からは磐梯山の山頂部が仰望できる

プランニングのヒント

歩行時間が短いので、首都圏から早い時間の新幹線に乗車すれば日帰りは十分可能。マイカー以外なら、花や磐梯山の景観が満喫できる猪苗代コース(P100参照)を下山するのも楽しい。また、周辺で1泊して、安達太良山(P93)とセットで登ればより充実した山歩きができるだろう。

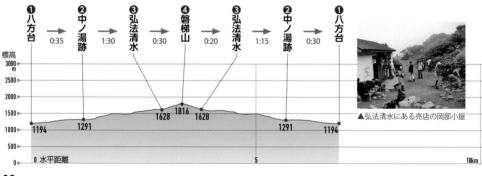

❶八方台 → ❷中ノ湯跡 0:35 → ❸弘法清水 1:30 → ❹磐梯山 0:30 → ❸弘法清水 0:20 → ❷中ノ湯跡 1:15 → ❶八方台 0:30

標高 3000m / 2500 / 2000 / 1500 / 1000 / 500 / 0

1194　1291　1628　1816　1628　　　　1291　1194

水平距離　0　　　　5　　　　10km

▲弘法清水にある売店の岡部小屋

中ノ湯跡近くの湿原に咲くミツガシワ

▲磐梯山山頂直下からの磐梯高原と桧原湖

かに登ると分岐に突き当たる。右の道は弘法清水や磐梯山への近道で、直進する道はお花畑経由の回り道だ（この道は下山時に通る）。まずは右手の近道へ。10分ほど緩やかに登れば前方が開け、四合目（磐梯山は山頂が五合目となっている）の❸**弘法清水**に出る。

弘法清水にはその名の通り湧水が湧き、弘法清水小屋と岡部小屋の2軒の売店がある。名物のきのこ汁やおしるこなどの軽食や、磐梯山のバッジなどのお土産が手に入る。ここから山頂までは30分ほどの急坂が待ち受けるので、ゆっくり休憩をしていこう。

磐梯山へは最初は堀状にえぐれた窪地の中を歩き、左右の枝などを手掛かりに、足元の滑りやすい岩を慎重に踏

▲弘法大師ゆかりの弘法清水の水場

んでいく。高度を上げると次第に頭上が開けるようになり、崩崖地の縁を通過するとまもなくコースは二分する。左が山頂ダイレクトルートで、すぐに❹**磐梯山**の山頂に到着する。岩を撒き散らしたような山頂は展望抜群で、360度全方位さえぎるもののない大展望が広がる。何より印象強いのは、「天鏡湖」と謳われる眼下の猪苗代湖だ。ただし、山頂の東側は切れ落ちているので、踏み外さないようにしたい。

帰路は、❸**弘法清水**まで戻って2軒の売店の前を通り、大きくえぐれた櫛ヶ峰を見ながら少し下る。猪苗代コースとの分岐を左に入り、お花畑の縁を回り込むと往路で分かれた分岐に出る。あとは往路の❶**八方台**へと下る。

◀登山者で賑わう弘法清水小屋。後方は磐梯山の山頂部

▶磐梯山の山頂には磐梯明神の石祠が祀られている

距離 5.6km 時間 3時間40分 難易度 初級

南東側の磐梯高原猪苗代スキー場からのコースで、表登山道の別名の通り、磐梯登山の中心的なコースだ。現在は本項で紹介した八方台コースの往復の人気が高いが、マイカー利用でなければこのコースと組み合わせた縦走登山もおすすめ。登山道は登山口から一合目までは標高差約520mの急傾斜。しかし、スキー場のゲレンデや沼ノ平などで多くの花が見られる。

◀レンゲツツジが咲く沼ノ平からの磐梯山

▶県外からも多くの人が訪れる人気の施設

道の駅ばんだい

磐梯河東ICから八方台に向かう県道7号沿いにあり、磐梯町や福島県を中心に名産品が揃う。内陸にも関らず陸奥湾のホタテや大間産マグロなど海産物も充実しているのは、戊辰戦争に敗れた会津藩士の移封先が現在の青森県むつ市だった縁による。軽食コーナーやレストランもあり、磐梯山コロッケや地元産のそば粉を使用したソフトクリームが特に人気。☎0242-74-1091 営業＝8〜20時（レストランは11〜18時）、無休

磐梯山

1:50,000
0　　500　　1000m
1cm=500m
等高線は20mごと
N

磐梯高原・国道459号
磐梯高原駅バス停・猪苗代磐梯高原IC
川上登山口
川上登山口・磐梯高原
土湯沢温泉跡・

P 望湖台

北塩原村

P こがね平

裏磐梯スキー場
・1096
△1113
・1108

裏磐梯猫魔スキー場

・1203

裏磐梯コース

銅沼

猪苗代町

八方台 ❶
第1駐車場
猫魔八方台
八方台コース
丸山 1359

火山性ガスに注意

火口原

お花畑

櫛ヶ峰 1457

国有種のバンダイクワガタが咲いている

・1636

雄国沼
△1404
猫魔ヶ岳

P 第2駐車場

満車時はこちらに駐車する

アルツ磐梯スキー場

磐梯山ゴールドライン

0:35
0:30

・1312

❷ 中ノ湯跡

1429

弘法清水 ❸

・1550
岡部小屋（売店）
天狗岩

1:30
1:15
黄金清水

弘法清水小屋（売店）
0:30
0:20

0:30 0:40 ・1406
・1330

2軒の売店に携帯トイレブースあり

とび滝
引込滝

福島県
磐梯町

小屋川

・1034

△1816
❹ 磐梯山

1416
・1600
1400

鏡ヶ池

渋谷コース

赤埴山
1430
1317

琵琶沢

・1099

360度の大展望。周囲の山々や眼下の猪苗代湖がすばらしい

JR磐梯町駅・磐梯河東IC

滝尻川
高橋川

・889

・790

猪苗代リゾートスキー場

翁島登山口 P

・1434

天の庭

1:00 0:40

急坂が続く

赤留林道

猪苗代コース

1:30
1:10

磐梯高原猪苗代スキー場

押立温泉
押立
天鏡台
JR猪苗代駅

・971

・820

表登山口 P
JR猪苗代駅・猪苗代磐梯高

輝く水面に会津駒ヶ岳を倒影する駒ノ池

あいづこまがたけ
会津駒ヶ岳

標高……	**2133**m
登山難易度	中級 ★★ ★☆☆
日程……	前夜泊日帰り
歩行時間	**8**時間**5**分
総歩行距離	**15.1**km
累積標高差	登り1316m 下り1323m
登山適期	7上〜10下

長い登りの先に待つ山上湿原と展望を目指して
会津駒ヶ岳のメインルートを行く

会津駒ヶ岳は、尾瀬への北の玄関口として知られる福島県檜枝岐村の西方にある。山頂部は広大な湿原が広がり、たくさんの花が見られる。なかでもハクサンコザクラはこの山を代表する名花で、7〜8月にかけて湿原を飾る。山中へは3本の登山道があるが、メインは東面の駒ヶ岳登山口から。

アクセス

公共交通機関▶【往復】野岩鉄道会津高原尾瀬口駅→会津バス約1時間10分→駒ヶ岳登山口
＊会津高原尾瀬口駅からのバスは1日6便。帰りの駒ヶ岳登山口バス停発、会津高原尾瀬口駅への最終は16時30分頃。タクシーの場合は駒ヶ岳登山口から2km先の滝沢登山口まで入ることができる（約1時間・約1万6000円）。
マイカー▶滝沢登山口へは東北道西那須野塩原ICから国道400・121・352号経由約90km。登山口に約10台分の駐車スペースがある。
問合せ先▶会津バス☎0241-62-0134、会津交通舘岩営業所（タクシー）☎0241-78-2017、檜枝岐村観光課☎0241-75-2503

参考地図▶1/25000地形図：檜枝岐、会津駒ヶ岳

▶コース上部の休憩スペース。ここまで来ればだいぶ楽になる

日帰り ❶**駒ヶ岳登山口**バス停から滝沢沿いの林道を登っていく。途中ショートカットできる道があるが、どちらをたどってもそんなに時間は変わらない。30分ほどで駐車スペース[注1]のある❷**滝沢登山口**に着く。ここから稜線上の駒ノ池まで約1000m[注2]の標高差を登っていく。

滝沢登山口から急な階段を上がり、ブナの原生林が広がる斜面をジグザグに登っていく。針葉樹が混じるようになると、ベンチのある広場に出る。ここはコース中唯一の❸**水場**で、左手に1～2分下ったところに、岩の間から

燧ヶ岳から見たなだらかな姿の会津駒ヶ岳

注1 駐車スペースは少ない。満車時は駒ヶ岳登山口バス停近くの檜枝岐村営グラウンドに車を停め、滝沢登山口へ（登り40分・下り30分）

注2 急坂がひたすら続くが、あせらず自分のペースで登っていこう。

▶稜線上に立つ駒の小屋。週末は混雑することも

清水が湧いている。

水場からも急な登りが続く。いつしか周囲は針葉樹林に変わっている。傾斜は徐々に緩やかになり、次第に視界が開けてくる。尾根の右側を進むと小さな湿原が現れ、ベンチが置かれた休憩スペースに出る。右手の前方に会津駒ヶ岳の山頂が、その左手の尾根上には駒の小屋が見えている。

休憩スペースから少し行くと、池塘のある広い湿原の中を進むようになる。左手には燧ヶ岳が、その右隣には至仏山が見える。展望や湿原の花を愛

プランニングのヒント

公共交通機関利用の場合は山麓の檜枝岐村の宿に前泊するか、稜線上の駒の小屋に宿泊する。マイカーなら約1時間、歩行時間が短縮できるので、日帰りも可能。マイカー利用でなければ駒ノ池から花の多い富士見林道を経由して国道352号上のキリンテに下ってもよい（P103参照）。

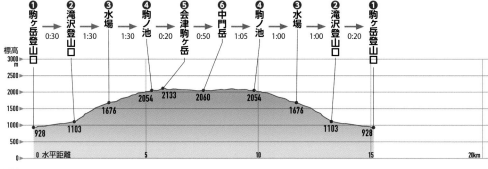

❶駒ヶ岳登山口		❷滝沢登山口		❸水場		❹駒ノ池		❺会津駒ヶ岳		❻中門岳		❹駒ノ池		❸水場		❷滝沢登山口		❶駒ヶ岳登山口
	0:30		1:30		1:30		0:20		0:50		1:05		1:00		1:00		0:20	

標高 3000m / 2500 / 2000 / 1500 / 1000 / 500 / 0

928　1103　1676　2054　2133　2060　2054　1676　1103　928

水平距離　0　5　10　15　20km

会津駒ヶ岳山頂。この先の中門岳までは2.2km

でながら緩やかに登っていくと、主稜線上の④駒ノ池に出る。池の周りにはテーブルとベンチが置かれ、一段高い場所に駒の小屋[注3]と公衆トイレが立っている。駒ノ池の水面に姿を映す会津駒ヶ岳が美しい。池の周囲では、7月から8月にかけてハクサンコザクラが大群落を作っている。

▲駒ノ池のハクサンコザクラ。会津駒を代表する花だ

注3 営業期間中でも管理人不在のことも。利用するなら必ず予約をする。

駒ノ池の横を抜けて、会津駒ヶ岳を目指す。山頂部の左裾を回り込むように木道を進む。樹林に入ると分岐があり、右は会津駒ヶ岳山頂、直進する道は会津駒ヶ岳の西面を通って中門岳へと続く。分岐を右に折れ、少しの登りで樹林を抜け、まもなく⑤会津駒ヶ岳山頂に着く。山頂は樹林に遮られ展望はいまひとつだが、南東面に尾瀬や日

▲(上)ミツガシワ (下)ワタスゲの果穂

光の山々が見えている。

山頂から北西方面に下ると、先の分岐からの道が左から合流する。コバイケイソウやイワイチョウなど花の多い湿原と美しい池塘が点在する広大な尾根を、上下しながら進む。やがて大きな池塘がある中門池に着く。「中門岳」と書かれた標柱があるが、最高点はもう少し先。

池からさらに続く木道を緩やかに登ると、池塘のある平坦な湿原に出る。ここが⑥中門岳の最高点だ。池塘を一周する木道が敷かれ、振り返ると会津駒ヶ岳と燧ヶ岳が並んで見えている。

展望を満喫したら往路を戻るが、会津駒ヶ岳西面の山腹の道を通ると若干だが時間が短縮できる。

◀「中門岳」の標柱が立つ中門池。実際の山頂は右奥の樹林内

▲湿原を抜けて大津岐峠へ

サブコース 駒の小屋からキリンテ

距離 **7km** 時間 **4時間30分** 難易度 **中級**

会津駒ヶ岳登山者の大半はガイドで紹介したコースをたどるが、この山の魅力をより味わいたい人は、駒の小屋から南に延びる富士見林道を歩いてみよう。途中には湿原の花々や、尾瀬・日光方面の展望が楽しめる。ただし、稜線上の大津岐(おおつまた)峠からバス停のあるキリンテまでは標高差1000m近い下りが続き、かなりハード。

こぼれ情報 檜枝岐村には旅館、民宿など約40軒の宿泊施設がある。問合せは尾瀬檜枝岐温泉観光協会(☎0241-75-2432)へ。稜線上の駒の小屋(☎080-2024-5375)は4月下旬〜10月下旬の営業で要予約。素泊まりが基本だが、レトルト食品や水、飲み物を販売している。

会津駒ヶ岳

1:50,000
0　500　1000m
1cm＝500m
等高線は20mごと

N

6 中門岳
2060

•1988
御神楽沢
•1596
ムジナクボ沢
•1918
•1811
中ノ沢
1123•
桑場小沢
138

•2038
中門池
•1750
0:50
2094

池塘を一周する木道がつけられている

大戸沢岳
△2089

•1553

湖畔に「中門岳」の標柱が立っている

•1519
大倉小沢

•1688

•1662
1:05

5 会津駒ヶ岳
2133

展望は東面のみ

•1738

6～9月にかけて高山植物が次々に咲いていく

大倉沢

•1531

串ケ峰沢

駒ノ池
駒の小屋

4
0:20
0:15

7～8月はハクサンコザクラの宝庫

1936•

•1524

水場 **3**
1630•

台数少ない

宿泊は素泊まりのみ（レトルト食品等の販売はしている）

1996•
休憩スペース
1:30

源六郎沢

竜ノ門の滝

•1921
1:00

•1748

タクシーはここまで

大沢岐沢

•1956

富士見林道

2:00
1:50

カワゴイワ沢

ヘリポート跡

1:00
1:30

滝沢登山口 **2**

P

駒ヶ岳登山口 **1**
1207•

1:30

•930
滝沢橋

駒ヶ岳登山口

P

アルザ尾瀬の郷村営グラウンド
伊南川

このあたりにもハクサンコザクラが咲いている

1661•

大津岐山
1945 △
1672•

大杉林道

大津岐峠
3:30
2:40

•1541

•1369

ショートカットの道がある

檜枝岐小・中学校
檜枝岐村役場
檜枝岐役場前
檜枝岐の舞台

下ノ原

•1367

滝沢登山口満車時はここに駐車する

駒の湯

•1754

大津岐峠～キリンテ間は急斜面の下りが続く。転倒に注意

•1724

•1391

上ノ原
956•
燧の湯
大畑
中土合公園

舟岐川
舟岐林道

•1110

三ツ尾瀬公園

•1257

•1749

•1352

•1588

•1413
1276•

キリンテ沢
湯ノ岐沢

352

•1034

•1411
•1031

1861•

尾瀬御池

•1514

上滝沢

•1198

福島県
檜枝岐村

1796•

•1684

•1027

キリンテ橋

檜枝岐川

キリンテ
352
キリンテ
P

•1304
ドヨゴ沢

•1289

•1085
深戸沢

•1331

•1394

上来子

七入
七入橋
七入
七入山荘
P

•1061
•1317
上ヨナゴ沢

1194•

モーカケ沢
モーカケの滝
蛇滝
硫黄沢
沼山峠
1381•

尾瀬御池

左惣沢

馬

茶臼岳の北面から見上げた紅葉の朝日岳

栃木県・福島県

標高……	▶ **1917**m [三本槍岳]
登山難易度	▶ 中級 ★★ ★☆☆
日程……	▶ 日帰り
歩行時間	▶ **6**時間**15**分
総歩行距離	▶ **10.7**km
累積標高差	▶ 登り**713**m 下り**1013**m
登山適期	▶ 5上〜 11上

アクセス

那須岳
なすだけ

今なお白煙を噴き上げる主峰の茶臼岳と屹立する朝日岳、最高峰の三本槍岳の三座に立つ

那須岳の主峰で蒸気ガスを上げる茶臼岳。最高峰でその名とは逆になだらかな山容の三本槍岳。その中間に屹立する鋭峰・朝日岳。那須ロープウェイを利用し、行程こそやや長いが那須岳主要の三座に立ち、それぞれからの大展望を楽しもう。下山後は山麓に湧く温泉で汗を流したい。

公共交通機関 ▶【行き】JR東北本線黒磯駅➡関東自動車バス約1時間➡那須ロープウェイ〔那須山麓駅〕➡那須ロープウェイ4分➡那須山頂駅 【帰り】那須山麓駅前からは行きを参照
＊那須ロープウェイバス停へはJR東北新幹線那須塩原駅からもアクセスできる（関東自動車バス約1時間15分）。那須ロープウェイは3月中旬〜 11月下旬の運行。運行時間は8時30分〜 16時30分（変動あり）。
マイカー ▶那須ロープウェイへは東北道那須ICから県道17号経由約19km。山麓駅に無料駐車場あり。
問合せ先 ▶関東自動車☎0287-74-2911、那須ロープウェイ☎0287-76-2449、那須町観光商工課☎0287-72-6918

参考地図 ▶ 1/25000地形図：那須岳

▶茶臼岳のお釜周回路を歩く登山者たち

日帰り 那須ロープウェイの❶那須山頂駅（なすさんちょうえき）を出たら、まずは柵に沿って緩やかに登っていく。右へとカーブすると、まもなく牛ヶ首への分岐に出る。左の道は牛ヶ首から紅葉の名所の姥ヶ平へ向かう（P108コラム参照）。

茶臼岳の山頂へはまっすぐ広い尾根を登っていく。岩がゴロゴロした尾根はガスに包まれたときは道がわかりにくい。岩にマークされたペンキ印をたどっていこう。

じきに八月石と呼ばれる大岩の下に出る。右からひと登りすれば、山頂部の火口縁となる。道標に従い左へと進

▲那須ロープウェイ。強風時は運休

山頂駅を出るとすぐに牛ヶ首への分岐がある

めば鳥居を抜け、❷茶臼岳（ちゃうすだけ）の山頂に到着する。山頂には那須岳神社の石祠が置かれ、晴れていれば、日光連山から筑波山、ほかにも阿武隈山系や磐梯山、遠く飯豊連峰（いいで）までが一望できる。

ひと休みしたら、山頂部のお釜を時計回りに巡ってから、山頂直下の巻き道へ下り、左へと大きく下っていく。ガレ場が続き、ところどころ段差があるので足元に注意したい。傾斜が緩むと牛ヶ首からの道を合わせ、もうひと下りで❸峰ノ茶屋跡避難小屋（注1 みねのちゃやあとひなんごや）だ。

避難小屋のベンチでひと息入れた

注1 峰ノ茶屋跡は風の通り道の強風地帯。春先や秋は体が冷え込むので、重ね着など防寒対策は万全に。

▶茶臼岳火口壁直下を峰ノ茶屋跡へと下る

プランニングのヒント

休憩・昼食などを含めると総行動時間は7時間半前後となる。通常時のロープウェイの場合、始発に乗っても山頂駅の出発は9時前後。特に紅葉期は日没が早いので、三本槍岳まで足を延ばすのは不安がある。出発が少しでも遅くなったときは、朝日岳を往復後、下山したほうがいい。

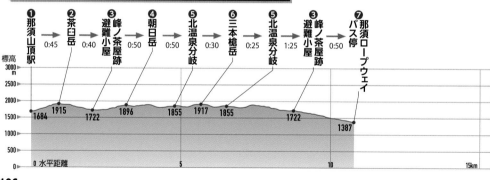

❶那須山頂駅 →0:45→ ❷茶臼岳 →0:40→ ❸峰ノ茶屋跡避難小屋 →0:50→ ❹朝日岳 →0:50→ ❺北温泉分岐 →0:30→ ❻三本槍岳 →0:25→ ❺北温泉分岐 →1:25→ ❸峰ノ茶屋跡避難小屋 →0:50→ ❼那須ロープウェイバス停

標高 m：1684 / 1915 / 1722 / 1896 / 1855 / 1917 / 1855 / 1722 / 1387

水平距離　0　5　10　15km

（上）峰ノ茶屋跡避難小屋
（下）朝日岳の肩へと向け、岩場をトラバースする

▲朝日岳への登山道より茶臼岳を振り返る

24
那須岳

ら、下山路を右に分け、剣ヶ峰の右側を巻いて朝日岳へと登っていく。[注2]ここからが本コースのいちばんの難所だ。途中、急な岩場（鎖場）や一部切れ落ちたトラバースがあるので十分注意したい。朝日岳の肩へ上がったら、右に折り返すように登れば❹朝日岳だ。狭い山頂からは茶臼岳がひときわ大きい。

展望を楽しんだら朝日岳の肩に戻り、稜線を北上する。左から三斗小屋温泉からの道が合流し、1900mのピークを通過して清水平へ下っていく。初夏はシャクナゲやムラサキヤシオなどが咲いている。木道を経て進むと、やがて❺北温泉分岐だ。道標に従い、左へと進む。

溝状の道を下って平坦路を過ぎると急傾斜の登りが始まる。15分ほどで傾斜が緩み❻三本槍岳に着く。小広い山頂からは噴煙を上げる茶臼岳から大倉山、三倉山、旭岳など那須連峰の峰々の展望が広がっている。

下山は往路を❸峰ノ茶屋跡避難小屋まで戻り、茶臼岳の北面を巻き下っていく。道は整備されているが、岩がゴロゴロしている。やがて樹林帯となり、階段状の道を下る。鳥居を抜けると、じきに峠の茶屋に出る。左に県営駐車場を見て、さらに階段状の道を下れば❼那須ロープウェイバス停も近い。

注2 朝日岳の岩場の道では落石や転落に注意。特に雨後、あるいは春先や晩秋に霜が下り濡れている時はさらなる注意が必要だ。

危 険
この先立入禁止です
...

▲三本槍岳に咲くアズマシャクナゲ

▲茶臼岳山頂から見た朝日岳（右）と三本槍岳（中央）

▶峰ノ茶屋跡からの下山路。しばらくは爽快な眺めが楽しめる

こぼれ情報　山麓駅の約7km手前にある那須湯本温泉元湯の鹿の湯（☎0287-76-3098）は、41〜48℃（女性風呂は41〜46℃）の湯船が6つある情緒あふれる温泉。8〜18時営業・無休。

サブコース　中の大倉尾根から三本槍岳

| 距離 | 4.1km | 時間 | 2時間15分 | 難易度 | 初級 |

◀中の大倉尾根から見た朝日岳

　最高峰の三本槍岳の往復のみなら、春、夏、秋などに季節運行されるマウントジーンズ（☎0287-77-2300）のゴンドラを利用し、中の大倉尾根を登るのが早い。ただし、バス便がないので、マイカーやタクシー利用となる。5月中旬～6月上旬、ゴンドラ山頂駅のゴヨウツツジは見応えがある。山頂駅から三本槍岳山頂までは登り約2時間15分、下り1時間50分の往復約4時間。

姥ヶ平の紅葉

　那須岳でいちばんの紅葉の名所が、茶臼岳西面にある姥ヶ平。那須で最も早く紅葉が色づき、年にもよるが10月第2週頃にピークを迎える。時間的に三本槍岳まで行くのが厳しい場合、朝日岳往復のあと、峰ノ茶屋跡避難小屋から無間地獄経由で牛ヶ首から下り立ち寄ってみるといい。その場合、下山は茶臼岳南腹の道を山頂駅へと戻ることになる（約1時間30分）。なお、紅葉の時期は平日でも早い時間から駐車場が満車になる。

▶姥ヶ平のひょうたん池から見た茶臼岳

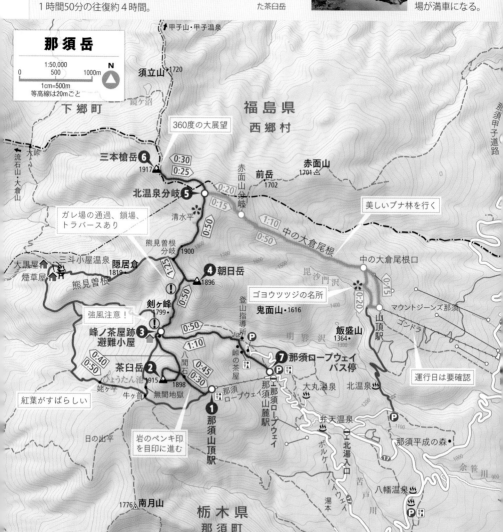

明神峠〜道行山間の小ピークからの眺め。左が道行山、中景やや右が小倉山、中央奥が越後駒ヶ岳

標高	**2003** m
登山難易度	**中級** ★★ ★☆☆
日程	**1泊2日**
歩行時間	**9**時間**30**分
1日目	5時間45分
2日目	3時間45分
総歩行距離	**14.2** km
1日目	7.7km
2日目	6.5km
累積標高差	登り**1236**m 下り**1239**m
登山適期	7上〜 10中

うおぬまこまがたけ

魚沼駒ヶ岳 [越後駒ヶ岳]

枝折峠からの最短コースで越後三山の主峰へ。
展望と花を楽しみながらの稜線歩き

　魚沼駒ヶ岳は八海山、中ノ岳とともに越後三山と呼ばれるが、なかでも深田久弥はどっしりとしたこの魚沼駒ヶ岳がいちばん立派だとしている。魚沼地方にある駒ヶ岳ということで山名がついたが、現在は越後駒ヶ岳の方が一般的だ。登山コースは何本もあるが、東面の枝折峠からが最も登られている。

アクセス

公共交通機関▶【往復】 JR上越新幹線浦佐駅➡タクシー約40分・約1万1000円➡枝折峠

＊7月上旬〜 10月中旬の日・祝日にJR上越線小出駅から枝折峠へ南越後観光バスが運行している（1日1往復、約1時間5分）。行きは小出駅発6時30分、帰りは枝折峠発16時35分。

マイカー▶ 枝折峠へは関越道小出ICから国道291・352号、県道70号経由約26km。30台以上が駐車できるスペースがある。

問合せ先▶ 観光タクシー☎025-792-1100、南越後観光バス☎025-792-8114、魚沼市観光協会☎025-792-7300

参考地図▶1/25000地形図：八海山、大湯

▶越後駒ヶ岳を正面に望む小倉山分岐。小倉山山頂は右へ約5分登る

1日目 ❶枝折峠の駐車場にあるトイレ脇から登山道に入る。枝折峠からのコースはほぼ稜線上を歩くので、視界がよければ荒沢岳を眺めながらの快適な登山が楽しめる。15分ほど登った場所からは、天候に恵まれれば、日の出とともに奥只見湖から水分の含んだ空気が滝雲となり、尾根を流れる景色を眼下に見ることができる。

　30分ほどで左に銀の道が分かれる十合目に出て、わずかに登ると明神堂が祀られた❷明神峠に着く。明神峠から道行山の間は登下降を繰り返しながら、徐々に標高を上げていく。途中に

注1　豪雪地帯だけに年によっては遅くまで雪が残ることも。事前にコース状況を入手し、念のため軽アイゼンを用意しておく。

注2　濡れているときは特に滑って歩きづらい。また、ぬかるんだ道を通った際は、木道の通過前に靴の泥を落としておこう。

木花開耶姫命を祀る明神堂が立つ明神峠

は眺めのよい場所があり、左に道行山、稜線を通して右に小倉山、そのやや左手に越後駒ヶ岳の雄姿が展望できる（P109メイン写真）。道行山へは、尾根道上の分岐から左に5分ほど登ると山頂がある。

　分岐に戻り左へ進む。じめじめした道を下り、木道の混じる斜面を登っていくと、右手にベンチのある場所に出る。ここからは正面に越後駒ヶ岳が、左に目を移すと荒沢岳の男性的な山容が望める。そこから10分ほど登ると小倉山分岐だ。❸小倉山へは分岐から

▶笹の原に隠れた百草ノ池

プランニングのヒント

　日帰りは時間切れになる可能性があるので、基本的には山頂部の駒の小屋に宿泊する。安全かつ余裕のある行動も取れるし、山頂部での落日やご来光も望める。なお、駒の小屋は銀マット・毛布はあるが、食事は自炊。夏や紅葉期の土曜・休日は大混雑するので、シュラフを持参するといい。

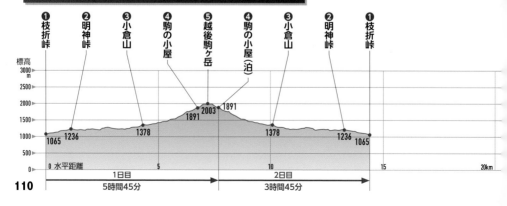

❶枝折峠	❷明神峠	❸小倉山	❹駒の小屋	❺越後駒ヶ岳	❹駒の小屋(泊)	❸小倉山	❷明神峠	❶枝折峠
1065	1236	1378	1891	2003	1891	1378	1236	1065

標高3000m 2500 2000 1500 1000 500 0　水平距離　0　　5　　10　　15　　20km

1日目　5時間45分　｜　2日目　3時間45分

駒の小屋直下の岩稜帯。赤ペンキを目印に登る

右へ5分ほどで着く。ここから小倉尾根経由で駒の湯に下ることができる。

分岐に戻って右へ。しばらくは灌木帯の緩やかな登りだが、百草ノ池の道標を過ぎたあたりからだんだんきつい登りになり、前駒まで続く。前駒から[注3]岩稜帯の斜面を登ると❹駒の小屋に到着する。宿泊の手配をしたら必要な装備だけを持って、越後駒ヶ岳の山頂を往復しよう。

小屋の裏を通り、眺めのよい尾根を登ると主稜線に出て、右に行けば❺越後駒ヶ岳の山頂に着く。一等三角点と猿田彦の銅像が立つ山頂からの展望は360度。八海山のゴツゴツした特異な山塊が西の眼前に。北側に目を移すと弥彦山や角田山、そこから東方向に目

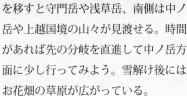

▲越後駒ヶ岳から中ノ岳方面に進むとコバイケイソウなどのお花畑が広がる

注3　赤ペンキ印を頼りに三点確保で登っていこう。

▲ギンリョウソウ

注4　登りと同様に、駒の小屋直下の岩稜帯は慎重に通過しよう。

を移すと守門岳や浅草岳、南側は中ノ岳や上越国境の山々が見渡せる。時間があれば先の分岐を直進して中ノ岳方面に少し行ってみよう。雪解け後にはお花畑の草原が広がっている。

2日目　早起きして、小屋前からの素晴らしいご来光を楽しもう。また、前の日に山頂へ行く時間がなかったならば、やはり早朝のうちに登っておきたい。

小屋の前で水を補給したら、往路を[注4]❶枝折峠へと下山する。マイカー利用でなければ、❸小倉山から小倉尾根を下って国道352号上の灰の又バス停に下ってもいい（P112サブコース参照）。途中にある一軒宿の駒の湯山荘では、宿泊以外に立ち寄り入浴もできる。

▲越後駒ヶ岳（右）を背に立つ駒の小屋

▶越後駒ヶ岳山頂からの雲海に浮かぶ八海山。八ツ峰の稜線がはっきりわかる

こぼれ情報　駒の小屋（☎025-792-7300・魚沼市観光協会）は通年の営業で、ゴールデンウイーク明けから10月中旬までの土・日・月曜を中心に管理人が常駐している。素泊まりだが、毛布と銀マットは用意されている。テント場もある。

サブコース 小倉山から駒の湯

| 距離 | 4.8km | 時間 | 3時間 | 難易度 | 中級 |

◀登山口の駒の湯山荘は「日本秘湯を守る会」所属の一軒宿

　マイカー登山でなければ、小倉山まで戻り、北へ延びる小倉尾根を下り、小出行のバス便のある灰の又へ出てもよい。コースは小倉山からひたすら尾根道を下って一軒宿の駒の湯山荘へ。あとは車道を灰の又バス停へ向かう。小倉山先の尾根の分岐は右に進む。途中にある鎖場の通過に注意。越後駒ヶ岳へはほかにも中ノ岳への縦走コースやクシガハナコースなどがあるが、いずれもハードコース。

周辺の立ち寄り湯

　登り下りともハードな山だけに、下山後はすぐにでも汗を流したいもの。枝折峠から浦佐駅や小出ICまでの間に日帰り温泉が多数ある。比較的規模の大きい大湯温泉に「ユピオ」、小出ICそばに「ゆ〜パーク薬師」、小出駅裏手の高台に「こまみの湯」などがある。もう1泊できるなら、ランプの灯る一軒宿の駒の湯山荘や、日本有数のラジウム温泉の栃尾又温泉などに宿泊してみたい。問合せは魚沼市観光協会☎025-792-7300へ。

▶小出の高台にあるこまみの湯。露天風呂から越後駒ヶ岳が眺められる。

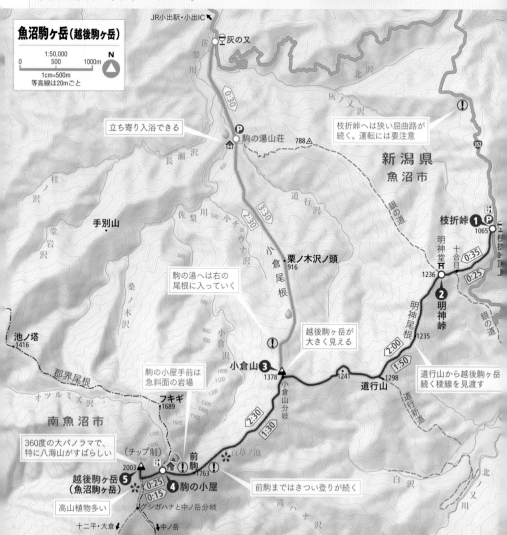

至仏山から見た、なだらかな
姿の平ヶ岳

新潟県・群馬県

標高……	**2141** m
登山難易度▶	上級 ★★ ★★☆
日程…… ▶	前夜泊日帰り
歩行時間▶	**12**時間**10**分
総歩行距離▶	**21.4** km
累積標高差 ▶	登り1728m 下り1728m
登山適期▶	7上〜 10上

ひらがたけ
平ヶ岳

百名山屈指の難関の山。急登かつ長い登りに耐えられる人の
みが味わえる、広く平らな山頂湿原

　尾瀬ヶ原の北方にそびえる平ヶ岳
は、多雪地域の奥深いところに位置し
ているだけに、周囲の山上からでなけ
ればその姿を眺めることすらできない
秘峰中の秘峰。山頂部は平らで、湿原
と池塘が広がっている。近年は中ノ岐
コースが人気だが、この山の奥深さを
知るには東面の鷹ノ巣から登りたい。

アクセス

公共交通機関▶【往復】JR上越新幹線浦佐駅➡南越後観光バス約1時間15分➡奥只見ダム➡奥只見観光（船）
40分➡尾瀬口➡魚沼市観光協会予約バス（会津バス運行）約10分➡平ヶ岳入口
＊尾瀬口〜平ヶ岳入口間は6月1日から10月15日までの運行で、1日2 〜 3便。帰りの平ヶ岳入口発の最終は
15時48分。奥只見観光船と魚沼市観光協会のバスは乗車の7日前までに予約が必要。
マイカー▶平ヶ岳登山口へは関越道小出ICから国道291・352号、県道70・50号経由約57km。
問合せ先▶南越後観光バス☎025-792-8114、奥只見観光☎025-795-2242、魚沼市観光協会（予約バス・登山
コース）☎025-792-7300

参考地図▶1/25000地形図：平ヶ岳

▶下台倉山へは砂礫混じりの急坂を登っていく

日帰り

前日は鷹ノ巣にある民宿に泊まり、翌日早朝に出発する。

❶**平ヶ岳登山口**[注1]へは車で5分、徒歩なら15分ほどだ。登山届を出したら林道に入り、25分ほど進むと登山口の道標がある。右手の登山道に入りしばらく登っていくと、やがて岩肌が露出[注2]した狭い登山道になる。このあたりは深山の雰囲気が漂う場所だ。

大きな松の木を目標にして、急斜面に苦労しつつ砂礫の道を登っていく。左手の燧ヶ岳の双耳峰を眺めながら次第に高度を上げていくと❷**下台倉山**に着く。右側は樹林帯、左側は開けた尾

注1 コースの途中に2ヵ所の水場があるが、あまり期待できない。登山口にも水場はないので、事前に用意しておこう。特に往路は多めに用意しておくこと。

注2 一部両側が切れ落ちている場所があり、雨天時など滑らないように注意したい。

根を登下降して台倉山を通過し、樹林に入ると台倉清水に着く。水場は右手の山腹の急斜面を5分ほど下ったところに細い流れがある。

展望のない道を進むとやがて❸**白沢清水**に出る。近くに水場の標識があるが水たまり程度で、こちらもあまりあてにできない。ここで短い休憩を取って出発しよう。しばらくは緩やかな樹林の道を進むが、一転して急登になる。樹林を抜けて視界が開け、左手に燧ヶ岳を眺めながら上方に見える岩肌を目指して急斜面を登っていく。短い岩稜

登山口の駐車場。バス停やトイレもある

▶下台倉山山頂。平ヶ岳へはまだ半分に満たない

プランニングのヒント

山頂手前のかつてのテント場が緊急時のみ利用可となったため、日帰りが基本となった。空が白み始めたら行動を起こしたい。池ノ岳着が11時を過ぎるようなら、玉子石を割愛して直接、山頂に向かうこと。途中で疲労が激しい場合は潔くあきらめたほうがいい（P115注4参照）。

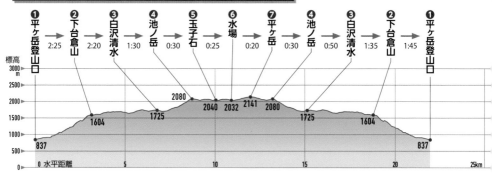

❶平ヶ岳登山口	❷下台倉山	❸白沢清水	❹池ノ岳	❺玉子石	❻水場	❼平ヶ岳	❹池ノ岳	❸白沢清水	❷下台倉山	❶平ヶ岳登山口
	2:25	2:20	1:30	0:30	0:25	0:20	0:30	0:50	1:35	1:45

標高 3000m / 2500 / 2000 / 1500 / 1000 / 500 / 0

837　1604　1725　2080　2040　2032　2141　2080　1725　1604　837

0　水平距離　5　10　15　20　25km

池ノ岳への登りから燧ヶ岳(右)を望む

▲夏雲を水面に映す姫池。背後に平ヶ岳が頭をのぞかせる

を登ると木道に出て、山頂部北東端の**④池ノ岳**に着く。すぐ先には池塘が点在する姫池がある。湿原の脇には広い木製の休憩スペースがあり、平ヶ岳のまさに平べったい山容に癒される。周囲はお花畑が広がっている。

道標に従い水場・玉子石方面の木道を進み、10分ほどで水場(旧テント場)と玉子石の分岐に出る。左に行くとすぐに水場がある。ここはまっすぐ進んで玉子石を往復してこよう。**⑤玉子石**は奇岩とその後ろに広がる池塘の景観が美しい。眺めを楽しんだら**⑥水場**に戻る。万が一、平ヶ岳の水場付近でビバークする場合は、水は平ヶ岳沢の流水を利用する。緊急時に備え、軽量ツェルトはザックに入れておきたい。

注3 玉子石への木道は傾斜がついているので、濡れている時は非常に滑りやすい。

注4 以前は山頂部のテント場(水場)に1泊するプランが主流だったが、近年はオーバーユースの懸念から緊急時以外のテント泊は実質的に禁止となっている。とはいえ、万が一のビバークに備えた準備は怠らないこと。

水場をあとに、平ヶ岳山頂を目指す。沢の源頭を渡ると、左から池ノ岳からの道が合流する分岐に出る。ここを右へ。樹林の道を登り、視界が開けると**⑦平ヶ岳**山頂に着く。湿原の広がる山頂には木道が敷かれ、燧ヶ岳や至仏山など尾瀬の山や、越後駒ヶ岳をはじめとする越後三山、上越の山々が望める。湿原にはワタスゲ、リュウキンカ、チングルマ、ニッコウキスゲなどの花々が咲き、秋は草紅葉が美しい。木道の途切れたところから先は立入禁止になっている。

山頂をあとに水場への分岐へ戻り、直進して**④池ノ岳**へ向かう。ここからは往路を下るが、**②下台倉山**直下の急斜面の下りには気をつけよう。

◀山上の湿原に咲く花。コバイケイソウ、イワショウブ、ツルコケモモ、モウセンゴケ(左上から時計回り)

▶平ヶ岳の三角点と標識は樹林の中にぽつんとある

こぼれ情報 登山口の近くに清四郎小屋(☎090-2558-0028)がある。宿の方は平ヶ岳の登山道に詳しいので、前泊した際はいろいろ尋ねてみよう。宿泊以外に売店や食堂としても営業しており、立ち寄り入浴もできる。6月上旬〜10月中旬営業、要予約。

サブコース 中ノ岐コースを登る

| 距離 | 2km | 時間 | 3時間30分 | 難易度 | 中級 |

　山頂北面の中ノ岐（なかのまた）川から玉子石手前に至る中ノ岐コースは、市販のガイドブックにはほとんど紹介されておらず、地形図にも近年記載された。1986（昭和61）年に現天皇陛下が平ヶ岳に登るにあたり開削された道で、その後、地権者である銀山平の人々が整備をして現在に至っている。鷹ノ巣コースと比べ半分の時間で登れることから、ツアー登山や中高年を中心にメインコースとなりつつあるが、通行するには銀山平の民宿や清四郎小屋に宿泊し、かつ人数がまとまった場合に限られる。問合せは銀山平の各民宿へ。

樹海ラインをドライブする

　平ヶ岳登山口へのアクセス路である国道352号は、新潟県柏崎市と栃木県上三川町間約328kmを結ぶ国道で、うち新潟県銀山平と福島県御池間の約53kmは『樹海ライン』と呼ばれている。名前通りコースの大半は深い針葉樹林を通り抜ける。山岳地だけに道幅の狭いカーブが多いが、尾瀬口〜小沢平間は只見川沿いの快適な道で、真夏は窓を全開にしたくなる。ソバの栽培地が多く、夏には一面のソバの花畑が広がる。

▶携帯電話の通じないエリアが多いだけに、無茶な運転は禁物！

平ヶ岳

1:50,000
0　500　1000m
1cm=500m
等高線は20mごと
N

青木沢

新潟県
魚沼市

小屋沢

入り黒沢山
•1607

恋ノ岐川

鷹ノ巣山
△1623

ジョウ沢

ミョウカン山
•1642

下台倉山
1604　**2**

砂礫混じりのヤセ

1406

銀山平

中ノ岐林道

中ノ岐林道終点

平ヶ岳先ノ沢

•1634

オホコ沢

1690

下

2:20　1:35

中ノ岐コースに登る場合は銀山平の民宿か平ヶ岳登山口近くの清四郎小屋に宿泊する事が前提となる

2:30

3:30

中ノ岐コース

△1887

白沢清水
3

台倉山
△1695

台倉清水
1751

平ヶ岳沢

池ノ岳

姫池

1:30

0:50

鷹ノ巣コース

•1746

5分ほど下った場所にあるが水流が細く涸れていることか

4

1903

玉子石　**5**

0:25　2076

水場　**6**

0:30

0:30

緊急時のみ幕営が可

こちらも涸れていることが多い

0:20

平ヶ岳　**7**　2140

2141

三角点は樹林の中

尾瀬口・小出IC
清四郎小屋

鷹ノ巣

花の多い湿原には木道が敷かれている

鷹ノ岳
△1623

上図へ

砂礫混じりのヤセ尾根

鷹ノ巣〜平ヶ岳
登山口間徒歩15分

約30台

352

平ヶ岳
登山口　**1**

平ヶ岳入口

群馬県
みなかみ町

2　下台倉山
△1604　1406

2:25
1:45

前坂

登山口

尾瀬御池・檜枝岐

巻機山頂上部に広がる池塘群。後方は谷川連峰

新潟県・群馬県

標高……▶	**1967**m
登山難易度▶	中級 ★★ ★☆☆
日程……▶	前夜泊日帰り
歩行時間▶	**8**時間**35**分
総歩行距離▶	**11.2**km
累積標高差▶	登り**1368**m 下り**1367**m
登山適期▶	7上〜 10中

巻機山
まきはたやま

池塘と展望が広がる織姫伝説を秘めた優美な山。深田久弥と同じ井戸尾根コースをたどり、雲上の庭園を目指す

巻機山は最高峰の本峰や割引岳など4つのピークの総称。山上には池塘が点在し、高山植物も豊富。この山のある旧塩沢町は塩沢紬で知られるが、巻機山は機織りの神の山として崇敬を集め、女性たちは上達を祈願し参詣登山をした。主な登山道は割引岳コースと井戸尾根コースで、後者が一般的。

アクセス

公共交通機関▶【往復】JR上越線六日町駅➡タクシー約30分・約6000円➡桜坂駐車場
＊六日町駅から清水まで南越後観光バスが運行（約35分、1日3便）。清水から桜坂駐車場へは徒歩約40分。清水発のバスはたいへん少ないのでスケジュール管理はしっかりと。
マイカー▶桜坂駐車場へは関越道塩沢石打ICから県道28号、国道291号経由約15km。桜坂に有料の駐車場がある。
問合せ先▶マルカタクシー☎025-782-1155、銀嶺タクシー☎025-772-2440、南越後観光バス☎025-773-2573、南魚沼市商工観光課☎025-773-6665

参考地図▶1/25000地形図：巻機山

▶六合目展望台付近から見る天狗岩と雪渓に埋まるヌクビ沢

日帰り 一合目にあたり、駐車場やトイレのある❶桜坂（さくらざか）で身支度をして出発する。登山届をポストに入れ、舗装された道を進むとすぐにヌクビ沢や割引沢（われめき）方面との分岐に出る。登り口にある標識に従い、井戸尾根に取り付く。露出した石のある樹林の道だ。三合五勺、四合、四合五勺と細かく表示がある樹林の中の道を登っていくが、粘土質の道だけに、雨のあとだと非常に歩きにくい。

急斜面の井戸ノ壁をジグザグに登ると❷五合目（ごごうめ）の焼松（やけまつ）に出る。小さな休憩スペースがあり、ピラミダルな姿をし

注1 本コースでも有数の急坂だ。かなりの傾斜に息が切れるが、自分のペースであせらず登ろう。

▲6月中旬はシャクナゲが見事だ

た「上越のマッターホルン」大源太山、その後ろにやはり整った三角形の万太郎山が眺められる。

なおも同じような道を登り、ブナ林を過ぎると❸六合目展望台（ろくごうめてんぼうだい）に出る。眼前に広がる天狗岩の岩峰とヌクビ沢の雪渓の取り合わせは迫力満点だ。檜穴（ひのきあな）ノ段（だん）と呼ばれる粘土質の急登を抜けると視界が開け、七合目物見平に着く。正面には目指すニセ巻機（前巻機）が立ちはだかる。このあたりはイワカガミ、アカモノ、ゴゼンタチバナ、ツマトリソウ、マイヅルソウなど林床の花

井戸尾根コースの登り口。右の道に入る

▶五合目から先はブナ林を行く。足元は粘土状の滑りやすい道が続く

プランニングのヒント

マイカーなら日帰り往復も可能だが、行きはひたすらきつい登り、下りは下りでまたきついだけに、山麓の清水集落に前泊したい。6月中旬のシャクナゲ、7月からは池塘と可憐な高山植物、そして紅葉の季節といつでも楽しめる。しかし上越国境の分水嶺の山だけに、天候は不安定。

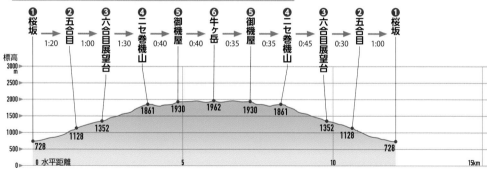

❶桜坂		❷五合目		❸六合目展望台		❹ニセ巻機山		❺御機屋		❻牛ヶ岳		❺御機屋		❹ニセ巻機山		❸六合目展望台		❷五合目		❶桜坂
	1:20		1:00		1:30		0:40		0:40		0:35		0:35		0:45		0:30		1:00	

標高 3000m 2500 2000 1500 1000 500 0

1861　1930　1962　1930　1861

1128　1352　　　　　　　　1352　1128

728　　　　　　　　　　　　　　　728

0 水平距離　　　　5　　　　10　　　15km

118

ニセ巻機山を眼前に望む七合目

▲山頂付近から眺望する越後三山。左から八海山、越後駒ヶ岳、中ノ岳

や低木のウラジロヨウラクなど、さまざまな花が楽しめる。

　笹とナナカマドなどに覆われた急斜面を登ると八合目。このあたりは戦後から昭和40年代までの登山ブームで、尾瀬のアヤメ平などとともに湿原の踏み荒らしが問題になった場所だ（P120コラム参照）。植生保護のため整備された階段状の道を進むと九合目の**❹ニセ巻機山**に着く。ここからはいよいよ湿原の山の景色になる。草原にはお花畑が広がり、ところどころに見える残雪と池塘が巻機山の美しさを増す。

　木道を鞍部まで下ると２階建ての巻機山避難小屋がある。内部は非常に清潔で、足踏み式のバイオトイレが設置されている。宿泊もできるが食事・寝袋

注2　幅が狭いうえ滑りやすい。濡れている時は特に注意しよう。

注3　御機屋から東に10分ほど進むと最高点となる本峰（1967m）があるが、ケルンがあるだけの山頂らしくない場所だ。

などは用意する必要がある。水場は5分ほど下った沢の源頭にあり、雪解け時にはハクサンコザクラが咲いている。

　避難小屋からなだらかな道を進み、竜王ノ池と呼ばれる池塘の脇を登ると、「巻機山山頂」の表記のある**❺御機屋**に着く。ここを山頂として引き返していいが、時間があれば東の牛ヶ岳へ、荷物を置いて往復してこよう。高層湿原の広がる稜線上の木道を行くと、じきに米子頭山方面からの道が右手から合流する。その先が**❻牛ヶ岳**だ。山頂からは眼下に奥利根湖、左側に分水嶺の山、越後の山が眺められる。

　展望を楽しんだら**❺御機屋**へ戻り、井戸尾根を下っていく。粘土質の道は滑るので注意すること。

◀コース上部からの眺め。振り返ると登ってきた井戸尾根が雲海に浮かび上がっている

▶「御機屋」と呼ばれる巻機山の山頂。ここで引き返す登山者が多い

こぼれ情報　巻機山には紹介コース以外にもヌクビ沢を登り詰めるヌクビ沢コース、一等三角点のある割引岳へ黒ツブネ尾根を登る割引岳コース、北面から牛ヶ岳へ登る五十沢コースなどがあるが、いずれも上級者向き。

巻機山の植生復元

八合目より上部を登ると、山の斜面にコモが敷かれているのが見える。これは、植生復元のためのもの。巻機山は登山者による植生の踏み付けで裸地化し、土砂が流出することにより湿原が壊滅的なダメージを受けた。そこで1977(昭和52)年から日本ナショナルトラストと東農大、地元の人たちにより、登山道の整備や池塘・植生の復元に取り組み始めた。30年以上を経て、P117の写真のような美しい湿原を取り戻している。

◀八合目の植生復元地。斜面に沿ってコモが敷かれている

清水の民宿と六日町温泉

登山拠点となる南魚沼市清水地区の民宿は山菜採りの名人が多く、各宿で素朴な料理が味わえる。なかでも雲天(☎025-782-3473)は宿のご主人が登山コースに詳しい。下山後の入浴は、JR六日町駅近くに六日町温泉がある。旅館での日帰り入浴のほか、駅から徒歩3分の場所にある源泉掛け流し銭湯、湯らりあ(☎025-770-0215　9〜21時)がある。清水地区の民宿や六日町の宿については六日町観光協会☎025-770-1173へ。

▶山菜やキノコ料理が人気の民宿雲天

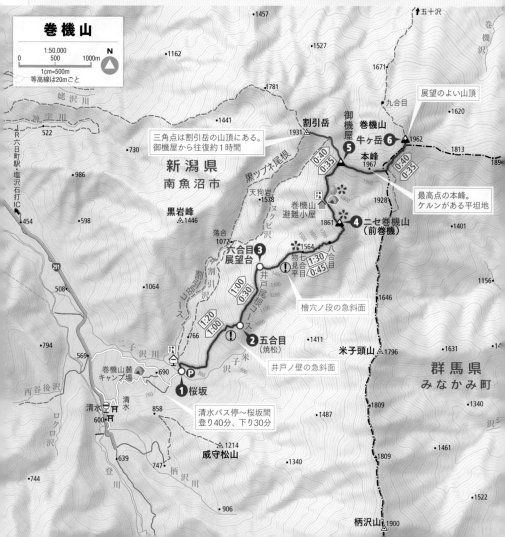

巻機山

1:50,000
0　　500　　1000m
1cm=500m
等高線は20mごと

N

•1457
•1527
•1162
↑五十沢
•1781
1671
1620
九合目
•1441
展望のよい山頂
割引岳
1931
御機屋
巻機山
牛ヶ岳 1962
三角点は割引岳の山頂にある。御機屋から往復約1時間
5
本峰
1967
0:40 0:35
新潟県
南魚沼市
黒ツブネ尾根
1813
•189
黒岩峰 △1446
天狗岩
1578
0:40 0:35
6
最高点の本峰。ケルンがある平坦地
JR六日町駅・塩沢石打IC
522
•730
•986
•598
•454
ヌクビ沢
巻機山避難小屋
1900
1928
落合
1072
1861
4
ニセ巻機山
(前巻機)
•1401
六合目
展望台
3
•1564
井戸尾根コース
割引沢
1:00 0:30
八合目
1:30 0:45
七合目
物見平
1646
1156
•508
•1064
井戸尾沢コース
1:00
1:00
檜穴ノ段の急斜面
米子頭山 △1796
•1631
•794
1:20
1:00
766
五合目
2
(焼松)
1411
群馬県
みなかみ町
569
•691
690
井戸ノ壁の急斜面
1340
•291
二子沢川
巻機山麓キャンプ場
P
690
米子沢
1
桜坂
•1487
•1809
1340
•1461
清水
858
清水バス停〜桜坂間
登り40分、下り30分
600
•639
•1809
1522
•747
威守松山 △1214
•1340
•744
•906
柄沢山 1900

目指す燧ヶ岳の山頂部を正面に見ながらキンコウカが咲く熊沢田代の木道を行く

燧岳 ［燧ヶ岳］

ひうちがたけ

東北の最高峰にして尾瀬の盟主。北面の御池を起点にしてふたつの高層湿原を巡り、大展望が広がる山頂を往復

標高……▶	**2356**m [柴安嵓]
登山難易度▶	中級 ★★ ★☆☆
日程……▶	前夜泊日帰り
歩行時間▶	**6**時間
総歩行距離▶	**9.3**km
累積標高差▶	登り982m 下り981m
登山適期▶	6中〜10下

福島県

燧岳は東北地方の最高峰で、尾瀬のシンボル的存在の山だ。最高点の柴安嵓をはじめ、俎嵓、御池岳などの五峰からなる。四方から登山道が延びるが、マイカー規制のない北面の御池からの往復登山が多い。下りでは北面の美しい湿原を見おろすことができ、往復登山の物足りなさはまったく感じない。

アクセス

公共交通機関▶【往復】野岩鉄道会津高原尾瀬口駅➡会津バス約1時間40分（経由によって異なる）➡尾瀬御池
＊バスは1日5便の運行。会津高原尾瀬口駅の最終バスは要確認。
マイカー▶御池へは東北道西那須野塩原ICから国道400・121・352号経由約105km。御池に有料の駐車場がある（400台）。駐車場は尾瀬檜枝岐観光協会加盟の施設に宿泊すると無料になる。
問合せ先▶会津バス☎0241-62-0134、会津交通舘岩営業所（タクシー）☎0241-78-2017、檜枝岐村観光課☎0241-75-2503

参考地図▶1/25000地形図：燧ヶ岳

❶尾瀬御池バス停奥にある駐車場の西端まで歩くと、燧裏林道の入口があり、すぐ左に道が分かれる。この左に行く道が燧ヶ岳への登山道だ。オオシラビソなど針葉樹の中を緩やかに登っていくと、次第に傾斜が増してくる。岩や木の根が露出した歩きづらい箇所も出てくる。

[注1]展望の利かない急斜面をひたすら登っていくと突然視界が開けて、湿原に出る。ここが**❷広沢田代**だ。樹林に囲まれた南北に細長い湿原だが、今まで薄暗い樹林中を歩いてきただけに、ひと際明るく感じられる。

▲御池から数分で燧ヶ岳への分岐に出る

注1 特に下りは立ち木につかまりながらの下降となる。滑り落ちないように。

▶(左)コバイケイソウ(右上)ハクサンシャクナゲ(右下)アキノキリンソウ

湿原に延びる木道を進むと、左に池塘が現れる。池の縁を彩るモウセンゴケが見事だ。青い水、湿原、樹林の緑と美しいコントラストを見せる。

池塘を過ぎ、右に回り込むように進むと湿原は終わる。再び岩や木の根が露出した急斜面を登ると**❸熊沢田代**に出る。熊沢田代は広大な傾斜湿原で、7月はワタスゲ、8月はキンコウカ、9月は草紅葉の頃が特にすばらしい。入口の正面に高く燧ヶ岳の山頂が、下方には木道の左右に池塘が見える。

大小の池塘が点在する広沢田代

▶俎嵓直下でガレ場を横切る

プランニングのヒント

紹介する福島県側の御池からのコースは、車利用なら首都圏を早朝に出発すれば日帰りができる。ただし御池までのアクセスが長いだけに、できれば山麓の宿で前泊したい。山頂から尾瀬沼に下り、尾瀬沼東岸を回って沼山峠に出れば、尾瀬の魅力をより味わえる（P124サブコース参照）。

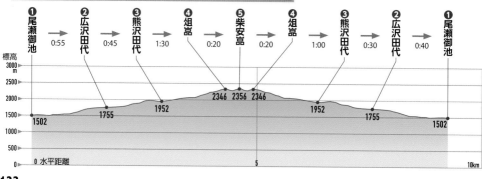

❶尾瀬御池		❷広沢田代		❸熊沢田代		❹俎嵓		❺柴安嵓		❹俎嵓		❸熊沢田代		❷広沢田代		❶尾瀬御池
	0:55		0:45		1:30		0:20		0:20		1:00		0:30		0:40	

標高 3000m
2500
2000
1500
1000
500
0

1502　1755　1952　2346　2356　2346　1952　1755　1502

水平距離　0　　　　　5　　　　　10km

俎嵓から見た最高峰の柴安嵓

▲柴安嵓から尾瀬ヶ原を俯瞰する。正面の山は至仏山

木道を緩やかに下っていくと、ベンチのある池塘に出る。右前方には日本百名山の平ヶ岳が見える。池塘から緩やかに登り、斜上するように左に進んでいく。次に右方向に登っていくと湿原は終わる。

尾根の左斜面を横切るように登り、何度か小沢や涸れ沢を越えていくと顕著な涸れ沢に出合う。道はこの涸れ沢[注2]を約200m登っていく。

涸れ沢を登ると薮に突き当たる。行く手を阻まれるが、ここは左の尾根上に登り、斜面のガレ場を横切る。ミヤマハンノキなど低木が生えた斜面を左方向に上がっていくとハイマツが現れ、尾根上に出る。尾根を左に登ると、岩が露出した❹俎嵓（まないたぐら）の山頂に着く。

注2 約200m直上するこの沢は、年によっては7月下旬頃まで雪が残っているので、スリップしないよう慎重に登ろう。また、残雪がなくても浮き石が多い急斜面だけに、落石を起こさないように心がけたい。

▲コース上部にあるガレ場の案内板

祠と三角点がある山頂からの展望は申し分なく、会津駒ヶ岳や平ヶ岳、日光白根山をはじめとする日光連山などが一望のもと。特に印象的なのが、眼下に大きく広がる尾瀬沼と、燧ヶ岳の最高峰・柴安嵓の堂々たる姿だ。

展望を楽しんだら、柴安嵓を往復してこよう。岩床とハイマツの斜面を鞍部まで下り、深くえぐられた急斜面を登れば❺柴安嵓（しばやすぐら）山頂だ。こちらも360度の大パノラマが広がっている。特に尾瀬ヶ原の全貌と、その奥に姿を見せる至仏山はすばらしいのひとこと。

十分に楽しんだら、往路を❶尾瀬御池（おぜみいけ）バス停へと引き返そう。下りも登り同様、涸れ沢の通過や落石などに注意したい。

◀御池から登ること約3時間半、東北地方の最高点、柴安嵓にたどり着く

▶コース上部の涸れ沢を浮き石に気をつけながら下降する。落石にも注意を払いたい

こぼれ情報　登山口の御池には尾瀬御池ロッジ（☎090-7064-4184）がある。全19室あり、原則として相部屋はないので、気兼ねなくくつろげる。12〜17時の間は入浴のみの利用も可。5月上旬〜10月下旬営業、要予約。

サブコース 燧ヶ岳から沼山峠

| 距離 | 8.3km | 時間 | 3時間25分 | 難易度 | 中級 |

尾瀬といえば、なんといっても湿原に咲く色とりどりの花。燧ヶ岳とセットで楽しむなら、山頂南面の尾瀬沼に下ってみよう。俎嵓から南進し、長英（燧）新道をひたすら下ると、浅湖湿原で北岸道に合流する。ここから南東に進むと尾瀬沼東岸。周辺を散策したら来た道をわずかに戻り、分岐を直進する。ニッコウキスゲ群生地の大江湿原を経て尾瀬沼山峠バス停へ向かう。

◀燧ヶ岳を倒影する夏の尾瀬沼東岸

山都・檜枝岐村

燧ヶ岳のある福島県檜枝岐村は人口1000人に満たない村だが、尾瀬ヶ原や燧ヶ岳、会津駒ヶ岳など日本屈指の湿原や日本百名山の名峰、250年以上の伝統を持つ檜枝岐歌舞伎など、観光資源に恵まれている。温泉も湧出し、燧の湯、駒の湯、アルザ尾瀬の郷の3ヵ所で日帰り入浴ができる。食も充実。名物の裁ちそばやそば粉を練ったはっとう、山菜・川魚料理などが味わえる。問合せは檜枝岐村観光課☎0241-75-2503へ。

▶檜枝岐の食の代表・裁ちそば。延ばした生地を畳まずに一気に裁つのが名前の由来

燧岳（燫ヶ岳）

1:50,000
0　　500　　1000m
1cm=500m
等高線は20mごと

群馬県 片品村

福島県 檜枝岐村

尾瀬御池ロッジ
❶尾瀬御池
有料
御池田代
スモウトリ田代
モーカケ沢
モーカケの滝

岩や木の根が露出して登りづらい
❷広沢田代
池の縁をモウセンゴケが彩る

❸熊沢田代
木道がうねるように延びている

涸れた沢を200m直上する。残雪時はスリップに注意

柴安嵓❺　❹俎嵓
2356　2346
東北地方の最高点
360度の大展望

御池岳
赤ナグレ岳　ミノブチ岳
2249

道がえぐれて歩きづらい

御池〜尾瀬沼山峠間通年マイカー規制

長英（燫）新道

小淵沢田代
沼山峠展望台
ヤナギランの丘
小淵沢田代分岐
沼山峠

尾瀬

ミズバショウやニッコウキスゲが咲く尾瀬を代表する場所のひとつ

尾瀬沼ビジターセンター
尾瀬沼東岸
長蔵小屋
尾瀬沼ヒュッテ
三平下

手前のピークから眺めた至仏山の山頂。頂上に集う登山客の姿が確認できる。右の山は燧ヶ岳

群馬県

標高……▶	**2228**m
登山難易度▶	中級 ★★★☆☆
日程……▶	前夜泊日帰り
歩行時間▶	**4**時間
総歩行距離▶	**9.3**km
累積標高差▶	登り713m 下り711m
登山適期▶	7上〜10下

至仏山

しぶつさん

日本屈指の花の名山。メインコースとなる鳩待峠から希少種の高山植物が咲く蛇紋岩の道を往復する

尾瀬ヶ原南西にそびえる至仏山は、湿原を挟み対峙する燧岳とともに、尾瀬のシンボル的存在。深田久弥が登ったころは道らしい道はなかったが、鳩待峠の開通により、身近な山となった。この山の最大の魅力は蛇紋岩に咲く貴重な花々。鳩待峠からのコースは、花を愛でる登山者で賑わいを見せる。

アクセス

公共交通機関▶【往復】JR上越新幹線上毛高原駅→関越交通バス約2時間→戸倉（鳩待峠行バス連絡所）→関越交通バス約35分→鳩待峠
＊戸倉へはJR上越線沼田駅発のバスもある。また新宿駅〜戸倉間に関越交通バスの高速バス「尾瀬号」が運行されている（3時間55分〜5時間30分）。戸倉〜鳩待峠間は乗合タクシーも運行（約20分）。
マイカー▶鳩待峠へは関越道沼田ICから国道120・401号、県道63・260号経由約50km。鳩待峠に有料の駐車場がある。なお、例年5〜10月の約115日間は津奈木〜鳩待峠間がマイカー規制されるので、戸倉に駐車して、上記のバスか乗合タクシーに乗り換える。
問合せ先▶関越交通〔バス〕☎0278-23-1111、尾瀬高速バス案内センター（関越交通バス）☎0120-53-0215、片品村むらづくり観光課☎0278-58-2112

参考地図▶1/25000地形図：至仏山

日帰り ❶鳩待峠にある至仏山への登山道入口は、尾瀬国立公園の看板が立つ左側にある。

まずはブナやダケカンバの樹林内を緩やかに登る。木の階段を登ると樹間が開け、振り返ると燧ヶ岳が遠くに望める。ここからは尾根の左側をたどっていく。武尊山や笠ヶ岳が樹間越しに見えている。尾根の右側を登るようになると視界が開け、湿地状のお花畑に出る。登山道脇には原見岩（トカゲ岩）と呼ばれる大岩がある。

お花畑を登って少し下り、針葉樹の中を登っていくと、パイプからのわず

▲鳩待山荘は朝一番のバスに合わせて営業している

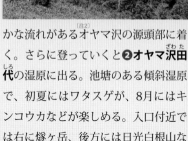

▶原見岩から眺めた尾瀬ヶ原と燧ヶ岳

注1　ときどき溝状に掘れた歩きづらい箇所がある。雨後はぬかるむので、スパッツがあると便利だ。

注2　オヤマ沢源頭の水場は飲用に適さないので、あらかじめ鳩待峠で用意しておくこと。コース中に水場はない。

かな流れがあるオヤマ沢[注2]の源頭部に着く。さらに登っていくと❷オヤマ沢田代の湿原に出る。池塘のある傾斜湿原で、初夏にはワタスゲが、8月にはキンコウカなどが楽しめる。入口付近では右に燧ヶ岳、後方には日光白根山などが望める。

正面に小至仏山を見ながら湿原を登り、樹林に入る。すぐに至仏山と笠ヶ岳への分岐に出て、ここを直進する。尾根の右側を歩くようになると、小至仏山直下のお花畑に着く。7〜8月にかけてオゼソウ、ハクサンコザクラな

鳩待峠の西端に至仏山登山口がある

▶ワタスゲの果穂が揺れるオヤマ沢田代。木道は右側通行

プランニングのヒント

マイカーもしくは新宿発の夜行バスを利用すれば日帰りは十分可能だが、なるべく登山口の鳩待山荘に前泊しておきたい。至仏山は歩きづらい蛇紋岩の道が続き、予想以上に時間がかかるため、遅くても13時頃には下山を開始したい。そのため、鳩待峠を少しでも早立ちする必要がある。

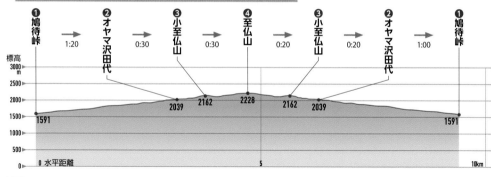

❶鳩待峠		❷オヤマ沢田代		❸小至仏山		❹至仏山		❸小至仏山		❷オヤマ沢田代		❶鳩待峠
	1:20		0:30		0:30		0:20		0:20		1:00	

標高
3000 m
2500
2000　2039　2162　2228　2162　2039
1500　1591　　　　　　　　　　　　　　　　1591
1000
500
0　水平距離　　　　　　　　　　5　　　　　　　　　10km

126

▲小至仏山手前の蛇
紋岩帯を通過する。
滑落に注意
▲山頂直下からの笠
ヶ岳(右)と武尊山
(中央奥)

ど色とりどりの花が咲く。ベンチがあり燧ヶ岳や尾瀬ヶ原などの眺めがよい。

　花や眺望を楽しみながら歩き、木の階段を登ると岩稜歩きとなる。尾根の右側を歩いて尾根上に出れば❸小至仏山（こしぶつさん）の山頂だ。展望はすばらしく、燧ヶ岳や尾瀬ヶ原、目指す至仏山や谷川岳、上越の山々など360度の大展望が楽しめる。

　展望を楽しんだら尾根の左側に回って斜面を下り、今度は砂礫の道を緩やかに登っていく。7月から8月にかけ固有種のホソバヒナウスユキソウやキンロバイ、タカネナデシコなどさまざまな花が咲き競い、この山が花の名山

注3　蛇紋岩は凹凸がなく表面がヌルヌルし、非常に歩きづらい。雨後や下山時はなおさらだ。安全に通過するコツは特別なく、小さな歩幅で歩く、劣化した靴で行動しないなど、登山の基本的な部分に立ち返ることが大切だ。

であることを実感する。花を楽しみながら登っていくと、広い台地状の尾根になる。ここから至仏山までは滑りやすい蛇紋岩（注3）の道が続く。

　岩尾根を越えていくと、至仏山の山頂が正面に現れる。尾根の左側に下り、登り返すと❹至仏山（しぶつさん）山頂だ。展望は小至仏山以上に雄大で、谷川岳や武尊山、越後駒ヶ岳に平ヶ岳、会津駒ヶ岳などの日本百名山の重畳たる山並みが見渡せる。惜しむらくは、燧ヶ岳は正面に見えるが、尾瀬ヶ原の全貌が見えないことだ。

　展望を楽しんだら、往路を❶鳩待峠（はとまちとうげ）に引き返す。蛇紋岩の岩尾根は、登りより下りの方が滑って歩きづらい。慎重に行動しよう。

◀木道が整備された小至仏山直下のお花畑を行く。後方は小至仏山

▶至仏山の山頂。大パノラマは時間を忘れさせる

こぼれ情報　登山口に鳩待山荘（☎0278-58-7311）があり、宿泊以外に売店での買い物や食事ができる。売店内には登山用品店もあるので、装備を忘れたときなどは助かる。4月下旬〜10月中旬営業、宿泊の際は要予約。

127

◀コース上部の高天ヶ原を行く。このコースは登りの一方通行だ

至仏山に一度登ったことがある人におすすめのコース。メインコースと同じ鳩待峠が起点。北面の山ノ鼻に下り、至仏山の東斜面を登って山頂へ。あとはメインコースを下山する。東斜面の道は蛇紋岩で歩きづらいうえ、山ノ鼻から標高差約820mをひたすら登るハードさだ。ただしコース上部の高天ヶ原などのお花畑や展望など、苦労に勝るものがあるのもこのコースの魅力だ。

花　ホソバヒナウスユキソウ

つるつる滑る蛇紋岩は、至仏山以外には谷川岳や早池峰山など限られた山域に分布する。蛇紋岩に含まれるマグネシウムイオンは植物の生育に必要な水分の吸収を阻害するため、植物には過酷な環境だが、自然界のすごいところは、それに順応した植物がきちんと現れることだ。至仏山周辺に自生するホソバヒナウスユキソウもそのひとつ。東北地方の高峰に特産する

▶白いのは苞葉で、花は中心の黄色い部分。花期は7月上旬～8月上旬

ミヤマウスユキソウの変種で、葉が細く繊細な印象だ。

至仏山

1:50,000
0　500　1000m
1cm=500m
等高線は20mごと
N

東電小屋

ヨッピ橋
1398

尾瀬ヶ原

竜宮十字路

八海山
（背中アブリ山）
△1811

・1735

泉水池

中田代
1401

山の鼻小屋

尾瀬の代表的な湿性植物が観察できる。一周約40分

尾瀬植物研究見本園

山ノ鼻

尾瀬ロッジ
至仏山荘

牛首分岐

牛首
1450

みなかみ町

山ノ鼻～至仏山間は植生保護等の理由により登り一方通行

山の鼻キャンプ場

尾瀬山の鼻ビジターセンター

花の多い牛首分岐へは往復1時間20分

ミズバショウ

群馬県
片品村

360度の大展望

高天ヶ原

森林限界

蛇紋岩の滑りやすい道。濡れている時は特に注意

テンマ沢橋　テンマ湿原

至仏山 4　2228

花の多い稜線歩き

小至仏山 3　2162

オヤマ沢源頭の水場。飲用には適さない

ヨセ沢橋

登山口は左手奥にある

悪沢岳
2043

オヤマ沢
田代

鳩待峠 1
1591

鳩待山荘

鳩待峠

有料。マイカー規制時は利用不可

▼戸倉・JR上毛高原駅

天神尾根から見た谷川岳。右に延びる稜線は西黒尾根

群馬県・新潟県

標高……	**1977**m [オキの耳]
登山難易度	**中級** ★★ ★☆☆
日程……	**日帰り**
歩行時間	**4**時間**50**分
総歩行距離	**6.4**km
累積標高差	登り**641**m 下り**810**m
登山適期	**6**中～**10**下

<ruby>谷川岳<rt>たにがわだけ</rt></ruby>

谷川岳

ロープウェイとリフトで高山植物が豊富な稜線へ。
谷川岳への最短コースである天神尾根をたどる

上越国境を代表する山・谷川岳。美しい双耳峰で、古くは「耳二つ」というかわいらしい名前で呼ばれていた。それに反して遭難者が多いことから「魔の山」と呼ばれたが、そのほとんどが岩登りによるもの。現在はロープウェイを利用して短時間で高山の雰囲気が味わえる山として人気が高い。

 アクセス

公共交通機関▶【行き】JR上越新幹線上毛高原駅➡関越交通バス約45分➡谷川岳ロープウェイ駅〔谷川土合口駅〕➡谷川岳ロープウェイ15分➡天神平駅➡天神峠ペアリフト7分➡天神峠 【帰り】天神平駅からは行きを参照。
＊料金がお得なバスとロープウェイのセット券もある。上毛高原駅からタクシー利用の場合約35分・約8000円。
マイカー▶谷川土合口駅へは関越道水上ICから国道291号経由約14km。駅前の谷川岳ベースプラザ内に有料駐車場がある。
問合せ先▶関越交通〔バス〕☎0278-23-1111、関越交通タクシー☎0278-24-5151、谷川岳ロープウェイ・天神平スキー場☎0278-72-3575、みなかみ町観光協会☎0278-62-0401

参考地図▶1/25000地形図：水上

129

▶天神峠展望台から日本百名山の武尊山を見る

日帰り 天神平駅でロープウェイを降り、目指す谷川岳を眺めながらスキーリフトに揺られて標高約1500mの❶**天神峠**へ。リフトを降りたら左に出て、天満宮先の展望台で上州の山々を眺めよう。

リフト降り場に戻ったら、正面に見える谷川岳の双耳峰を目指し、いったん下ってから登り始める。小さな岩場を越えて、天神尾根をしばらく進む。小さくアップダウンを繰り返していくと、右手の展望が開けてくる。

▲天神峠の天満宮の子連れ狛犬。じゃれていてかわいい

日本百名山の武尊山、尾瀬の至仏山を眺めながら、ナナカマドが実をつけ

注1 さほど危険を感じない鎖場だが、クサリは手から離さずに越えていこう。クライミンググローブがあると便利。

熊穴沢避難小屋下の道は美しいブナ林に囲まれている

る笹の道を下っていく。やがて天神平からの道が右から合流し、さらに木道を進んでいくと最初の鎖場に出る。右側が急傾斜で切れ落ちているが、平坦な横道につけられたクサリを持ちながら進めば難なく越えていける。鎖場を過ぎるとブナの美林の緩やかな道になり、ゆったりと歩を進めていくと❷**熊穴沢避難小屋**の裏に出る。

小屋からはすぐ先にある長い鎖場を越えていく。岩の道を急登していき、再び鎖場に取り付いていくと右側の展望が開ける。さらに長い鎖場を登り切って樹林帯を抜けると、尾根上の開けた道になる。好展望の尾根道を登っていくと、天狗の腰掛け岩（第

▶（上）10人ほどが収容できる熊穴沢避難小屋（下）熊穴沢避難小屋の上部からは急坂と鎖場が続く

プランニングのヒント

稜線は午後になると天候が崩れやすい。また、週末やハイシーズンは大変混み合い鎖場が渋滞することもあるので、できるだけ早い時間から登り始めたい。前泊も考慮しよう。また、曇天時は天神峠からの展望が期待できないので、天神平駅から直接、熊穴沢避難小屋へ向かってもよい。

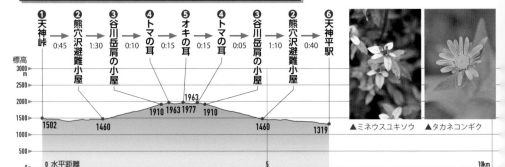

❶天神峠		❷熊穴沢避難小屋		❸谷川岳肩の小屋		❹トマの耳		❺オキの耳		❹トマの耳		❸谷川岳肩の小屋		❷熊穴沢避難小屋		❻天神平駅
	0:45		1:30		0:10		0:15		0:15		0:05		1:10		0:40	

標高
3000m
2500
2000　1963
1910 1963 1977　1910
1500
1502　　1460　　　　　　　　　1460　　1319
1000
500
0　　0 水平距離　　　　　　　5　　　　　　　10km

▲ミネウスユキソウ　　▲タカネコンギク

◀爽快な展望が開ける
天狗の腰掛け岩
▲天神尾根と西黒尾根
が合流する肩ノ広場

一見晴）の下に出る。ようやくシモツケソウなどの高山植物との対面だ。さらに歩を進めていくと、天狗の留まり場という眺めのいい大きな岩の下に出る。

笹に覆われた道をさらに登っていくと、クルマユリが咲く道の上に天狗ザンゲ岩があり、露岩の道から長い木段を大きくジグザグに登っていく。やがて西黒尾根からの道が合流する❸谷川岳肩の小屋（だけかた こや）に着く。 視界が悪い時は方向に注意しよう。

肩の小屋の裏の広場から標識に従っ

注2 オキの耳手前右側の稜線で花の撮影をする際、崖側に踏み込み過ぎないように。

注3 鎖場は下降のほうがバランスを取りづらい。慌てず一歩ずつ落ち着いて下ることだ。

て右手の道へ進み、再度西黒尾根からの登山道を合わせると徐々に花の数も増えてくる。歩きやすい岩稜を少し登ると、❹トマの耳（みみ）にたどり着く。オキの耳から派生する絶壁が眼前に広がり、上越国境の山々から八ヶ岳連峰へと360度の大パノラマが展開する。

さらに種類の豊富なお花畑の岩稜を進めば谷川岳最高点の❺オキの耳（みみ）に達する。こちらもトマの耳同様、周囲を見渡す大展望が広がっている。

絶壁の展望を楽しんだら下山しよう。❷熊穴沢避難小屋（くまあなざわ ひ なんご や）の先の分岐まで往路を忠実にたどっていき、左手の天神平方面へ進んでノリウツギやエゾアジサイの咲く緩やかな道を下ればロープウェイの❻天神平駅（てんじんだいらえき）に出る。

◀トマの耳から
オキの耳を眺める。右の岩壁は
マチガ沢の源頭

▶（左）トマの耳
での山上ランチ
タイムを楽しむ
（右）オキの耳
から一ノ倉沢方面
の絶壁をのぞき
込む

こぼれ情報　山頂の南側直下にある谷川岳肩の小屋（☎090-3347-0802）は、年にもよるが4月下旬から11月上旬の営業。素泊まりのほか、寝具付き、寝具+1泊2食付きが選べる。利用の際は要予約。

サブコース 西黒尾根を下る

| 距離 3.3km | 時間 3時間20分 | 難易度 上級 |

◀谷川岳肩ノ広場にある西黒尾根下降点

　西黒尾根はロープウェイ開業以前のメインコース。険しい岩場が続く経験者向きなので、熟練者同行で下山しよう。トマの耳を下り、肩の小屋で左の道へ入る。すぐに肩の小屋上部からの道を合わせ、マチガ沢源頭部を眺めながら岩稜を下る。鎖場やガレ場を慎重に下り、マチガ沢からの厳剛新道を合わせるガレ沢のコルから、さらにいくつかの鎖場を下ると谷川土合口駅に出る。

湯テルメ・谷川

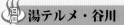

　谷川岳南山麓の森に囲まれた、みなかみ町営の日帰り温泉施設。山小屋風の館内には、谷川沿いの露天風呂のほかにそれぞれ源泉が異なる3つの湯があり、時間をかけてゆっくり楽しめる。水上駅から水上温泉シャトルバス「わくわく号」（運転日注意）約15分。☎0278-72-2619　営業＝9時（11〜6月は10時）〜20時30分、休憩室は19時まで（受付は20時まで。清掃のため露天風呂のみ木曜15時まで）、第3木曜休（祝日の場合は翌日）

▶湯上がりはサラサラの肌に

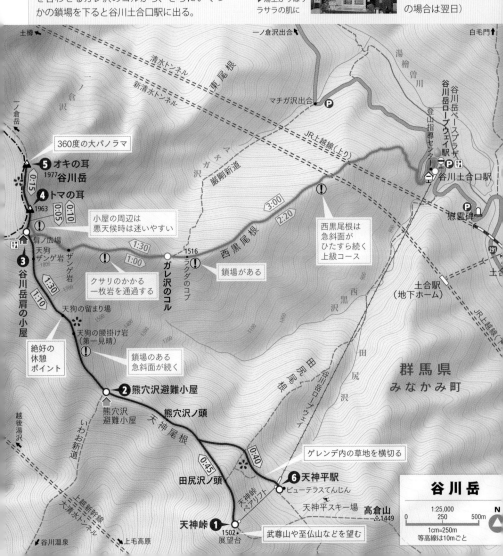

360度の大パノラマ

5 オキの耳
1977 谷川岳

4 トマの耳
1963

小屋の周辺は悪天候時は迷いやすい

3 谷川岳肩の小屋

天狗ザンゲ岩
1805

肩ノ広場

クサリのかかる一枚岩を通過する

1516

ラクダのコブ

ガレ沢のコル

鎖場がある

西黒尾根は急斜面がひたすら続く上級コース

天狗の留まり場

絶好の休憩ポイント

天狗の腰掛け岩（第一見晴）

鎖場のある急斜面が続く

2 熊穴沢避難小屋

熊穴沢避難小屋

熊穴沢ノ頭

天神尾根

いわお新道

田尻沢ノ頭

群馬県
みなかみ町

ゲレンデ内の草地を横切る

6 天神平駅

ビューテラスてんじん

天神平スキー場

高倉山
△1449

1 天神峠
1502
展望台

武尊山や至仏山などを望む

谷川岳ロープウェイ

西黒沢

田尻沢

谷川温泉

上毛高原

清水トンネル

新清水トンネル

東尾根

一ノ倉沢

一ノ倉岳

土樽

一ノ倉沢出合

白毛門

湯檜曽川

マチガ沢出合

谷川岳ベースプラザ
谷川岳ロープウェイ駅
登山指導センター

谷川土合口駅

JR上越線（上り）

厳剛新道

3:00
2:20

慰霊碑

291

土合駅（地下ホーム）

JR上越線

上越新幹線
大清水トンネル

越後湯沢

谷川岳

1:25,000
0　250　500m
1cm=250m
等高線は10mごと

N

笹平からは笹を切り開いた道が山頂へ続いている

雨飾山
あまかざりやま

南麓の名湯・小谷温泉を起点に展望の双耳峰を往復する。見事なブナ林や高山植物、豪快な岩峰など山の魅力満載

標高……	**1963** m
登山難易度	中級 ★★★☆☆
日程……	前夜泊日帰り
歩行時間	**7** 時間 **15** 分
総歩行距離	**13.4** km
累積標高差	登り1224m 下り1224m
登山適期	6中〜 10下

妙高連峰西端にある独立峰的な山で、見てよし、登ってよしの名峰。山頂は三角点のある南峰と石仏と祠のある北峰を持つ双耳峰だ。山頂へは3本のコースがあるが、メインとなる登山道は長野県側の小谷温泉道と新潟県側の薬師尾根道の2コース。ともに登山口に温泉がある。

長野県・新潟県

アクセス

公共交通機関▶【往復】JR大糸線南小谷駅➡小谷村営バス約40分➡雨飾高原
＊バスは4月上旬〜11月下旬の運行。雨飾高原発の最終バスは17時。南小谷駅からタクシーを利用する場合、雨飾高原キャンプ場まで約40分・約8000円。
マイカー▶雨飾高原キャンプ場へは北陸道糸魚川ICから国道148号、県道114号経由約45km。または長野道安曇野ICから国道19・148号、白馬長野有料道路、県道35・31・33・114号経由約75km。
問合せ先▶アルピコ交通(小谷村営バス)☎0261-72-3155、小谷観光タクシー☎0261-82-2045、小谷村観光振興課☎0261-82-2585

参考地図▶1/25000地形図：雨飾山

`日帰り` 小谷村営バス終点の**❶雨飾高原**バス停で下車し、そのまま車道をたどっていく。バス停からすぐに右手に雨飾荘のある妙高小谷林道が分岐するが、まっすぐ進む。40分ほど車道を歩くと雨飾山登山口への分岐があり、右折すると広い駐車場のある**❷雨飾山登山口**に出る。突き当たりの登山口には休憩舎があり、周辺はキャンプ場になっている。タクシー利用の場合は、ここまで入ることができる。

登山口から奥へ緩やかに下っていき、大海川沿いの木道が架設された湿地帯に入る。このあたりまでは道標が

▲登山口先の湿原には道標が整備されている

ブナ平付近は紅葉の季節は燃えるように染まる

▶荒菅沢を渡る。増水時や残雪時の通行の際は要注意

▶荒菅沢からは急斜面の尾根を行く。バックは金山

しっかり設置されているので、ハイキングで訪れる人も多い。左手からの小沢を横切り、ベンチのある尾根の取付点に出る。

急斜面をしばらく登ると尾根上から右へ巻くようになり、緩やかに登っていく。この周辺は「ブナ平」と呼ばれる、ブナに覆われた明るい森になっている。新緑や紅葉の季節は特にすばらしい。その先で尾根を一本横切って荒れ気味の沢を下ると**❸荒菅沢**[注1] あらすげざわ に着く。河原の奥に雨飾山の稜線と布団菱の大岩峰が、迫力ある姿でそびえている。

注1 大雨のあとは荒菅沢が増水し、徒渉困難なこともある。登る途中なら引き返そう。また、荒菅沢は6月上〜中旬の新緑の時期はまだ残雪があるので、ルート判断に注意する。

プランニングのヒント

前日は山麓の小谷温泉に宿泊する。その際に時間があれば、南山麓の鎌池の散策をしてみよう。例年ブナ平周辺の新緑は6月上旬から下旬、紅葉は10月中旬が見頃となる。マイカー利用でなければ、急坂ではあるが北面の薬師尾根道（P135参照）を下って雨飾温泉に抜けてもいい。

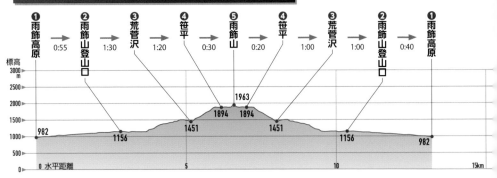

❶雨飾高原 → 0:55 → ❷雨飾山登山口 → 1:30 → ❸荒菅沢 → 1:20 → ❹笹平 → 0:30 → ❺雨飾山 → 0:20 → ❹笹平 → 1:00 → ❸荒菅沢 → 1:00 → ❷雨飾山登山口 → 0:40 → ❶雨飾高原

標高
3000 m
2500
2000
1963
1894 1894
1500
1451 1451
1156 1156
1000
982 982
500
0

0 水平距離　　　　5　　　　　　10　　　　　15km

134

コルから最高点の南峰を望む。道標や三角点がある

▲荒菅沢から望む迫力ある布団菱。布団菱は山頂の南東面にある岩壁だ

沢を渡った対岸から樹林帯に入ると急な登りとなる。尾根の背につけられた登山道をひたすら登っていく。登るにつれ視界が開け、振り返れば妙高連峰の焼山や火打山が見えている。初夏にはカタクリも花開く尾根をたどっていくと、突如笹で覆われた平坦地に出る。主稜線上にある**④笹平**[注2]（ささだいら）の一角で、正面には雨飾山がひときわ大きい。

ここからは笹を切り開いた道を行く。いったん稜線を下っていき、雨飾温泉雨飾山荘への薬師尾根道を右手に見送る。笹が途切れた場所には、7月にハクサンイチゲやシナノキンバイが咲くお花畑が点在している。

いよいよ山頂への最後の登りとなる。きつい斜面を登ると、南峰と北峰

▲笹平にある道標。山頂まではあと30〜40分

注2 笹平付近から上部は何も遮るものがないだけに、雷などには十分注意しよう。

との間のコルに出る。左は三角点や道標が設置されている**⑤雨飾山**（あまかざりやま）南峰で、わずかに高い。一方の北峰は石仏や祠が安置されている（P133の写真）。両者の間は30mほどなので、両方登ってこよう。ともにすばらしい景観が広がっている。

山頂での展望を満喫したら往路を引き返すが、**④笹平**（ささだいら）から**③荒菅沢**（あらすげざわ）までの尾根の下りは急坂が続くので、スリップしないよう慎重に行動しよう。

ブナ平で森の雰囲気を存分に楽しんで**②雨飾山登山口**（あまかざりやまとざんぐち）に到着したら、車道をたどり**①雨飾高原**（あまかざりこうげん）バス停へ。手前にある村営の露天風呂や宿泊施設の雨飾荘で入浴できるので、バスの時間待ちついでに汗を流していこう。

サブコース 薬師尾根道を下る

距離 3.2km　**時間** 3時間10分　**難易度** 中級

雨飾山の新潟県側のメインコースが薬師尾根道だ。小谷温泉道以上に急斜面が続くが、こちらは登山口そのものに温泉があるのが魅力。雨飾山から笹平に下り、左の道へ。沢状のガレ場を下ると中ノ池に出る。最初はトラバース気味に、ついで薬師尾根をひたすら下っていくと雨飾温泉に出る。あとは予約しておいたタクシーでJR糸魚川駅などに向かう。

▲山田旅館。レトロな建物は文化庁の登録有形文化財となっている

🈂️ 小谷温泉

雨飾山南麓の標高約900mに湧く温泉で、信玄の隠し湯として伝えられている。古くから湯治場として利用され、環境省の国民保養温泉に認定されている。宿泊施設は通年営業の山田旅館（☎0261-85-1221）と4〜11月営業の奥の湯 雨飾荘（☎0261-85-1607）の2軒があり、ともに立ち寄り入浴もできる。雨飾荘の近くには村営の露天風呂（4月下旬〜11月中旬開設）がある。

こぼれ情報 雨飾山の南麓にある鎌池は新緑や紅葉の名所で知られ、写真愛好家で賑わいを見せる。一周1時間40分のハイキングコースのほか、鎌池を経由して小谷温泉に下る道も整備されているので、雨飾山からの下山後に立ち寄るのもおすすめ。

鋸岳
△1631

1290

新潟県
糸魚川市

JR糸魚川駅・糸魚川IC

P
雨飾山荘
雨飾温泉
薬師尾根取付点

鉱度倉沢

歩行距離は短いが、
急斜面が連続する

1652

黒沢峰

茂倉峰

2:40
2:00

二神離所沢

薬師尾根道

中ノ池

白倉峰
1585

シゲクラ尾

1:30

1894

ニッコウキスゲ
など花が多い

0:50

1:20
1:00

黒沢峰

大倉沢

0:30

4
笹平

1673

0:20

1963

布団菱

3 荒菅沢

荒菅沢

1:00
1:30

増水時と残雪時
はコース注意

雨飾山 5

南峰と北峰のふた
つのピークがある

大網道はあまり歩かれて
いない

1:00

小谷温泉道

ブナ平

取付点

八百平前沢

湿原につけられた
木道をたどる

ミズバショウなど

登山口 P

雨飾高原キャンプ場

雨飾山登山口 2

P P

大海川

1485 △

中海川

長野県
小谷村

姫川小谷林道

0:40
0:55

浅海川

前松尾沢

湯峠 P

ブナ
鎌池

P

村営露天風呂

奥の湯
雨飾荘

髭剃滝

松尾沢

妙高小谷村

1365

新緑や紅葉が美しい

山田旅館

雨飾高原
雨飾高原 1

大渚山
1566 △

湯 小谷温泉山田旅館前

葛草連

中谷川

押立沢

雨飾山

1:50,000

0   500   1000m

1cm=500m
等高線は20mごと

N △

↓JR南小谷駅・国道148号

32

標高……▶	**2145**m
登山難易度▶	中級 ★★ ★☆☆
日程……▶	1泊2日
歩行時間▶	**7**時間**15**分
	1日目▶ 4時間10分
	2日目▶ 3時間5分
総歩行距離▶	**10.8**km
	1日目▶ 5.4km
	2日目▶ 5.4km
累積標高差▶	登り**1071**m 下り**1075**m
登山適期▶	7上〜10中

苗場山
<ruby>苗場山<rt>なえばさん</rt></ruby>

**登下降の続く尾根とお花畑を越え広大な山上湿原へ。
山小屋泊まりでゆっくり高山植物を鑑賞する**

　山上の湿原に苗代のような池塘が点在することから「苗場山」の山名がつけられた。山頂には食物の神様が祀られ、豊作を祈願する信仰の山だ。高山植物も豊富でおだやかな山の印象が強いが、最も登られる和田小屋からのコースでも長距離のうえアップダウンもあり、思いのほかハード。

アクセス

公共交通機関▶【往復】JR上越新幹線越後湯沢駅➡タクシー約35分・約6500円➡和田小屋
＊登山口の和田小屋へはバス便がないので、タクシーを利用する。下山後のタクシーは行きの乗車時に予約しておこう。
マイカー▶祓川登山口駐車場へは関越道湯沢ICから国道17号、林道経由約18km。和田小屋へはさらにスキー場内の林道を約25分（下りは約20分）歩く。
問合せ先▶ゆざわ魚沼タクシー☎025-784-2025、アサヒタクシー☎025-784-3410、湯沢町観光商工課☎025-784-4850

参考地図▶1/25000地形図：苗場山

1日目 ❶**和田小屋**にある登山口で登山届をポストに入れ、スキー場につけられた土の道を歩き始める。すぐにゲレンデを横切って右手の樹林帯へ入り、うっそうとしたブナの原生林の中を行く。右下の沢音を聞きながら、木道混じりのぬかるんだ道を登っていく。

▶登山口の和田小屋前からゲレンデの中を歩き始める

▲道沿いには現在の合目を示す標柱が立つ。

緩急のある登りが続き、大きな石の段などを越え、かすかな水の流れを越えると、道端に五合半の標柱が立っている。ミズキの木が混じる樹林帯を少し登ると六合目に出て、さらに急斜面[注1]を登っていく。左側が開けた六合半に出ると、後方に山並みが望める。明るく開けたお花畑から中勾配の石の道を上がると、長いベンチが設置さ

注1 下の芝へは歩きづらい露岩の道が続く。湿地帯になっているので下りは特に慎重に。

注2 中の芝付近は年によっては7月上旬まで残雪が残り、ルートを見失いやすい。

◀六合目上部は手つかずの山道

▶カッサ湖を背に中の芝上部の湿原を行く

れた❷**下の芝**に着く。

下の芝から木道を緩やかに登っていき、笹とシラビソの道を抜けると、明るく開けた湿原の中に❸**中の芝**の休憩所がある。さらに木道を登っていくと、後方にカッサ湖が望めるようになり、ニッコウキスゲが咲く湿原内の木道を行くと「上の芝」の休憩所に出る。三角岩ともいわれる顕彰碑を右に見て、わずかに登ると小松原分岐だ。

分岐で標識を目印に左の道を進む。大山祇神を祀る石塔を見てさらに進む

プランニングのヒント

六合目〜下の芝間は好天時でもぬかるんでいて、歩きづらい。下りが苦手な人は歩行時間がかさむので、和田小屋を10時前後に出発し、山頂の山小屋に宿泊する1泊2日のプランがおすすめ。登山口の和田小屋に前夜泊すれば、日帰り登山もできる。花のピークは7月中旬〜下旬にかけて。

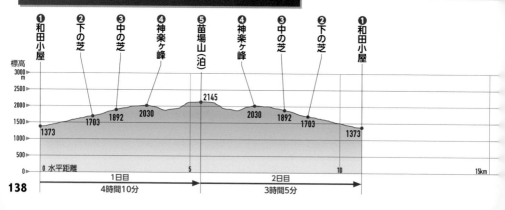

❶和田小屋 1373 — ❷下の芝 1703 — ❸中の芝 1892 — ❹神楽ヶ峰 2030 — ❺苗場山(泊) 2145 — ❹神楽ヶ峰 2030 — ❸中の芝 1892 — ❷下の芝 1703 — ❶和田小屋 1373

標高 m 3000 2500 2000 1500 1000 500 0 水平距離 0 5 10 15km

1日目 4時間10分 / 2日目 3時間5分

一面に花が咲き競う「お花畑」の草原を抜ける

と、股スリ岩に出る。ここはまたいで通過する。難なく越えていくと、開けた笹原に田代原への分岐点がある。わずかに進むとヤマユリやタテヤマウツボグサなどが見られる八合目の小ピーク④神楽ヶ峰（かぐらがみね）に着く。目指す苗場山が正面に、背後には谷川連峰が見える。

正面に苗場山の山頂部を眺めながらジグザグに急下降すると雷清水がある。山頂に水はないので、ここで補給しておこう。雷清水からさらに下り、今度は緩やかに登っていくと、ヒメシャジンやハクサンフウロなどが一面に咲く「お花畑」と名付けられた草原に出る。ロープが張られた崩落地を通り、お花畑の中を緩やかに進むと山頂との鞍部に出る。再び樹林帯を登っていき、

▲神楽ヶ峰を下り切った鞍部から苗場山への最後の登りが続く

▲雲尾坂の急登途中にヒカリゴケを発見！

注3　山頂直下の雲尾根は、特に下降時につまずいたりすると滑落の危険もあるので一歩ずつ慎重に下ろう。

展望が開けると雲尾根の基部となる。ここから山頂まではかなりの急登を強いられる。

適度に休みつつ登っていき、ロープづたいに岩場を越えていくと、道は湿原の中の平坦な木道になる。池塘を眺めながら進んでいくと木道は二手に分かれ、赤湯方面への道を左に見送って直進すれば、広場のように平坦な⑤苗場山（なえばさん）の山頂に着く。登り着いた山頂からは、谷川連峰や八海山をはじめとする越後三山などが見渡せる。山小屋に荷物を預けたら、広大な山頂湿原を散策してこよう。夕暮れの湿原は、宿泊してこそ眺められる絶景だ。

2日目 下山は雲尾根の急坂を慎重に下り、往路を忠実にたどる。

◀ロープの張られた雲尾根上部の岩場。慎重に通過する

▶山頂に立つ山小屋、苗場山自然体験交流センター。休憩所としても利用できる（有料）

こぼれ情報　登山口にある和田小屋（☎025-788-9221）は6月中旬〜10月中旬営業。山頂の山小屋、苗場山自然体験交流センター（☎025-767-2202）は6月上旬〜10月下旬営業。ともに要予約。

距離 **4.3km**　時間 **3時間30分**　難易度 **中級**

　西面の秘境・秋山郷から登る、山頂への最短コース。三合目の駐車場から登り始め、合目の標柱を数えながら進む。歩きづらい湿地帯や急登、数箇所に設置された鎖場も越えるが、落ちついて行動すれば問題ない。ほかに一軒宿の秘湯・赤湯温泉経由の昌次新道もある。こちらは赤湯まで下り約3時間40分、さらにバス停のある元橋まで4時間かかるので、山頂泊が無難だろう。

◀ 標高約1300mの三合目登山口へは車やタクシーでアクセスする

▶18種類の具材が選べる爆弾おにぎり。テイクアウトもできるので登山のお供にも最適

見 ぽんしゅ館 越後湯沢驛店

　起点となる越後湯沢駅構内にある日本酒とお米のミュージアムで、利き酒や入浴、食事などができる。館内の日帰り温泉「酒風呂・湯の沢」は、天然温泉に入浴用の日本酒を混ぜた酒風呂で、お酒の香りによるリラクゼーション効果と酒の成分による血行促進で、下山後の疲労回復に最適。食事処「雪ん洞」は特Aランクの南魚沼産コシヒカリを使用した爆弾おにぎりが人気。売店ではおみやげの種類が豊富だ。

☎025-784-3758

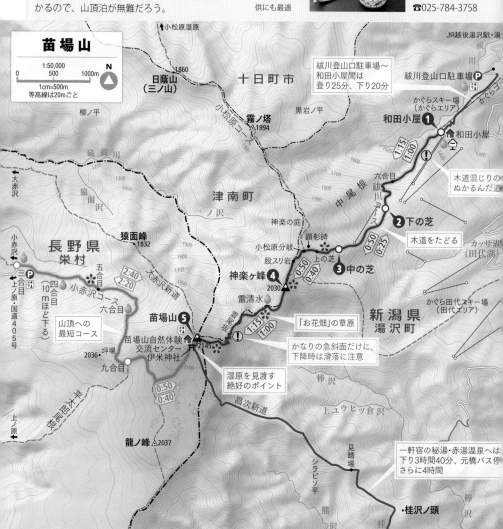

溶岩原が広がる妙高山の山頂部。後方には日本百名山の火打山が望める

3

新潟県

標高	**2454**m [南峰]
登山難易度	中級 ★★ ★☆☆
日程	前夜泊日帰り
歩行時間	**7**時間**15**分
総歩行距離	**9.4**km
累積標高差	登り1220m 下り1224m
登山適期	7中〜10下

みょうこうさん
妙高山

妙高山の近年の人気ルートをたどる。コース上部に難所があるが、大展望と高山蝶が乱舞する岩峰の山上は格別

深田久弥に「日本の名山の名に恥じない」と絶賛された妙高山。岩稜にそびえる広大な溶岩原の頂は、山麓からの姿から想像される通りの急峻な登下降を強いられる。燕温泉か笹ヶ峰からの登山が主体だったが、近年は東面に整備されたスカイケーブルを利用した往復コースの人気が高い。

〜〜〜 アクセス

公共交通機関▶【往復】しなの鉄道・えちごトキめき鉄道妙高高原駅→妙高市営バス約10〜20分→新赤倉三叉路〔山麓駅〕→妙高高原スカイケーブル11分→山頂駅
＊バスは1日9本。新赤倉三叉路バス停〜スカイケーブル山麓駅間は徒歩3分。スカイケーブルは7月中旬〜11月上旬の運行。運行時間は8時（夏期の土・日・祝日は7時30分）〜16時30分（平日は〜16時）。
マイカー▶山麓駅へは上信越道妙高高原ICから国道18号・県道187、399、39号経由約8km。駅前に無料駐車場がある。
問合せ先▶妙高市営バス☎0255-74-0032（妙高市環境生活課）、高原タクシー☎0255-86-3141、妙高高原スカイケーブル☎0255-87-2503、妙高高原観光案内所☎0255-86-3911

参考地図▶1/25000地形図：妙高山、赤倉

▶大谷ヒュッテ付近から噴煙を上げる南地獄谷上部(左)と山頂部を仰ぎ見る

日帰り 新赤倉温泉にある妙高高原スカイケーブル山麓駅からスカイケーブルに乗車し、11分で標高約1250mの**❶山頂駅**へ。身支度をしたら出発する。赤い屋根の建物（展望レストランエートル）を下に見て、サラシナショウマが咲く道の先からスキーゲレンデをまっすぐ登っていく。日差しをさえぎる場所がないので、盛夏は結構きつい。ひと登りすると、左手の樹林帯に妙高山登山道入口の標柱が立っている場所に出る。

ブナ林の中を緩やかに進み、滝沢を過ぎると急登となり、ロープを頼りに

▲地元産のお米と野菜を使用した展望レストランエートルの妙高山カレーライス

注1 山頂駅以外での水場はここだけ。忘れずに補給しておこう。

妙高高原スカイケーブル山麓駅。売店やトイレもある

越えていく。緩急を繰り返しながら登ると、左から林道が合流する。右折すると、左手奥に避難小屋の**❷大谷ヒュッテ**が見える。林道からわずかに進んだ左手に水場への分岐がある。

南地獄谷を正面に見て、かすかに硫黄臭が漂う林道を進み、天狗堂入口から再び山道に入っていく。ぬかるんだ悪路を急登していくと眼下に野尻湖が望め、わずかに進むと小さな祠が立つ六合目の**❸天狗堂**で、右から燕温泉からの道が合流してくる。開けた広場に

▶わずかな水を湛える光善寺池

プランニングのヒント

朝一番のスカイケーブルに乗ることが日帰りの条件。それでも総行動時間を考慮すると、最終のスカイケーブルに間に合わせるにはけっこう忙しい。いっそのこと、マイカーの場合でも燕温泉に下山して温泉を楽しみ、翌朝、タクシーで駐車場に戻るのもいい。タクシーは3500円程度。

❶山頂駅	→ 1:40	❷大谷ヒュッテ	→ 0:35	❸天狗堂	→ 1:50	❹妙高山北峰	→ 1:30	❸天狗堂	→ 0:20	❷大谷ヒュッテ	→ 1:20	❶山頂駅

標高
3000m
2500
2446
2000
1773 1932   1932 1773
1500
1252   1252
1000
500
0   0 水平距離   5   10km

◀頂上直下の鎖場の基部を登る。足場はしっかりしているので登りやすい

▲鎖場を越えると突然お花畑が現れる

なっているので、小休止していこう。

さらに高度を稼いでいき、七合目・光善寺池（こうぜんじ）の小さな湿原から再び土道の悪路を行くと、樹間から妙高高原が見渡せる八合目の風穴に着く。なおも急登を行くと、南地獄谷越しに野尻湖と黒姫山の展望が開け、コース最大の難所、頂上まで400mの地点にある鎖場[注2]に差し掛かる。ストックを使っている場合は、ここでザックに収めておこう。

ロープを頼りに絶壁をよじ登り、スッパリと切れ落ちた岩壁をクサリをつたって慎重に越えていく。登り切ると花の斜面が開け、頭上には山頂直下の岩稜が迫る。直進せず、岩に書かれた

注2 鎖場の距離は短く、足場もしっかりとしているので、あせらず落ち着いて進めば難なく越えられる。雨天時でもそう神経質になることはない。クライミンググローブなどを用意しておけばより安心だ。

▲山頂のお花畑にはクジャクチョウが舞っていた

◀（左）風穴手前の悪路　（右）風穴は名前通り冷たい風が吹き出している

矢印に従って左側へ進んでいく。山頂直下の幅の狭い切れ落ちたトラバース道からは正面に火打山（ひうちやま）と焼山を望み、ようやく妙高大神の祠が立つ妙高山の最高点・南峰に達する。山頂からは火打山や黒姫山、遠くに北アルプスを見渡せる。

もうひとつの山頂である北峰へは10分ほどなので、往復してこよう。山上の露岩の道を進み、お花畑を抜けると三角点のある❹妙高山北峰（みょうこうさんほっぽう）に着く。こちらも好展望だ。

山頂からは往路を戻るが、登り同様鎖場の通過は慎重に。❶山頂駅（さんちょうえき）でスカイケーブルの最終に乗り遅れた場合、スキー場のゲレンデ内の道を1時間ほど下ると山麓駅に出ることができる。

▶妙高山北峰の山頂。南峰より10m低いが、三角点はこちらにある

33　妙高山

こぼれ情報　山麓駅周辺にホテル・旅館・民宿が多数ある。問合せは新赤倉観光協会（☎0255-87-2700）へ。山麓駅の売店ではストックや帽子などのギアや、塩飴、ドリンクゼリーなどが購入できる。スカイケーブルの待ち時間にのぞいてみよう。

サブコース 天狗堂から燕温泉

| 距離 3.3km | 時間 2時間 | 難易度 中級 |

◀登山口近くにある燕温泉河原の湯。混浴の野天風呂だ

　スカイケーブル開業以前は、燕温泉からのコースが日帰り登山のメインだった。とはいえ廃れたということはまったくなく、登山口に野天風呂もあり、今も魅力十分。山頂から天狗堂まで戻り、右に山頂駅の道を分けて麻平コースへ。山腹の道を下ると北地獄谷に出る。沢を渡ると分岐があり、直進する。樹林帯を抜け麻平から少し進むと林道に出る。あとは道なりに行けば燕温泉だ。

妙高自然アカデミー

　妙高高原を拠点に、自然体験をメインテーマとして活動を行なっている。ドイツトウヒやブナの森のネイチャートレッキング、森林セラピー、スノーシュートレッキングなど多彩なプログラムを認定ガイドが中心となって開催している。登山の後の穏やかな自然体験も楽しいかも。そばづくりやキノコ採りなどのプロ

▶ 資格を持ったプロのガイドが案内してくれる

グラムもあるので、宿泊してセットで体験するのもおすすめだ。☎0255-87-3143（自然旅人の宿 モン・セルヴァン内）。

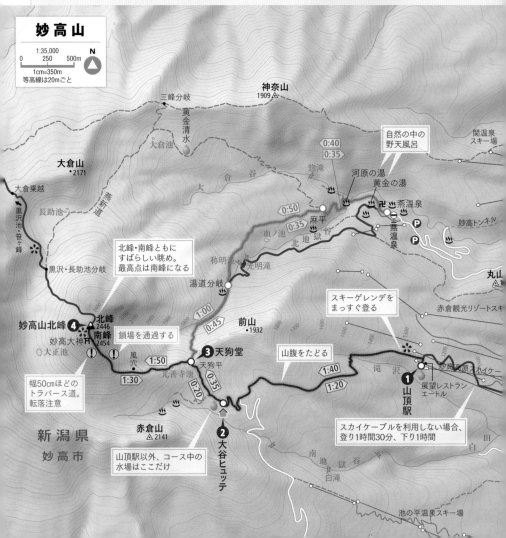

妙高山

1:35,000
0　250　500m
1cm=350m
等高線は20mごと

N

三峰分岐
神奈山
1909

黄金清水

大倉池

大倉山
・2171

燕新道

大倉谷

物滝

0:40
0:35

自然の中の野天風呂

関温泉スキー場

大倉乗越

長助池

河原の湯
黄金の湯

卍 燕温泉

黒沢池・笹ヶ峰

0:50
麻平

燕温泉

妙高トンネル

P

黒沢・長助池分岐

0:35

曲ノ池

北地獄谷

P

北峰・南峰ともにすばらしい眺め。最高点は南峰になる

稱明滝

光明滝

丸山

湯道分岐

妙高山北峰 4
北峰
2446
南峰
2454

1:00

前山
・1932

スキーゲレンデをまっすぐ登る

赤倉観光リゾートスキ

妙高大神 H

鎖場を通過する

0:45

3 天狗堂

山腹をたどる

妙高高原スカイケー

大正池

風穴

1:50

天狗平

1:40

1 山頂駅

幅50cmほどのトラバース道。転落注意

1:30

光善寺池

0:35

1:20

展望レストランエートル

0:20

滝沢

新潟県
妙高市

赤倉山
2141

大谷ヒュッテ 2

スカイケーブルを利用しない場合、登り1時間30分、下り1時間

山頂駅以外、コース中の水場はここだけ

南地獄谷

白滝

池の平温泉スキー場

ワタスゲが群生する天狗の庭からゆったりとした火打山の山稜を眺める

4

新潟県

標高……	▶ **2462** m
登山難易度	▶ 中級 ★★★☆☆
日程……	▶ 前夜泊日帰り
歩行時間	▶ **8**時間**35**分
総歩行距離	▶ **16.5** km
累積標高差	登り**1276**m 下り**1274**m
登山適期	▶ 6下〜10中

火打山
ひうちやま

南麓の笹ヶ峰を起点に、名花ハクサンコザクラが咲く湿原と
頸城山塊最高峰の頂を目指すロングコース

頸城山塊の最高峰である火打山は、隣り合う妙高山とともに頸城山塊を代表する山のひとつ。全国有数の豪雪地帯にあるだけに、豊富な残雪が高谷池、天狗の庭などの高層湿原を作り出した。山頂に立つには山小屋泊で妙高山から縦走する方法もあるが、最近は笹ヶ峰起点の往復登山者が多い。

アクセス

公共交通機関▶【往復】しなの鉄道・えちごトキめき鉄道妙高高原駅→頸南バス約50分→笹ヶ峰
＊バスは7月1日〜10月下旬の運行で1日3本。笹ヶ峰発の最終は16時。妙高高原駅からタクシーを利用した場合は約40分・約7000円
マイカー▶笹ヶ峰へは上信越道妙高高原ICから国道18号、県道39号経由約17km。笹ヶ峰に登山者用の無料駐車場がある。
問合せ先▶頸南バス☎0255-72-3139、高原タクシー☎0255-86-3141、妙高高原観光案内所☎0255-86-3911

参考地図▶1/25000地形図：湯川内、妙高山

▶黒沢で冷たい
水を補給しよう

日帰り ❶笹ヶ峰バス停から車道を上がったところに登山口がある。登山届を提出して出発する。春先にはミズバショウの咲く湿原を見て、ブナ林の中の木道を行く。ウォーミングアップ代わりの緩やかな道を1時間ほど進むと❷黒沢出合。この先は十二曲りと呼ばれるきつい登りが続く。冷たい水で顔を洗い、リフレッシュしよう。

橋を渡りしばらく行くと、いよいよ十二曲りの急登に差し掛かる。その名の通り、12回の九十九折を繰り返し高度を上げていく。きつさに音を上げそうになるが、ときおり背後に北アル

注1 足を大きく上げて越える箇所もあり、体力を消耗する。ここで時間がかかった場合は、高谷池か天狗の庭で引き返すか、高谷池ヒュッテで宿泊したい。

プスが見え、疲れを癒してくれる。

尾根上に出ると十二曲りは終わるが、急登はしばらく続く。尾根道をひたすら登り、オオシラビソの木が目立つようになると❸高谷池・黒沢分岐に着く。火打山と妙高山に続く黒沢池の分岐で、目指す火打山へは左の道を行く。

尾根を越え、黒沢岳の西面の山腹を進む。展望のよい道で、左手の樹間から火打山や焼山、遠く北アルプスが見える。小さな登降を繰り返しながら進むと赤い三角屋根の建物が見えるようになり、じきに❹高谷池ヒュッテに出

笹ヶ峰の火打山・妙高山登山道入口

（上）コーナーごとに道標が立つ　（右）十二曲り上部の段差の激しい道

プランニングのヒント

歩行時間が長いので、笹ヶ峰や妙高高原の宿に前泊して早朝から歩き始めたい。最終バスが比較的早いため、無理せずに山小屋泊で1泊2日にして、隣接する妙高山を同時に登ってしまうプランもおすすめだ（P148サブコース参照）。名花、ハクサンコザクラの見頃は例年、7月上旬前後。

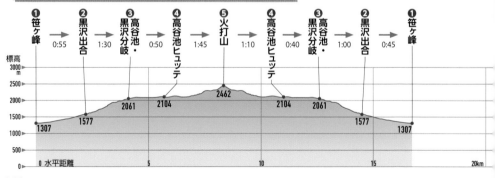

❶笹ヶ峰		❷黒沢出合		❸高谷池・黒沢分岐		❹高谷池ヒュッテ		❺火打山		❹高谷池ヒュッテ		❸高谷池・黒沢分岐		❷黒沢出合		❶笹ヶ峰
	0:55		1:30		0:50		1:45		1:10		0:40		1:00		0:45	

標高
3000m
2500
2462
2104 2104
2061 2061
2000
1577 1577
1500
1307 1307
1000
500
0　水平距離　　　5　　　　10　　　　15　　20km

146

高谷池・黒沢分岐からは平坦な山道を歩く

天狗の庭への木道から見た高谷池と高谷池ヒュッテ

る。小屋の前の高谷池は湿原と池塘が広がり、ハクサンコザクラ（P145写真）などの高山植物が咲いている。

火打山へは、高谷池を左に見ながら木道を行く。小さな岩場を越えると台地上に出て、木道を緩やかに下ると天狗の庭に出る。高谷池同様、湿原があり、おだやかな姿の火打山が池塘に倒影する。ここもハクサンコザクラの大群落地で、7月上旬の最盛期にはあたりをピンク色に染め上げる。秋の紅葉もすばらしい。

景観を満喫したら、天狗の庭の北端につけられた木道を進む。火打山から延びている尾根に取り付き、凹状の道を登って稜線に出る。途中、左手に黒姫山越しに富士山が見えることもある。

▲コース中で見られる花々

注2 年によっては下の写真のように8月上旬でも残雪を見る。アイゼンが必要というほどではないが、慎重に歩こう。

▲天狗の庭の木道を行く

笹原やダケカンバの林を抜け、緩やかに登ると雷鳥平と呼ばれる平坦地に出る。その名の通り、日本アルプス以外ではほぼ見られなくなったライチョウの生息地だ。あたりはウサギギクやミヤマキンポウゲなどが咲いている。

雷鳥平からは、ハイマツ帯の最後の登りとなる。火打山の山頂は見えてはいるが、意外と遠く感じる。土止め用の丸太の階段がつけられた急斜面を登り詰めると待望の❺**火打山**の山頂にたどり着く。山頂からは外輪山を抱えた妙高山をはじめ、焼山や黒姫山、北アルプスに佐渡島、条件次第では遠くに南アルプスや富士山の姿も確認できる。

山頂から往路を戻るが、十二曲りの下りで膝を痛めないようにしたい。

▶山頂からは黒姫山から北アルプスへの展望が開けている

こぼれ情報　コース上には高谷池ヒュッテ（☎0255-74-0021・妙高市観光商工課）と、紹介コースからやや離れるが黒沢池ヒュッテ（☎0255-86-5333）がある。また、登山口の笹ヶ峰に明星荘（☎0255-86-6910）があり、日帰り登山の前泊に適している。

147

サブコース 高谷池から妙高山

距離 8.2km　時間 6時間5分　難易度 中級

　火打山と妙高山は近接しているので、セットで登る人も多い。日帰りは無理で、初日は笹ヶ峰から火打山に登り黒沢池で宿泊、翌日妙高山を往復して笹ヶ峰へ下山するプラン。火打山から高谷池に戻って黒沢池を目指し、花の多い黒沢池から外輪山の大倉乗越を越え長助池分岐へ。ここから妙高山へはきつい登りだ。下山は黒沢池へ戻り、傾斜の少ない道をたどって高谷池・黒沢分岐へ。

▶大倉乗越からの妙高山。ドーム状のどっしりした山容だ

♨ 杉野沢温泉 苗名の湯

　公営の日帰り入浴施設で、笹ヶ峰に向かう県道39号のそばにあるだけに、公共交通機関、マイカー利用ともにアクセスしやすい。男女別の内湯があり、浴槽には筋肉痛や疲労回復にいい塩化物・炭酸水素塩のお湯が満たされている。施設の敷地内にはそば店「味処 そばの花」も。杉野沢温泉バス停下車すぐ。

▶ペンションやロッジのような外観

☎ 0255-86-6565
営業＝10〜20時（季節により変動あり）、水曜休（夏期とスキーシーズンの水曜は営業）

三文殊付近から三角錐のきれいな高妻山を望む

長野県・新潟県

標高……▶	**2353**m
登山難易度▶	上級 ★★ ★★☆
日程……▶	前夜泊日帰り
歩行時間▶	**8**時間**45**分
総歩行距離▶	**13**km
累積標高差▶	登り**1353**m 下り**1353**m
登山適期▶	6中〜10中

アクセス

高妻山
たかつまやま

戸隠連峰の最高峰。尾根上のアップダウンが多いうえ、岩場にはクサリもあり、総合力が試される山

　長野県の北部にある戸隠連峰の一峰。山頂までのピークに一から十までの地名がつけられているが、これは十三仏（十三ヵ所を回ることで死者を供養し、家の円満などを守り頂くという意味）の山の名残り。コースは戸隠牧場から一不動経由のみだったが、近年東側の尾根を通る新コースができた。

公共交通機関▶【往復】JR北陸新幹線長野駅➡アルピコ交通バス約1時間15分➡戸隠キャンプ場
＊バスは4月上旬〜12月中旬の運行で、1日10便。下山後の戸隠キャンプ場発の最終バスは18時台。
マイカー▶戸隠キャンプ場へは上信越道信濃町ICから国道18号、県道36号経由約15km。県道脇に無料の駐車場がある。
問合せ先▶アルピコ交通☎026-227-0404、長野市戸隠支所☎026-254-2323、戸隠観光情報センター☎026-254-2888

参考地図▶1/25000地形図：高妻山

▶滑滝の横の一枚岩をクサリで登る

歩行時間が長いので、早めに出発しよう。**❶戸隠キャンプ場**バス停から戸隠牧場に向かって車道を行く。キャンプ場の脇を通ってさらに進むと右手に戸隠牧場の管理事務所があるので、登山届を提出し、牧場内の案内板に従って**❷一不動登山口**に向かう。

牧場内のため牛が給餌している脇を通り、一不動登山道に入っていく。樹林帯の中を進むとすぐに丸木を組んだ橋を渡って、大洞沢の左岸に出る。右手から入り込む支流を渡り、大洞沢に沿って緩やかに登っていく。何度とな

▲戸隠牧場入口の登山届ポスト

注1 秋口に差し掛かると日が落ちるのが早いだけに、万一のためにもヘッドランプを持参しておきたい。

注2 登下降の際、スリップに注意。クサリに頼り過ぎず、三点支持で通過しよう。

▶帯岩の岩場をトラバースする

く本流を渡り返しながら、高度を上げていく。

一枚岩の沢床をたどるようになり、やがて右から大きな沢が合流する。さらに進むと正面に滑滝が現れ、その右横に架かるクサリをたどっていく。ここから氷清水まではコース最大の難所だ。しばらくすると沢から離れ、草付きの斜面を登って一枚岩の帯岩に出る。クサリが架かる岩場には足場が刻まれているが、滑らないように慎重に行動しよう。続く岩場の斜面を横切ったら不動滝の脇を登り、滝の落ち口に

登山口の戸隠牧場。右の建物が管理事務所

プランニングのヒント

高妻山へは戸隠牧場から2コースあるが、いずれも歩行時間が長いだけに、山麓での前泊が不可欠。一不動の避難小屋は本来の避難的な目的以外は宿泊不可。また、本項では一不動経由の往復としたが、弥勒新道（P152サブコース参照）を登路（あるいは下山路）としてもいいだろう。

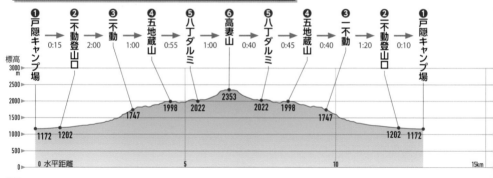

❶戸隠キャンプ場		❷一不動登山口		一不動		❹五地蔵山		❺八丁ダルミ		❻高妻山		❺八丁ダルミ		❹五地蔵山		❸一不動		❷一不動登山口		❶戸隠キャンプ場
	0:15		2:00		1:00		0:55		1:00		0:40		0:45		0:40		1:20		0:10	

標高 3000m / 2500 / 2000 / 1500 / 1000 / 500

1172　1202　　1747　　1998　2022　　2353　　2022　1998　　1747　　1202　1172

0　水平距離　　　　5　　　　10　　　　15km

一不動避難小屋。横にはトイレブースもある

▲六弥勒から五地蔵山を振り返り見る

出る。さらに沢の中を進むと、最後の水場である氷清水がある。涸れ沢のきつい登りをこなすと尾根上の**❸一不動**に出る。ブロック造りの避難小屋があり、緊急時に利用できる。

一不動から右に折れ、樹林帯の尾根道を行く。いったん尾根の左斜面に入り、尾根上に出ると二釈迦で、右に飯縄山の展望が開ける。さらに尾根を進み、三文殊、四普賢と書かれた石祠を目印に登山道をたどる。ときおり左手の樹林越しに三角錐のきれいな形をした高妻山が見えるが、まだまだ遠い。

次の**❹五地蔵山**の山頂は小広く開け、振り返ると戸隠山へ連なる尾根もよく見える。ここで道は西(左)に曲がる。この先の六弥勒からは、戸隠牧場

▲オオヤマリンドウ

注3 下りの要注意箇所は、高妻山～八丁ダルミ間の急下降と、一不動からの沢筋でのスリップ。

へ下る弥勒新道が延びている。いったん大きく下り、七観音を越えて登り返す。八薬師からは下りとなり、**❺八丁ダルミ**とも呼ばれる九勢至に出ると高妻山が目の前に大きくそびえる。

九勢至からは最初こそ緩やかな登りだが、やがてネマガリタケを切り拓いた標高差300mもの急登となる。ダケカンバ林を抜け、草地の尾根上の道をたどれば**❻高妻山**山頂に着く。片隅に十阿弥陀の石祠が安置され、三角点もある。展望は抜群で、北アルプスをはじめ、黒姫山や妙高山など北信五岳が見渡せる。

山頂からはさらに乙妻山への道が延びるが、往復2時間かかるので、ここは往路を引き返すとしよう。[注3]

◀三文殊の道標。石祠も祀られている

▶八丁ダルミ付近から振り返った高妻山

こぼれ情報 戸隠牧場から歩き出すので、前泊は周辺のキャンプ場が便利。宿は中社周辺、越水ヶ原に旅館や民宿がある。稜線上の一不動避難小屋は非常時のみ使用可能。また小屋の脇にトイレブースがあり、利用には携帯トイレが必要。

サブコース 弥勒新道を下る

| 距離 | 3.4km | 時間 | 2時間25分 | 難易度 | 中級 |

弥勒新道は、六弥勒から弥勒尾根を下って登山口の戸隠牧場へ向かう、近年開削されたコース。ひたすら急な下りが続くので、スリップに注意。六弥勒の裏手に弥勒新道の入口がある。ネマガリタケの切り開かれた尾根上の道を大きく下り、樹林帯へ。ダケカンバ林からブナ林に変われば、やがて尾根から離れ、ジグザグに下る。最後は沢を渡って、戸隠牧場の一角に出る。

▲弥勒新道はひたすら急坂が続くが、一不動経由に比べて岩場等が少なく、こちらを下山路に選んでもいい

戸隠神社

奥社・中社・宝光社の三社からなり、日本有数の霊地として知られている。天照大神（あまてらすおおみかみ）が弟のスサノオの度重なる非行を嘆いて、天の岩戸に籠もったという神話にまつわる神々を祀っている。神話では天手力雄命（あめのたぢからおのみこと）が投げ飛ばした天の岩戸が戸隠山とされる。また奥社への参道には、500mに渡って樹齢400年を越える200本ものクマスギの並木が続いている（天然記念物）。

▶天照大神の神話で知られる戸隠神社

新潟県 妙高市

乙妻山 2318

高妻山 6 2353

乙妻山へは往復2時間。登る場合は、高妻山には遅くとも午前10時までに到着しておく必要がある

オオヤマリンドウ、ミネウスユキソウなどのお花畑

八丁ダルミ〜高妻山間は300mの標高差を越える

黒姫山や妙高山、北アルプスなどを見渡す

八薬師 5 八丁ダルミ

七観音

六弥勒

四普賢

三文殊

二釈迦

オオバギボウシやツリガネニンジンなどが咲く

信濃

五地蔵山 4 1998

弥勒新道 徳武新道

コースは全般的に急斜面が続く。下りではスリップに注意

△1533

1596

一不動 3

一不動避難小屋

トイレブースあり

一不動〜戸隠山間は往復約3時間30分

不動滝 帯岩

氷清水 屏風岩 1888

滑滝

登山口 大洞沢

戸隠牧場

牧柵のゲート

自然観察動物園

管理事務所

一不動登山口 2

戸隠キャンプ場

長野県 長野市

1904 戸隠山

八方睨 1900

剣の刃渡

蟻の塔渡

登山道の両脇がスッパリと切れ落ちている

九頭龍山 1883

滑滝〜氷清水間はところどころにクサリが架かる

丸山 1278

戸隠キャンプ場 1

戸隠神社奥社

本院岳 2030

西岳 2053

天狗の露地

百五十間長屋

五十間長屋

随神門

戸隠奥社入口

戸隠民俗館・戸隠流忍法資料館

JR長野駅

竹細工センター

戸隠森林植物園 みどりが池

天命稲荷

越水ヶ原

戸隠スキー場

高妻山

1:50,000

0 500 1000m

1cm=500m 等高線は20mごと

N

山頂でひときわ輝く御神剣。見る位置によって空や雲、周囲の山々を映し出す

栃木県

標高……	**▶2486**m
登山難易度▶	**中級** ★★★☆☆
日程……	**▶日帰り**
歩行時間▶	**6**時間**45**分
総歩行距離▶	**8.7**km
累積標高差▶	登り1220m 下り1220m
登山適期▶	5月上〜10月下

男体山

なんたいさん

南面からのコースは標高差が約1200m。四合目からは急登が続くため、マイペースで着実に

中禅寺湖北岸にそびえる男体山は、円錐型の端正な山容を持つ霊山。初登頂は782（天応2）年、日光を開いた勝道上人。男体山は二荒山とも呼ばれ、二荒山神社のご神体だ。登るには、中宮祠で登拝受付を済ませてからとなる。一本調子の厳しい登りが続くが、その分、山頂に立った充実感は大きい。

アクセス

公共交通機関▶【往復】東武日光線東武日光駅➡東武バス日光約50分➡二荒山神社中宮祠
＊東武日光駅へは東武日光線乗り入れの「JR特急スペーシア日光」を利用すれば、新宿や池袋から乗り換えなしで行ける。バスは30分〜1時間ごとの運行。二荒山神社中宮祠から徒歩15分の中禅寺温泉バス停からは若干バスの本数が増える。
マイカー▶二荒山神社中宮祠へは日光宇都宮道路清滝ICから国道120号（いろは坂）経由約15km。二荒山神社中宮祠に登山者用無料駐車場あり。満車時は県営湖畔駐車場（有料）を利用。
問合せ先▶東武バス日光☎0288-54-1138、日光市日光観光課☎0288-53-3795、二荒山神社中宮祠☎0288-55-0017

参考地図▶1/25000地形図：中禅寺湖、男体山

▶中禅寺湖南岸から見た男体山

日帰り

❶二荒山神社中宮祠（ふたらさんじんじゃちゅうぐうし）のバス停で下車したら、二荒山神社中宮祠の境内へと進む。登拝の受け付けを済ませたら、中宮祠の本殿で男体山登山の無事を祈願し表参道へ向かおう。まずは登拝門をくぐり石段を登っていく。さらに木段の道を行くと**❷遥拝所**（ようはいじょ）だ。山頂まで登らない人のための参拝所だが、ここからは樹林に隠され男体山は望めない。

遥拝所を過ぎると、すぐに一合目の石碑があり、ここから鳥居を抜け山道へと入っていく。ブナやミズナラ、ウラジロモミなどの豊かな森が広がる山

▲男体山のピンバッチ。二荒山神社の登拝受付所で購入することができる

注1 四合目からは急登が続く。マイペースで！落石も起こさないようにしよう。

注2 四合目〜五合目の山道は溝状に掘れていて、一部、鉄パイプの手すりやロープがある。雨のあとはスリップに注意。

▶四〜五合目の溝状の山道。えぐれていて歩きづらい

表参道一合目の石碑と鳥居

腹を急登していく。ひと汗かくころ、林道に飛び出し三合目となる。ここからは舗装路を折り返しながら登っていく。木造の新しい社務所が見えてくると**❸四合目**（よんごうめ）だ。〔注1〕ここから急な山道となるので、ひと息入れていこう。

石鳥居をくぐり石段を登ると、すぐに山道となる。〔注2〕しばらくは樹林帯を小さく折り返しながら登っていく。トタン屋根の避難小屋がある五合目まで上がると、眼下に、再び中禅寺湖が広がってくる。五合目を過ぎると、やがて観音薙（なぎ）と呼ばれるガレ場の急登とな

プランニングのヒント

標高差が約1200mあり、往復には6〜7時間かかる。休憩などを考えると8時間ほどは見ておきたい。ペースが早い人でも8時前には登り始めたい。また、夏場は雷雨や夕立に注意。入道雲の発生などに気をつけ行動しよう。登山は4月25日の開山祭から11月11日の閉山祭まで。

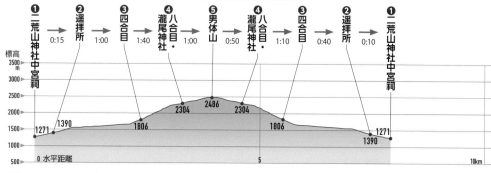

❶二荒山神社中宮祠 →0:15→ ❷遥拝所 →1:00→ ❸四合目 →1:40→ ❹八合目・瀧尾神社 →1:00→ ❺男体山 →0:50→ ❹八合目・瀧尾神社 →1:10→ ❸四合目 →0:40→ ❷遥拝所 →0:10→ ❶二荒山神社中宮祠

標高 3500m / 3000 / 2500 / 2000 / 1500 / 1000 / 500

1271 1390 1806 2304 2486 2304 1806 1271 1390

0 水平距離 5 10km

ガレ場が続く観音薙を行く

▲中禅寺湖をバックに山頂直下の砂礫帯を登る

る。ところどころ段差のある岩をまたぎながら登っていく。

六合目で一度、ガレ場を離れ、コメツガなどの樹林帯を登り、再びガレ場に戻ると避難小屋が立つ七合目に出る。さらに急登していくと鳥居が現れ、**❹八合目・瀧尾神社**（はちごうめ・たきのおじんじゃ）に到着する。傍らに祠と社務所兼避難小屋がある。ひと息入れよう。

八合目からは再び樹林帯へ入る。しばらくは土砂の流出を防ぐために土留めされた傾斜の緩い道を行く。再び傾斜がきつくなり九合目を経て樹林帯を抜けると、赤茶けた砂礫の登りとなる。最後の急登だが、左手には戦場ヶ原を挟み日光白根山、振り返れば中禅寺湖がはるか下に広がっている。最後に鳥居を抜ければ、奥宮と社務所、二荒山大神の御神像が立つ**❺男体山**（なんたいさん）だ。展望盤があり、晴れた日には遠く富士山や北アルプス、上州、尾瀬の山々など360度が見渡せる。

男体山の最高点は社務所の右側を抜けた先にあるが、まずは西に少し下ったところにある太郎山神社を参拝しよう。祠がある切り立った岩上からは北側にそびえる太郎山や女峰山が展望できる。参拝を済ませたら三角点がある最高点へ向かおう。露岩の上に屹立する御神剣が印象的だ。

[注3]下山は往路を戻ることになるが、下りも長い。砂礫地や観音薙のガレ場などでは、足元に十分注意しながら下るようにしたい。

▲夏の山頂付近に咲くハクサンシャクナゲ

注3 下山時は登拝門をくぐる前に「靴清め所」で登山靴の泥を落として境内へ入ろう。

▲八合目・瀧尾神社の社務所

▶山頂に立つ二荒山神社奥宮

こぼれ情報　マイカー利用に限られるが、下山後の立ち寄り入浴として日光宇都宮道路清滝IC近くに日光市営の入浴施設「やしおの湯」（☎0288-53-6611）がある。10～21時営業、木曜（祝日の場合は翌日）・年末年始休。

155

サブコース　志津コースを登る

距離 **2.7km**　時間 **2時間30分**　難易度 **中級**

　男体山の山頂へは大半の登山者が本項の二荒山神社から登るが、山頂の北面にもコースがある。標高1785mの志津乗越を起点とする志津コースだ。二荒山神社からのコースと比べ標高差が少なく（約700m）、登りやすさではこちらの方がやや上回る。ただし、志津乗越に駐車場はないので、バス、マイカーともに長い林道歩きを強いられる（地図参照）。

◀七合目から見た大真名子山と女峰山

▶御神体の男体山を従えた二荒山神社中宮祠

祭　男体山登拝

　男体山に登る際は、中宮祠の男体山登拝受付が必要。記帳を済ませ、登拝料を奉納すると、男体山登拝の御守りと簡単な登山案内図が頂ける。登拝期間は4月25日（開山祭）～11月11日（閉山祭）まで。開門は午前6時。7月31日～8月7日の登拝大祭の期間中は開門0時で、夜間登山ができる。山頂からのご来光が眺められるだけに、例年チャレンジする登山者は多い。ただし装備は万全に。☎0288-55-0017（二荒山神社中宮祠）

光徳牧場
梵字滝
裏男体林道
P 梵字水場

富士見峠・女峰山
2375 △ 大真名子山

▲駐車スペースがないので、梵字水場の駐車場に停めること

志津乗越～三本松バス停間は2時間の林道歩きを強いられる

御真仏薙
湯殿沢

三本松バス停

志津小屋 ⛺ 1785　志津林道
•三合目
弁天河原

三本松バス停・湯元温泉
赤沼
•1391
P 赤沼茶屋

志津コースは山頂までの標高差が700m

2:30
1:45

志津コース

薬研場

八合目 ✿
1624•

△2398
•九合目

奥日光や上州の山をはじめ、北アルプスや富士山などが見える

栃木県
日光市

二荒山神社奥宮
太郎山神社
△2486 5 男体山
九合目
1:00 0:50

•1966

竜頭滝

•竜頭之茶屋

△1488
古薙

八合目・瀧尾神社 4
1:40 1:10 七合目
観音薙

大薙

四合目から上部は急登が続く。落石に注意

！ 避難小屋（五合目）
四合目 3

下山時は「靴清め所」で靴の泥を落として二荒山神社の境内に入る

1:00 0:40
三合目で林道に出る

第一いろは坂
般若滝

野州原林道

二荒山神社中宮祠
二荒山神社中宮祠 1
二荒山神社中宮祠
ホテル湖上苑
中禅寺温泉

2 遙拝所
0:15 0:10
P 中宮祠

方等滝　屏風岩

展望台駅
明智平駅

120
馬返

男体山

1:50,000
0　500　1000m
1cm=500m
等高線は20mごと

N

中禅寺湖
中禅寺温泉
華厳ノ滝
明智トンネル

明智平ロープウェイ
第一いろは坂

14

山頂からの眺め。中央右が男体山、その左の鋭峰が女峰山、左遠くに那須連山。中禅寺湖と五色沼も見えている

標高……▶	**2578**m
登山難易度▶	中級 ★★ ★☆☆
日程……▶	前夜泊日帰り
歩行時間▶	**4**時間**40**分
総歩行距離▶	**7.1**km
累積標高差	登り709m 下り709m
登山適期▶	6中〜10下

おくしらねさん

奥白根山 [日光白根山]

日光連山や湖沼の展望が広がる関東以北の最高峰へ、ロープウェイ利用で登っていく

奥白根山は関東以北の最高峰で、大展望や高山植物、美しい火口湖など、多彩な魅力を持つ奥日光の名峰だ。数多い登山道の中でも、最も利用者が多いのが西面のロープウェイ利用のコース。往復でも楽しめるが、シラネアオイが咲く弥陀ヶ池を巡る周回コースは、より充実した山歩きが満喫できる。

〰〰 **アクセス**

公共交通機関▶**【往復】**JR上越線沼田駅→関越交通バス約1時間10分→鎌田→関越交通バス約25分→日光白根山ロープウェイ（山麓駅）→ロープウェイ15分→山頂駅
＊鎌田へのバスはJR上越新幹線上毛高原駅発（約1時間35分）もある。また、丸沼高原スキー場へは栃木県側の東武日光駅や湯元温泉などからの関越交通バスもある（5月上旬〜10月下旬運行）。日光白根山ロープウェイは5月下旬〜11月上旬の運行。8時〜16時30分（土・日・祝日と夏期は7時30分〜）。
マイカー▶丸沼高原スキー場へは関越道沼田ICから国道120号経由約40km。無料駐車場あり。
問合せ先▶関越交通（バス）☎0278-23-1111、日光白根山ロープウェイ☎0278-58-2211（丸沼高原）、片品村観光協会☎0278-58-3222

参考地図▶1/25000地形図：丸沼

▶山頂駅から望む晩秋の日光白根山。荒々しい姿が印象的だ

日帰り 日光白根山ロープウェイ❶山頂駅を降りると、すでに標高は2000m。駅周辺にはシラネアオイやコマクサなどの高山植物が咲くロックガーデンや天空の足湯（P160参照）が整備され、東側正面にそびえる日光白根山が印象的だ。

山道へは鹿除けゲートを抜けていく。すぐ左手に二荒山神社があるので参拝していこう。しばらくはコメツガやシラビソなどの針葉樹に囲まれた自然散策コースを緩やかに進む。足元にはイワカガミやマイヅルソウなどが咲いている。途中、六地蔵、血ノ池地獄

▲ロックガーデンのコマクサ

注1 標高が高いため、人によっては吐き気や頭痛などの高山病の症状を呈する。ゆっくり登ること、水分をたっぷり摂ることが予防のポイントだ。400〜500m高度を下げれば症状は治まる。

二荒山神社の鳥居をくぐり登山道に入る

への分岐を過ぎると、じきに大日如来が祀られた場所に出る。少し行くと❷七色平南分岐（なないろだいらみなみぶんき）だ。左へと進むと、七色平避難小屋と小さな湿原がある。

七色平南分岐を過ぎると、徐々にダケカンバが見られる明るい森へと入っていく。君待岩（きみまち）（立入禁止）への分岐を経て地獄薙（なぎ）を通過すると、しばらくで急登となる。振り返ると、樹間越しに至仏山など上州の山々や遠くに富士山が見えてくる。

▶七色平南分岐手前にある大日如来像

プランニングのヒント

山行自体は日帰りで十分に歩くことができる。しかし、公共交通利用の場合、アクセスに時間がかるため日帰りはきびしく、丸沼高原などでの前夜泊となる。山腹や山上の花は6月中旬〜8月、紅葉は9月下旬〜10月上旬が見頃。年によっては6月中旬でも雪を見ることも。

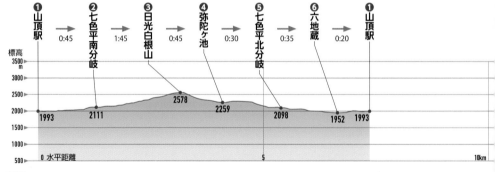

❶山頂駅		❷七色平南分岐		❸日光白根山		❹弥陀ヶ池		❺七色平北分岐		❻六地蔵		❶山頂駅
	0:45		1:45		0:45		0:30		0:35		0:20	

標高
3500 m
3000
2500 2578
2000 1993 ..... 2111 ..... 2259 ..... 2098 ..... 1952 1993
1500
1000
500
0 水平距離　　　　　　　5　　　　　　　10km

コース上部は岩の点在する歩きづらい登り

じきに樹林帯を抜け砂礫の道となる。さらに草原帯を進み、最後にひと登りで白根権現を祀る南峰に到着。日光白根山の頂上へは、一度急下降してからガレ場を登り返す。

たどり着いた❸日光白根山山頂からは、眼前に男体山をはじめとする日光連山や中禅寺湖、眼下に五色沼と弥陀ヶ池などを望む。晴れた日は遠く富士山や日本アルプスまで展望できる。

下山は弥陀ヶ池経由で下りたい。山頂駅とはまたひと味違った日光白根山の山容が望める。山頂直下は切り立った岩場となっており、かなりの急下降だ。傾斜が緩やかになると、じきにシャクナゲの群落となる。さらにダケカンバ林を抜けると、座禅山との鞍部だ。

▲山中の火口湖のひとつ弥陀ヶ池より日光白根山を望む

注2 落石やスリップに注意。初級者は危険を感じたら往路を戻るようにしたい。

▲六地蔵は半円状に祠が並んでいる

右へ下れば❹弥陀ヶ池に到着。弥陀ヶ池は樹林に囲まれた小さな池。日光白根山を代表する花・シラネアオイの群生地があったが、盗掘や鹿の食害などにより、大きく数を減らしている。

ひと休みしたら座禅山との鞍部へ戻り、座禅山へと右に登っていく。シラビソの森を行くと、じきに座禅山の火口が樹間越しに右手に広がってくる。

六地蔵へは火口壁の途中から左へと下る。❺七色平北分岐まで下りたら、六地蔵へと向け緩やかに進む。途中、血ノ池地獄、山頂駅などへの分岐を過ぎれば❻六地蔵に到着する。参拝し、先に進むとスキー場の展望台に出る。ここから左へと緩やかに登っていけば❶山頂駅へ戻れる。

◀山頂より燧ヶ岳(左奥)と山麓の湖(中央左から時計回りに丸沼、菅沼、五色沼)を見下ろす

▶山頂駅の展望台に設置された案内板。日本百名山を10座望むことができる

こぼれ情報 ロープウェイ山麓駅そばにある宿泊施設のシャレー丸沼(☎0278-58-4300)の「宿泊登山パック」は、ロープウェイの往復券や下山後の入浴などがセットになった、お得なプラン。

159

◀コース下部はオオシラビオやコメツガの原生林を登っていく

北面の菅沼登山口から弥陀ヶ池を経て日光白根山の山頂に向かう。ゴンドラの時間を気にせずに登りたい人におすすめ。従来はマイカー向けだったが、近年、登山口に日光や鎌田方面からの関越交通バスが通るようになった。登山口から林道を歩き、沢沿いの道から急斜面へ。原生林の中を登っていくと弥陀ヶ池に出る。弥陀ヶ池から山頂へはメインコースの逆コースをたどる。

♨ 座禅温泉と天空の足湯

ロープウェイ山麓駅近くに湧出する座禅温泉。センターステーションの2階と宿泊施設のシャレー丸沼で日帰り入浴ができる。泉質はナトリウムーカルシウム泉で、動脈硬化、切り傷、火傷などに効果があるといわれる。営業=13〜17時(センターステーションは〜18時)、不定休。天空の足湯(利用無料。タオルは持参)はロープウェイ山頂駅にある足湯。日光白根山や谷川岳などを眺めながら、足の疲労をほぐすことができる。

▶背後に日光白根山を望む天空の足湯

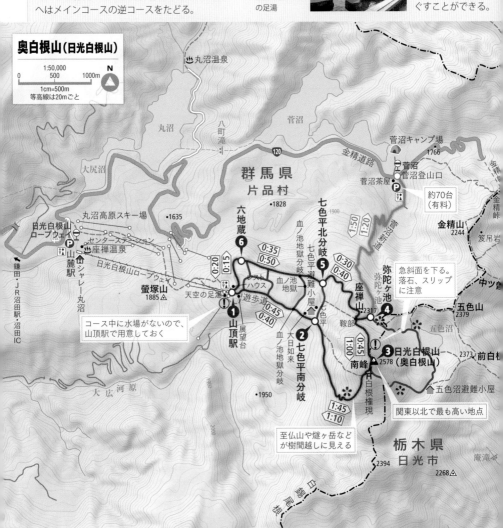

奥白根山(日光白根山)

1:50,000
0 500 1000m
1cm=500m
等高線は20mごと

丸沼温泉

丸沼

八町滝

菅沼

群馬県
片品村

金精道路 120

菅沼キャンプ場
1766

菅沼・菅沼登山口

菅沼茶屋

P 約70台(有料)

金精山 2244

笠吊岩

•1828

•1635

丸沼高原スキー場

日光白根山ロープウェイ
P 山麓駅
座禅温泉
センターステーション

鎌田・JR沼田駅・沼田IC

シャレー丸沼

日光白根山ロープウェイ

六地蔵 6

0.15
0.20

螢塚山 1885△

天空の足湯

遊歩道

レストハウス

血ノ池地獄

血ノ池地獄分岐

七色平避難小屋

七色平北分岐 5

0.35
0.50

七色平

大日如来

1.50
1.20

直登道分岐

弥陀ヶ池 4

0.30
0.40

座禅山 2317

急斜面を下る。落石、スリップに注意

五色山 2379

五色沼

コース中に水場がないので、山頂駅で用意しておく

1 山頂駅

展望台

0.45
0.40

血ノ池地獄分岐

七色平南分岐 2

南峰

0.45
1.00

鞍部

3 日光白根山(奥白根山) 2578

奥白根神社

2373 前白根

2394

五色沼避難小屋

関東以北で最も高い地点

至仏山や燧ヶ岳などが樹間越しに見える

1.45
1.10

栃木県
日光市

•1950

•2268△

庵滝

中ツ曽

大広河原

サブコースの庚申山展望台からの皇海山。足尾山塊の盟主らしい堂々とした姿だ

標高	▶ **2144** m
登山難易度	▶ 中級 ★★ / ★☆☆
日程	▶ 日帰り
歩行時間	▶ **5** 時間 **25** 分
総歩行距離	▶ **5.8** km
累積標高差	登り **792** m / 下り **792** m
登山適期	▶ 6上〜10下

皇海山

すかいさん

群馬・栃木県境に連なる自然豊かな足尾山塊の盟主。
奥深い山だったが、近年はいく分、登りやすくなった

皇海山は群馬県と栃木県に南北に連なる足尾山塊の中心的な山。以前は信仰登山の歴史を持つ東面の庚申山経由の険しい道がメインだったが、西面の栗原川林道の開通により比較的短時間で登れる不動沢からのコースがメインとなった。だが沢沿いのコースだけに、天候次第では手強い山に変貌する。

〜〜〜 **アクセス**

公共交通機関▶【往復】JR上越線沼田駅→関越交通バス約35分→老神温泉→タクシー約1時間10分・約4万2000円（ジャンボタクシーの往復料金。小型・中型タクシーは運行休止中）→皇海橋
＊タクシーは2週間前までに要予約。天気や路面状況次第では運行できないこともある。上越新幹線上毛高原駅からもアプローチできるが、午前中のバスは老神温泉を経由しないので、追貝上で下車し（関越交通バス約1時間20分）、予約しておいたタクシーに乗り換える。
マイカー▶皇海橋へは関越道沼田ICから国道120号、栗原川林道経由約41km。栗原川林道とは反対側の沼田市根利からもアプローチできる。距離は若干長いが、路面状況は栗原川林道より良好。
問合せ先▶関越交通〔バス〕☎0278-23-1111、老神観光バス（タクシー）〔老神温泉〕☎0278-56-3222、沼田市利根支所☎0278-56-2111

参考地図▶1/25000地形図：皇海山、足尾

沼田ICから国道120号を片品方面に進み、沼田市追貝で案内板に従い栗原川林道方面へ。尖った石が散らばる道をパンクとカーブに注意しながら約20km、1時間以上走ると❶皇海橋に着く。橋の手前と先に約50台分の駐車スペースがある。

車を置いて皇海橋を渡り、左手に延びる林道を進むと石につけられた印と道標がある場所に出る。不動沢の入口だ。

カラマツの林につけられた道に入り、少し下って不動沢の河原に出る。石づたいに右岸に渡り、やや沢から離れた笹原の道を、沢音を聞きながら緩

林道脇に立つ登山道入口の標柱

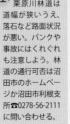

▶沢から離れ、カラマツ林の中を登って最初の二俣へ向かう

注1 栗原川林道は道幅が狭いうえ、落石など路面状況が悪い。パンクや事故にはくれぐれも注意しよう。林道の通行可否は沼田市のホームページか沼田市利根支所☎0278-56-2111に問い合わせる。

注2 コースの要所要所に道標や赤いテープなどがあるので、見落とさないこと。

▶石づたいに不動沢を渡り、沢に沿って緩やかに登っていく

やかに登っていく。道標に従い沢へと下ると二俣に出る。左手の沢の方が本流のように見えるが、実際は右手の沢（右俣）に入っていく。

何度も小さな沢を徒渉しながら右俣をたどっていくと、石の積み重なった❷広い二俣に出る。ここも右手の沢へと入っていく。

ここからは沢の水量は少なくなり、幅も狭まってくる。沢の中を進むと少し先で小さな二俣に出る。ここは右の沢へと進み、次の二俣は左の沢に入る。ここは右の沢に入りやすいので、道標

プランニングのヒント

コースは大半が沢沿いのため、増水すると身動きが取れなくなる。雷雨のおきやすい盛夏は気象情報に注意を。なお、2019年10月現在、皇海橋に続く林道は2本とも路面崩壊で通行止め。復旧は未定で、今後も崩壊の可能性があるため、事前に役場等で道路状況を確認して出かけたい。

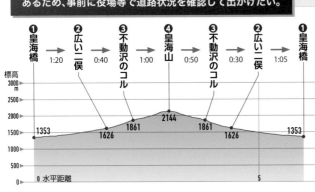

❶皇海橋	→ 1:20	❷広い二俣	→ 0:40	❸不動沢のコル	→ 1:00	❹皇海山	→ 0:50	❸不動沢のコル	→ 0:30	❷広い二俣	→ 1:05	❶皇海橋

標高 3000m / 2500 / 2000 / 1500 / 1000 / 500 / 0

1353　1626　1861　2144　1861　1626　1353

0 水平距離　5　10km

▲樹林帯に続く登山道で不動沢のコルを目指す。足元が滑りやすく、ロープが設置された箇所もある

162

大きな石が積み重なる広い二俣

を目印にしよう（ただしこの道標がわかりにくい場所にある）。

　なおも登っていくと、二俣の手前で右手へと道が分岐する場所に出る。ここで尾根に入り、急斜面の樹林の道を登っていく。登り切ったところが主稜線上、皇海山と鋸山との鞍部にあたる**❸不動沢のコル**だ。右手には鋸山が鋭い山頂を見せている。

　コルからは稜線を左へと進むが、皇海山へは標高差が300mほどのきつい登りだ。最初は針葉樹林を進み、ついで笹原の道を行く。再びコメツガやオオシラビソなどの樹林となり、道の傾斜も増してくる。やがて高さ5mほどの岩が現れ、その間を通過する。右手へ回り込んで尾根に出ると傾斜は緩く

▲不動沢のコルからは、木々の上に特異な山容の鋸尾根が見える。かつてのメインコースだ

注3 この先は左右に枝沢が分かれるが、本流をたどっていけばいい。道標もつけられている。

注4 下山は支沢への迷い込みの心配はないが、浮き石で転倒しないように気をつける。

◀不動沢のコルから北東へ向かい、主稜線上を登っていく

▶山頂へと続く稜線はコメツガやオオシラビソなどの針葉樹に覆われる

なり、高さ約2mの青銅の剣が立っている場所に出る。この剣は庚申講の先達が奉祀したものだ。

　ここを過ぎると**❹皇海山**（すかいさん）の山頂にたどり着く。山頂は樹林に囲まれていてすっきりした見晴らしは得られないが、それでも鋸山や袈裟丸山（けさまるやま）などの足尾山塊の山々、樹林越しに日光白根山や武尊山など上州の日本百名山が見えている。

　山頂からは往路を引き返すが、時間があれば不動沢のコルを直進し、鋸山を往復してこよう（所要約1時間30分）。小ピークを越え、ガレ場の急斜面を登ると鋸山山頂だ。展望はすばらしく、目の前には皇海山がどっしりと構えた姿を見せている。

こぼれ情報 公共交通機関利用で老神温泉に前泊（あるいは後泊）する場合、上毛高原駅（沼田駅も経由する）からの無料送迎バス「じゃおう号」が便利（1日1便）。乗車の申し込みは宿泊前日の16時までに宿泊する施設に連絡しておく。

栃木県側の銀山平から信仰の山・庚申山を経て皇海山を目指す、皇海山のクラシカルコース。庚申山から主稜線上の鋸山までは「鋸山十一峰」と呼ばれるハシゴや鎖場が連続する小ピークを越えていく。それだけに難易度は高いが、岩場歩きの経験が豊富な人だったら、歩きごたえは十分だろう。なお、歩行時間が長いので、途中の庚申山荘(避難小屋・寝具あり)に1泊する。

◀庚申山〜鋸岳間はハシゴやクサリのある岩場が続く

♨ 老神温泉

皇海山入口となる旧利根町追貝の手前にあり、片品川沿いに約15軒の旅館やホテルが建ち並ぶ。泉質はアルカリ性単純温泉・単純硫黄温泉で、特に皮膚病に効果があるという。立ち寄り入浴は湯元華亭(☎0278-56-4126)のみだが、入浴可能な旅館やホテルもある。温泉街に皇海山への最寄りのタクシー会社(アクセス欄参照)があるので、前泊してそのままタクシーで入山できる。問合せは老神温泉旅館組合☎0278-56-3013へ。

▶立ち寄り入浴施設の湯元華亭。足湯を含めると8つの風呂がある

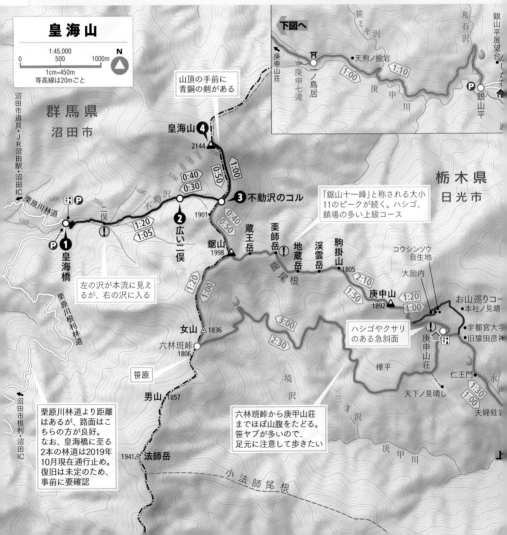

皇海山

1:45,000

0 ── 500 ── 1000m

1cm=450m
等高線は20mごと

N

下図へ

山頂の手前に青銅の剣がある

群馬県
沼田市

沼田市追貝・JR沼田駅・沼田IC

皇海山 4
2144

栗原川林道

P 1 皇海橋

栗原川根利林道

沼田市根利・沼田IC

栗原川林道より距離はあるが、路面はこちらの方が良好。なお、皇海橋に至る2本の林道は2019年10月現在通行止め。復旧は未定のため、事前に要確認

左の沢が本流に見えるが、右の沢に入る

2 広い二俣

1:20 / 1:05

不動沢

0:40 / 0:30

1:00 / 0:50

3 不動沢のコル
1901

0:40 / 0:50

鋸山 1998

蔵王岳

薬師岳

女山 △1836

六林班峠 1806

笹原

男山 1857

1941 △ 法師岳

小法師尾根

「鋸山十一峰」と称される大小11のピークが続く。ハシゴ、鎖場の多い上級コース

栃木県
日光市

地蔵岳

渓雲岳

駒掛山 1805

コウシンソウ自生地

大胎内

3:00

2:30

笹尾根

境沢

樺平

六林班峠から庚申山荘までほぼ山腹をたどる。笹ヤブが多いので、足元に注意して歩きたい

1:50

2:10

庚申山 1892

1:20 / 1:00

お山巡りコー

本社ノ見晴

宇都宮大学

旧猿田彦神

庚申山荘

ハシゴやクサリのある急斜面

天下ノ見晴し

仁王門

1:30

夫婦蛙

三才沢

庚申川

天狗ノ投岩

ノ鳥居

庚申山荘

庚申七滝

1:00

1:10

庚申川

銀山平展望台

P 銀山平

丸石沢

笹ミキ沢

剣ヶ峰山への道から振り返ると、武尊山へと続くおだやかな山稜が見渡せる

群馬県

標高……▶	**2158**m [沖武尊]
登山難易度▶	中級 ★★ ★☆☆
日程……▶	日帰り
歩行時間▶	**7**時間**40**分
総歩行距離▶	**11.6**km
累積標高差▶	登り1216m 下り1216m
登山適期▶	6中～10下

ほたかやま

武尊山

日本武尊ゆかりの上州の名峰へ武尊神社起点の周回コースで目指す。難所を越えた明るい山上から四方の山並みを見渡す

群馬県沼田市北方にあり、日本武尊の名がつけられた沖武尊の別名を持つ歴史の山。おだやかな山容だが、御嶽王滝口の開祖、普寛行者が開山した修験道の山でもあるだけに、山中にはクサリのかかる岩場を越える箇所も。登山道は四方から延びるが、本項の武尊神社起点の周回コースの人気が高い。

アクセス

公共交通機関▶【往復】JR上越新幹線上毛高原駅→タクシー約45分・約1万1000円→武尊神社
＊帰りのタクシーは行きの乗車時に予約しておく。JR上越線水上駅からタクシーを利用してもよい（約35分・約8500円）
マイカー▶武尊山登山口へは関越道水上ICから国道291号、県道63号経由約24km。裏見の滝入口・武尊山登山口に大きな無料駐車場があり、武尊神社へは徒歩1分。
問合せ先▶関越交通（タクシー）☎0278-24-5151、みなかみ町観光商工課☎0278-25-5017、みなかみ町観光協会☎0278-62-0401

参考地図▶1/25000地形図：藤原湖、鎌田

▶登り始めは明るいブナ林の中を行く

日帰り

開運招福に御利益があるとされる❶**武尊神社**（ほたかじんじゃ）で安全を祈願し、車輌通行止めのゲートを通り抜けて林道に入る。平坦な砂利道が続き、数台が止められる駐車スペースから水が流れる道を登っていくと、❷**剣ヶ峰山分岐**（けんがみねやまぶんき）がある。

左手の登山道へ入り、緩やかに登っていくと次第に勾配が増してくる。いくつもの倒木をまたぎ、明るいブナ林の火山礫[注1]の岩場を慎重に越えていく。さらに木の根が張り出した急登を行くと傾斜が緩み、尾根に出たところに、左から上ノ原登山口からの道が合流す

▲武尊神社の新しい道祖神

注1 沖武尊手前の鎖場を除いて唯一切れ落ちた箇所。足場はしっかりしているが、往復の場合の下りは特に慎重に。

る❸**手小屋沢避難小屋分岐**（てごやさわひなんごやぶんき）がある。

倒木をまたいでわずかに進むと避難小屋の屋根がすぐ下に見え、右手に剣ヶ峰山も姿を見せる。急登の混じる尾根道を1時間ほど進むと、鎖場が現れる。ロープを頼りに岩場に取り付き、左のクサリに持ち替えていく。クサリをまたいでよじ登り、さらに岩場を越えていく。急登の先にふたつ目の岩場が現れ、ロープを頼りに直登していく。さらに進んで3つ目の岩場をロープと木の根で確保してよじ登ると、10mほどの4つ目の鎖場になる。しっかりとしたクサリを頼りに越えていき、さらにその上の5つ目の岩場を登っていくと、ようやく緩やかな道となり、武尊山の頂が

登山口に立つ由緒のある武尊神社

▶手小屋沢避難小屋への登りは荒れた箇所があるので注意を

プランニングのヒント

マイカーもしくは早朝の上越新幹線を利用すれば日帰りも十分可能だが、人によってはコース上部の岩場の通過に手こずって設定タイム以上に時間を要するだけに、できれば前泊して早朝から登りたい。鎖場が苦手な人は、逆コースで山頂に立ち、そのまま往路を引き返してもいいだろう。

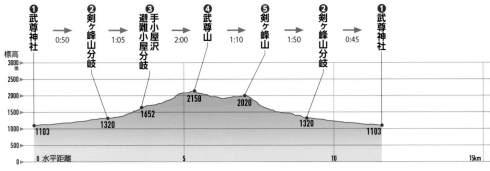

❶武尊神社 → 0:50 → ❷剣ヶ峰山分岐 → 1:05 → ❸手小屋沢避難小屋分岐 → 2:00 → ❹武尊山 → 1:10 → ❺剣ヶ峰山 → 1:50 → ❷剣ヶ峰山分岐 → 0:45 → ❶武尊神社

標高
3000m
2500
2000 … 2158 … 2020
1500 … 1652
1320 … 1320
1000 … 1103 … 1103
500
0 … 0 水平距離 … 5 … 10 … 15km

◀山頂を背に剣ヶ峰
山の尖峰を目指す
▲4つ目の鎖場を慎
重によじ登っていく

望める。

　さらに歩を進めて山上に出ると明るい風景が展開し、シャクナゲに覆われた細い道を登っていく。正面に御嶽山大神の石塔（P165の写真）が見えると、ようやく**❹武尊山**（沖武尊）の山頂に達する。立派な山名版が置かれた山頂からは、北に尾瀬の山々、東に日光白根山と皇海山、南には赤城山などの上州の日本百名山が見渡せる。

　独特な山頂の雰囲気を満喫したら前武尊方面へ少し下り、剣ヶ峰山を目指して火山礫の急坂を下っていく。遠く

注2 滑りやすい濡れた岩もあるので、足場を確かめながら下る。ただし、転落するような崩壊地などはないので、ゆっくり下れば大丈夫。

注3 対岸につけられたテープを探して渡っていく。増水時は特に注意。

に感じた剣ヶ峰山がぐんぐん近づいて見えてきて、振り返ると武尊山の全容が望める。初夏にはシャクナゲに彩られる稜線を、小さな登下降を繰り返して進むと武尊神社への分岐に出る。急登して岩をよじ登ると**❺剣ヶ峰山**にたどり着く。狭い山頂だが、展望はすばらしい。

　大展望を満喫し、分岐に戻ったら左に進み、急峻な斜面を下っていく。木の根や岩をつかみながら、慎重に下る。ひたすら高度を下げていけば、小1時間ほどで傾斜は緩くなり、やがて大きな沢に出る。その先の水場で喉を潤し、いくつもの沢をまたいでいくと**❷剣ヶ峰山分岐**に出て、林道を**❶武尊神社**へと戻る。

◀かつての修験
道の跡が残る武
尊山山頂

▶剣ヶ峰山から
は木の根や岩を
つかんでの下降
となる

こぼれ
情報
登山口手前の宝台樹キャンプ場（☎0278-75-2206）は前泊に便利。オートキャンプ場のほかにロッジ武尊もある。4月28日〜10月8日営業（変動あり）で、立ち寄り入浴もできる。

武尊山のシャクナゲ

武尊山には大規模なお花畑こそないが、それでもコバイケイソウをはじめ、田中澄江著『新・花の百名山』で取り上げたウメバチソウなど、たくさんの花が見られる。なかでもシャクナゲはこの山を代表する花のひとつ。沖武尊から剣ヶ峰山間の稜線に群生し、そのさまはまさに「シャクナゲロード」。ハイマツの緑とシャクナゲのピンクがミックスした光景は、ここまでの疲れを癒してくれることだろう。

◀花の見頃は6月中旬〜7月上旬にかけて

武尊山周辺の温泉

水上方面から武尊神社へのアクセス路となる国道291号や県道63号沿いには前泊や後泊に適した温泉が多い。水上駅周辺の利根川沿いにホテルや旅館が並ぶ水上温泉、利根川の流れを望むうの瀬温泉、200畳の大露天風呂で有名な宝川温泉、宝台樹スキー場そばの上の原温泉、最奥にある湯ノ小屋温泉などがあり、宿泊以外に立ち寄り入浴ができる宿も多い。詳細はまるごと水上温泉旅館協同組合☎0278-72-2611へ。

▶宝川温泉汪泉閣は武尊神社から車で約20分なので、前泊地にしてもいいだろう

武尊山

1:70,000
0　500　1000m
1cm=700m
等高線は50mごと
N

↑奥利根水源の森

上ノ原登山口

大沢

手小屋沢

みなかみ町

牛首山 △1638

武尊田代

P

セビオス沢

①武尊神社
P

木の根が張り出した急斜面の登り

0.50
0.45

宝台樹キャンプ場
観瀑台
武尊神社
武尊の滝
JR上毛高原駅・水上IC

③手小屋沢避難小屋分岐

手小屋沢避難小屋

武尊避難小屋

高山平

登山口

瀬尾根

1.05
0.45

剣ヶ峰山分岐②

ロープやクサリをつたって5ヵ所の岩場を越える

2.00

1.40

④武尊山（沖武尊）中ノ岳
2158

1870
セビオス岳

1480 △
リフト終点

行者ころげ

武尊沢徒渉点

増水時注意

1.10

2103
家ノ串

周囲の山々を一望

武尊牧場起点のコースは登り4時間、下り3時間。ただし2019年現在、ラベンダーリフトは運休中

獅子ヶ鼻山 1875

1.50
2.20

1975

三ツ池

1.25

⑤剣ヶ峰山
2020

剣ヶ峰 2083

前武尊 △2040

群馬県
片品村

鹿俣山 △1637

展望のよいピーク

武尊駐

沼田市

1871 △

川場村

荒砥沢

川場谷

不動岩

オグナほたかスキー場

天狗尾根

P オグナほたかスキー駐車場

川場スキー場

高手山 1374 △

荒川沢

中ツ沢

P 川場谷野営場

↓旧川場キャンプ場

↓旭小屋

↓旭小屋

黒檜山への登路からの大沼と
地蔵岳（右）、小地蔵岳。赤い
建物は赤城神社

群馬県

標高	▶ **1828**m [黒檜山]
登山難易度	▶ 初級 ★★ ☆☆☆
日程	▶ 日帰り
歩行時間	▶ **4**時間**10**分
総歩行距離	▶ **6.4**km
累積標高差	登り**575**m 下り**564**m
登山適期	▶ 4中〜11上

M アクセス

赤城山
あかぎさん

シロヤシオ・アカヤシオに包まれる展望の山歩きと植物の宝庫の湿原散策の両方を楽しむ

妙義山、榛名山とともに「上毛三山」に数えられる赤城山。黒檜山や地蔵岳など複数のピークで構成され、ツツジの名山として有名だ。最高峰の黒檜山へは西面の大沼（おの）からの登山者が多い。標高こそ2000m近いが、標高差が小さいため、それほどの苦労をせずに頂に立つことができる。

公共交通機関▶【行き】JR両毛線前橋駅➡関越交通バス約1時間➡赤城山大洞　【帰り】赤城山ビジターセンター➡関越交通バス約1時間10分➡前橋駅
＊赤城山大洞方面への直行バスは土・日・祝日のみ。その他の日は富士見温泉で乗り換えとなる。タクシーの場合は約50分・約1万1000円。
マイカー▶赤城山大洞へは関越道前橋ICから国道17号、県道4号（赤城道路）ほか約32km。大洞におのこ駐車場や大洞駐車場などがある（いずれも無料）。下山口の赤城公園ビジターセンターから赤城山大洞へは徒歩15分。
問合せ先▶関越交通〔バス〕☎027-210-5566、敷島タクシー〔前橋市〕☎027-231-1108、前橋市観光振興課☎027-210-2189

参考地図▶1/25000地形図：赤城山

▶シロヤシオが咲く道を黒檜山へと登っていく。コース上部は岩がゴロゴロして歩きづらい

日帰り❶赤城山大洞バス停で下車し、バス停脇の石段を下って車道に出る。右に進み、ビジターセンター方面からの車道との合流点を左(注)へ。大沼沿いの車道を10分ほどで左に赤い啄木鳥橋が見えてくる。この橋は2019年現在、老朽化で通行止めとなっているため、車道をなおも歩いて北側から❷赤城神社を参拝していこう。神社からは黒檜山の稜線も望める。

車道に戻ってさらに10分ほど歩くと、車道が分岐する手前の右側に❸黒檜山登山口がある。ここから登山がスタートするが、ブナやミズナラの森の

注 特に休日は大沼から赤城北面道路へ向けての車が多いので、車道歩きの際は要注意。

▲シロヤシオは別名ゴヨウツツジとも呼ばれ、幹直径が数10cmの大木になることも

中の急登にいきなり汗を絞られる。15分ほど歩いて尾根上に出ると、大沼や地蔵岳の景色が開けてくる。このあたりからは6月ならシロヤシオ群落の中を登っていく。

大沼方面の眺めが再び開けるあたりからは岩が目立つ道となり、岩を手がかりに登るような場所も現れる。シロヤシオにミツバツツジ、そして樹間から望む大沼、小沼を励みにひたすら上を目指す。やがて黒檜山と駒ヶ岳を結ぶ稜線に出るころになれば傾斜も緩み、分岐を左に行けば広々とした❹黒

806(大同元)年に遷宮されたとされる赤城神社

▶広々とした黒檜山の頂上。東北面の日光方面の眺めが広がる

プランニングのヒント

首都圏を早朝に発てば、公共交通機関利用でも十分日帰り可能。ただし、駒ヶ岳登山口の下山時刻が遅い場合は覚満淵はカットし、赤城山ビジターセンターバス停に直接向かおう。コース中に水場がないので、持参するか大洞周辺の店やおのこ駐車場の売店で飲み物を購入する。

| ❶赤城山大洞 | 0:20 | ❷赤城神社 | 0:10 | ❸黒檜山登山口 | 1:30 | ❹黒檜山 | 0:45 | ❺駒ヶ岳 | 0:45 | ❻駒ヶ岳登山口 | 0:40 | ❼赤城山ビジターセンター |

標高
3000m
2500
2000
1500 ─ 1360 ─ 1339 ─ 1367 ─ 1828 ─ 1685 ─ 1357 ─ 1363
1000
500
0 水平距離 0 5 10km

▲駒ヶ岳の下りから望む小沼

▲駒ヶ岳への登路からの黒檜山山腹。新緑とミツバツツジがミックスする

▲レンゲツツジの咲く6月の覚満淵

檜山の頂上だ。まばらな樹林に囲まれているが、男体山や皇海山など奥日光・足尾方面の眺めが広がっている。

ゆっくり休んだら分岐まで往路を戻り、駒ヶ岳へと向かう。すぐに鳥居の立つ御黒檜大神で、ここも展望のすぐれた場所だ。この先で左に花見ヶ原森林公園方面への道を左に分けると、木段を交じえた急な下りとなる。木段は濡れている時はスリップに注意する。

下り切ったところが大ダルミの鞍部で、駒ヶ岳へ向け登り返す。やや急な木段の登りになると頂上は間近で、登り切ったところから少し左に入れば展望のない❺駒ヶ岳の頂上に到着する。

駒ヶ岳からさらに南下する。ここからもときおり木段の急下降があるが、総じて緩やかで気持ちいい尾根歩きだ。

道はやがて尾根を離れ、大洞に向けて下っていく。鉄製の階段を下り、「熊出没注意」の看板を横目に大きく高度を下げていく。傾斜が緩やかになると❻駒ヶ岳登山口に出る。右に行けば赤城山大洞バス停に戻れるが、ここは左に進み、覚満淵へと足を延ばす。

「小尾瀬」と呼ばれる覚満淵は周囲800mほどの池と中間・高層湿原からなり、モウセンゴケなどの湿性植物やニッコウキスゲなどが多く見られる。

周遊道を時計回りで散策したら車道に出て、右に行くと❼赤城山ビジターセンターバス停がある。

▲覚満淵に咲く花。
(上)カラマツソウ
(中)ニッコウキスゲ
(下)モウセンゴケ

▲黒檜山をあとに樹林の道を大ダルミへと下っていく

▶赤城公園ビジターセンター。展示物のほか売店や食堂もあるので、バスの待ち時間に立ち寄ってみよう

 こぼれ情報　赤城公園ビジターセンター(☎027-287-8402)は、赤城山の成り立ちや現在の様子を紹介している施設。観光案内所も兼ね、売店や食堂もある。入館無料、9時〜15時45分営業、月曜(祝日の場合は翌日。6月と7月下旬〜8月下旬は無休)・年末年始休。

ともに赤城火山の中央火口丘で、赤城山では駒ヶ岳に次ぐ標高を持つ地蔵岳と長七郎山。黒檜山同様ツツジが多く、この2山だけ登っても十分楽しめる。登山はメインコース終点の赤城公園ビジターセンターが起点。覚満淵南岸を通って長七郎山、地蔵岳に登り、メインコースの起点赤城山大洞バス停へ下山する。黒檜山とつなぐときつくなるので、別の日に再訪して歩きたい。

▲地蔵岳への登りからの小沼と長七郎山（右）

富士見温泉・見晴らしの湯

赤城山南麓を東西に走る国道353号沿いの「道の駅ふじみ」内にある立ち寄り入浴施設。内湯や露天風呂のほか、ジェットバスやサウナなど5種類の風呂が用意され、飲食エリアも充実している。「見晴らし湯」の名の通り、天気のいい日には露天風呂から関東平野や富士山、前橋市街の夜景を望むことができる。平日の赤城山大洞行きバス乗り換え地点でもある。☎027-230-5555　営業＝10〜21時、第1・第3木曜休（祝日の場合は営業）

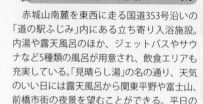

▶地元産の食材を使用した食堂もあり、長居したくなる施設だ

赤城山

1:30,000
0　250　500m
1cm=300m
等高線は10mごと
N

沼田市

沼田IC
赤城北面道路

陣笠　五輪尾根

五輪峠

ツツジの道を登る。コース上部は岩がゴロゴロして歩きづらい

黒檜山 **4**
1828

展望台

男体山や皇海山など日光の山が見える

御黒檜大神

五輪峠

県立赤城公園キャンプ場

大洞

1:30
1:10

猫岩

関東ふれあいの道

黒檜山登山口 **3**
P

1:10

大ダルミ

0:45

急な下りが続く。転倒に注意

1:05

0:10

老朽化により2019年から当分の間、通行止め

0:45

展望はない

大沼

赤城神社 **2**

小鳥ヶ島

駒ヶ岳 **5**
1685

啄木鳥橋

車道歩きの際は往来する車に注意

赤城少年自然の家

湖尻厚生団地入口
P

渋川市

出張山
1475

出張峠

見晴山
1458

鍬柄山

鍬柄峠

1487

赤城少年自然の家

句碑めぐり散歩道

赤城山大洞 **1**

0:55

0:45

0:20

あかぎ広場

0:45

1:05

駒ヶ岳登山口 **6**

0:40

急斜面の下り

赤城公園ビジターセンター〜大洞間は徒歩15分ほど

桐生市

赤城山総合観光案内所

新坂平
P

白樺牧場

展望台下

姥子峠

鈴ヶ岳登山口
P

地蔵岳 **7**
1674

赤城山第二の高峰だが、山頂はパラボラアンテナが林立

赤城公園ビジターセンター

赤城山 **7**

覚満淵

春から秋にかけ花の多い湿原

鳥居峠

御神水

0:35

0:25

0:25

八丁峠

P

小沼平分岐

1:00

0:50

小沼

1574

小地蔵岳

道の左手は切れ落ちている

群馬県
前橋市

地蔵岳と小沼の眺めがよい

1579

0:30

長七郎山

0:35

利平茶屋森林公園キャンプ場

JR前橋駅・前橋IC

赤城温泉

オトギの森

P

7月のから釜周辺には一面の
コマクサ群生地が広がる

群馬県

標高……▶	**2171** m [本白根山]
登山難易度▶	初級 ★★☆☆☆
日程……▶	前夜泊日帰り
歩行時間▶	**4** 時間
総歩行距離▶	**9.5** km
累積標高差▶	登り509m 下り509m
登山適期▶	6上〜10下

くさつしらねさん

草津白根山

山麓に名湯がひかえる大展望の山。なだらかな登山道の
脇にはコマクサやワタスゲのお花畑が広がる

名湯・草津温泉の西にあり、最高点の本白根山や白根山、逢ノ峰などの複数のピークからなる。白根火山バス停からの探勝歩道は道がよく整備され、迷いやすい箇所もない。本白根山はガスの発生で山頂には立てないが、探勝歩道の最高地点に立てば雄大な展望とコマクサ群落が広がっている。

〜〜〜 アクセス

公共交通機関▶【往復】JR吾妻線長野原草津口駅→JRバス関東約30分→草津温泉→JRバス関東・西武観光バス・草軽交通バス約30分(2019年現在、運休中)→白根火山
＊草津温泉へは新宿駅からJRバス関東高速バス「上州ゆめぐり号」が運行されている(約3時間45分)。また草津温泉へはJR北陸新幹線軽井沢駅から西武観光バスが運行(約1時間40分)。
マイカー▶白根火山へは上信越道碓氷軽井沢ICから軽井沢バイパス・国道146号・292号経由約71km。または関越道渋川伊香保ICから国道17・353・145・292号経由約68km。白根火山に有料の駐車場がある(2019年現在、火山規制のため利用不可)。
問合せ先▶JRバス関東☎0279-82-2028、JRバス関東高速バス☎03-3844-1950、草軽交通☎0267-42-2441、西武観光バス☎0267-45-5045、草津町総務課☎0279-88-0001

参考地図▶1/25000地形図：上野草津

日帰り

❶白根火山バス停から駐車場を通り、避難壕の先の登山口からコンクリートで固めた中勾配の道を登っていく。避難壕を過ぎると突然正面に薄い青緑色の水をたたえた湯釜が望め、火口から500m地点の❷湯釜西側展望台[注1]に着く。

❶白根火山バス停に戻って駐車場側にわずかに進み、旧ロープウェイ山頂駅方面に入る。左手の逢ノ峰探勝路入口から木段を登っていくと、徐々に白根山が姿を現し、観測所を兼ねた❸逢ノ峰に立つあずま屋からは、志賀高原の横手山と笠ヶ岳も顔を出す。なお、濃

▲登山口近くにある避難壕

▶湯釜西側展望台から。酸性度の強い独特な色彩を見せる

注1 火山規制により2019年現在、火口から半径1km以内の入山が禁止され、お鉢から湯釜を眺めることはできない。

注2 コマクサの撮影や鑑賞をする時、ロープの中に入らないように。

霧で展望が効かない場合は白根火山バス停から近道遊歩道のルートをとろう。

逢ノ峰からは旧スキーゲレンデを見ながらハイキングコースを下り、車道を左折して❹旧コマクサリフト乗り場へ。さらにリフト跡の右側を登っていく。コメツガやトウヒが混じる樹林帯の斜面を少し登ると左から旧リフト終点の道が合流し、ほどなくして正面に本白根山展望所の岩峰が姿を見せる。火山岩と砂礫の開けたカルデラ地帯につけられた道の両側一面が、コマクサ[注2]の群生地になっている。

逢ノ峰は白根火山恰好の展望所

▶コース途中から見た本白根山（左）と本白根山展望所

プランニングのヒント

2019年現在、草津白根山、本白根山とも噴火警戒レベル1と2を上下している。路線バスは志賀草津道路の運行を休止し、マイカーも昼間だけ通行可能で、湯釜を中心とした半径1km圏内は駐停車禁止。入山規制も実施されていて登山は不可能な状況にある。問合せは草津町総務課まで。

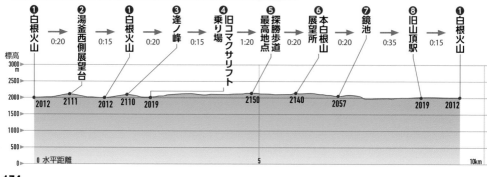

❶白根火山		❷湯釜西側展望台		❶白根火山		❸逢ノ峰		❹旧コマクサリフト乗り場		❺最高地点探勝歩道		❻本白根山展望所		❼鏡池		❽旧山頂駅		❶白根火山
	0:20		0:15		0:20		0:15		1:20		0:20		0:20		0:35		0:15	
2012		2111		2012		2110		2019		2150		2140		2057		2019		2012

標高 3000m / 2500 / 2000 / 1500 / 1000 / 500 / 0

0 水平距離　5　10km

探勝歩道最高地点への道にもコマクサが咲き競う

▲本白根山展望所から白根山と横手山を望む。右手には鏡池へ木道が続く

本白根山展望所へ続く山頂駅への分岐を直進し、土の道を交えた平坦な木道を進む。道が大きく右にカーブしていくと正面に浅間山が勇姿を見せる。ほどなくして❺探勝歩道最高地点に達する。ピークの少し先の万座方面にもベンチがあり、横手山から笠ヶ岳へ続く志賀高原が眺められる。

往路を引き返し、分岐に戻ったら右手の旧ロープウェイ山頂駅方面へ登っていく。少々きつい木段だが距離は短い。❻本白根山展望所の広い山頂からは百名山の武尊山も望める。白根火山方面へ続

▲明るく開けた本白根山展望所

▲本白根山展望所の頂で展望を楽しむ登山者たち

注3 旧ロープウェイ山頂駅周辺は熊の通り道になっているので、鈴などでこちらの存在を知らせよう。

く木道を下っていき、ハイマツ帯の急登からシラビソの樹林帯に入る。鏡池方面の標識に従い細い山道を下ると樹間から北面の白根山が見え、間もなく右下に鏡池が見えてくる。

分岐から❼鏡池を往復し、右へと進む。右へ殺生河原方面への道が分岐し、左手の平坦な道へ入る。溶岩が流れたと思われる大きな涸れ沢を越えていくと以前のスキーゲレンデとなり、リフト降り場の先の車道に出るとロープウェイの❽旧山頂駅がある。

裏手の小さな小屋の先から近道遊歩道に入り、平坦な笹の道を緩やかに登ると正面に白根山が全容を見せ、さらに歩を進めると❶白根火山バス停に帰り着く。

▶探勝歩道最高地点から見た志賀高原の笠ヶ岳

こぼれ情報　白根火山バス停の北側にある草津白根パークサービスセンター(☎0279-88-6645)では、草津白根山の火山活動や植物などに関する展示や映像が楽しめる。バスの待ち時間に立ち寄ってみよう。8時30分〜16時30分、冬期閉館(2019年現在、休館中)。

サブコース　芳ヶ平往復

距離 6.6km　**時間** 2時間　**難易度** 入門

　芳ヶ平は白根火山バス停の北側にある湿原。一周20分ほどの木道が整備された湿原では6月はワタスゲ、10月はナナカマドの紅葉が見られる。湿原の入口には通年営業の芳ヶ平ヒュッテが立っている。本来は白根火山バス停を起点に湯釜の東側をたどって芳ヶ平へ向かうが、湯釜周辺の噴火活動の影響で通行止めのため、北面の渋峠か、東側の草津温泉方面から入ることになる。

◀池塘のある秋の芳ヶ平。草紅葉とナナカマドの紅葉が特にすばらしい

草津温泉

　温泉番付東の横綱・草津温泉には、毎分4000リットルの温泉が湧き出す湯畑を中心に老舗旅館が立ち並ぶ。湯畑の前には板で混ぜてお湯を冷ます草津独特の湯もみ体験ができる「熱乃湯」が、立ち寄り入浴施設は「御座之湯」（7～21時・冬期短縮、無休）や「大滝乃湯」（9～21時、無休）、湯畑から徒歩15分の「西の河原露天風呂」（7～20時・冬期短縮、無休）などがある。問合せは草津温泉観光協会☎0279-88-0800へ。

▶草津温泉のシンボル、湯畑で湯もみされたお湯は木樋を通って各施設へ

根子岳の山頂を目指し気持ち
のよい山腹を行く

標高……▶	**2354**m
登山難易度 ▶	中級 ★★ ★☆☆
日程……▶	日帰り
歩行時間 ▶	**5**時間**35**分
総歩行距離 ▶	**9.4**km
累積標高差 ▶	登り**976**m 下り**974**m
登山適期 ▶	6上〜10下

群馬県・長野県

2

あずまやさん
四阿山

ふたつの独立峰を結ぶ、高原の山上散策が楽しめる。
根子岳への下りを除けば終始おだやかな山道が続く

　あずま屋のような構えの山容で菅平高原の奥座敷にそびえる独立峰。深田久弥が登ったころは玄人好みの山であったが、山上はアルプスの草原を思わせる爽快な景観が展開し、また本項で紹介する菅平高原からのコースは歩きやすいことから、初夏から秋まで登山者が訪れるポピュラーな山となった。

アクセス

公共交通機関 ▶【往復】JR北陸新幹線上田駅➡タクシー約50分・約1万2000円➡菅平牧場
＊行きのタクシーの下車時に帰りのタクシーの予約をしておこう。バス利用の場合は上田駅から上田バスで菅平高原ダボスバス停へ（約55分）。菅平牧場へはさらに徒歩約45分。
マイカー ▶ 菅平牧場へは上信越道上田菅平ICから国道144・406号ほか経由約24km。菅平牧場の管理事務所前に駐車場がある。管理事務所の約1km手前にゲートがあり、牧場の入場料を支払う。
問合せ先 ▶ 菅平観光タクシー☎0268-22-8484、上田バス☎0268-34-6602、上田市真田地域自治センター産業観光課☎0268-72-4330、菅平高原観光協会☎0268-74-2003

参考地図 ▶ 1/25000地形図：四阿山、菅平

❶菅平牧場の入口に立つ案内板から右へアスファルトの道を歩き始める。牧場の間の平坦な道を行くとすぐ左に登山口があり、牧草地の脇をゆったりと登っていく。牧草地から離れて緩やかに下り、右下の沢音を聞きながら平坦な道を進む。シラカバの混じった広葉樹林を進み、大明神沢に架けられた木橋を渡っていく。

ツリガネニンジンやマツムシソウも見られる緩やかな登りが続き、ダケカンバが混じり始めると、道は次第に急登になる。さらに中勾配の登りを行くと展望が開けてきて、風通しのいいダ

注1 行き過ぎて登山口を見落とさないようにしよう。

注2 いかにも熊が出没しそうな雰囲気の樹林帯が続く。早朝は特に注意しよう。

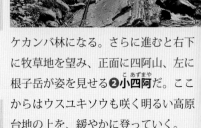
▶小四阿へは樹林に囲まれた山道を行く

牛を見ながら牧草地の間を歩く

ケカンバ林になる。さらに進むと右下に牧草地を望み、正面に四阿山、左に根子岳が姿を見せる❷小四阿だ。ここからはウスユキソウも咲く明るい高原台地の上を、緩やかに登っていく。

やがて露岩の道になり、岩稜づたいに緩やかにアップダウンして中四阿を越え、小さな鞍部からさらに中勾配の登りを行き、ケルンが積まれた高原の中の道を進むと❸四阿山・根子岳分岐に突き当たる。道標に従って右手頭上に見える三角形のピークを目指して木段を登り詰めると城壁のような石積み

▶根子岳を眺めながら中四阿上部の明るい稜線を登る

プランニングのヒント

早朝発の北陸新幹線に乗車し、上田駅からタクシーを利用して菅平牧場にアクセスすれば、十分日帰り登山が可能（マイカーも同様）。とはいえそれだけではもったいないので、前夜泊で菅平高原の観光と組み合わせたいところ。コース中に水場はないので前もって用意しておくこと。

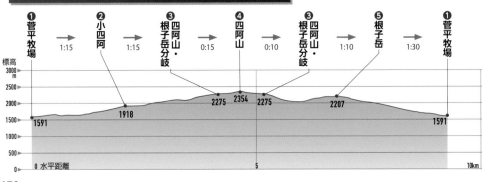

❶菅平牧場		❷小四阿		❸四阿山・根子岳分岐		❹四阿山		❸四阿山・根子岳分岐		❺根子岳		❶菅平牧場
	1:15		1:15		0:15		0:10		1:10		1:30	

標高 m

3000
2500 … 2275　2354　2275　　　2207
2000
1918
1500　1591　　　　　　　　　　　　　　　　　1591
1000
500
0　水平距離　　0　　　　　　　　5　　　　　　　10km

中四阿周辺に咲いていた花々

に囲まれた上州祠が立ち、その先が❹四阿山（あずまやさん）の山頂だ。

展望を楽しんだら❸四阿山・根子岳分岐（あずまやさん・ねこだけぶんき）に戻って直進し、根子岳を正面に見ながら深い樹林帯の中を下っていく。なかなか手強い下り[注3]が続き、倒木をまたぎつつ自然のままの道を下っていく。木の根が張り出した道は少し緩やかになり、笹に覆われた大シラビソの森の中を行く。ゆったりとした斜面になると明るく開けた草原の鞍部となり、根子岳へ続く斜面が正面に展開する。

大スキマと呼ばれるゆったりとした鞍部から、心地よい風が通る笹原の道を直進していく。やがて露岩の登りに差しかかると、後方に四阿山のどっしりとした全容が望めるようになる。岩

▲大スキマの草原越しにそびえる四阿山を背に、根子岳へ続く爽快な山道をたどる

注3 本コース唯一の急下降。距離はわずかなので、ゆっくりと下っていこう。

▲根子岳山頂に舞うクジャクチョウ

▲四阿山直下の木段を下り根子岳を目指す

稜から再び笹の中の道となり、岩峰から右側を巻いて木の根をつかんでよじ登っていく。崩壊地の上を通り、土の道を進む。夏には高山植物のお花畑となる斜面を登ると頭上に祠が見え、❺根子岳（ねこだけ）の山頂に達する。

山上ランチにうってつけの広々とした山頂をあとにし、祠を背にして菅平牧場管理事務所方面の道標に従い下っていく。菅平ダボス・峰の原高原への道を右に見送り、道端に咲くマツムシソウなどの花を愛でつつ、ひたすら下っていく。あずま屋が立つ展望所に出たら、牧草地を右手に見ながら下っていく。やがて正面に駐車場が見え、鉄条網の間を行くと、管理事務所がある登山口の❶菅平牧場（すがだいらぼくじょう）に出る。

▶明るくのびやかな根子岳山頂

| 距離 | 3.2km | 時間 | 4時間35分 | 難易度 | 中級 |

　北東面のパルコールつま恋のゴンドラ山頂駅から登る、標高差の少なく、高山植物が豊富な最短コース。道は整備されているが、狭い岩稜や鎖場もあるので注意しよう。バス便がないのでJR吾妻線万座鹿沢口駅からタクシーを利用（約35分）。車の場合は上信越道上田ICから国道144号、つまごいパノラマライン経由で約33km。ゴンドラは特定日のみ運行なので、事前にチェックしよう。

▶浦倉山コースからの四阿山。山頂手前は鎖場のある狭い尾根となっている

真田温泉・ふれあいさなだ館

　バス路線の国道144号沿いにあるので下山後に立ち寄りやすい。真田氏の館をイメージした瓦に六文銭をあしらった純和風建築が目を引く。アルカリ性単純温泉は筋肉痛や運動麻痺などに効能があるといわれる。気泡湯、うたせ湯など6種類の温泉浴法がある。上田駅行きバスで真田自治センター入口バス停下車、徒歩約7分。☎0268-72-2500 営業＝10時～21時30分、火曜休（祝日の場合は翌日）、点検休館あり

▶銭湯を思わせる外観だ

四阿山

1:50,000
0　　　500　　　1000m
1cm=500m
等高線は20mごと

黒斑山のトーミの頭付近から湯ノ平を挟んで望む浅間山。左の岩山は仙人岳

標高	**2568**m
登山難易度	**中級** ★★ ★☆☆
日程	**日帰り**
歩行時間	**6**時間**45**分
総歩行距離	**13**km
累積標高差	登り1128m 下り1129m
登山適期	5下〜10下

あさまやま
浅間山

火山礫の登り下り以外は歩きやすい道が続き、花の咲く草原から火山地帯へと変化に富んだ山歩きが楽しめる

現在も山頂の火口から噴煙が上がる活火山。本来の山頂である釜山（2568m）は登山規制が敷かれて立ち入りできないので、浅間山の第二外輪山である前掛山（2524m）が登山対象となる。本来の山頂に立てないのは残念だが、それでも浅間山の魅力である火山の迫力は存分に感じられる。

〜〜〜 アクセス

公共交通機関▶【往復】JR長野新幹線佐久平駅→タクシー約40分・約7500円→天狗温泉・浅間山荘
＊しなの鉄道小諸駅からはタクシー約25分・約5000円。
マイカー▶天狗温泉・浅間山荘へは上信越道小諸ICから浅間サンライン、チェリーパークライン経由約14km。浅間山荘前に有料の駐車場がある。
問合せ先▶佐久第一交通タクシー〔佐久平駅〕☎0267-68-6080、佐久小諸観光タクシー〔小諸駅〕☎0267-22-2424、こもろ観光局☎0267-22-1234、御代田町産業経済課☎0267-32-3111

参考地図▶1/25000地形図：車坂峠、浅間山

▶登山口の浅間山荘に立つ鳥居。ここから登り始める

日帰り

浅間山は登山規制が敷かれているので、登山の際は入山前に必ず状況をチェックするようにしよう。噴火警戒レベルが1のときはここで紹介する前掛山まで登山が可能だが、噴火警戒レベルが2に上がるとJバンド分岐までが登山可能範囲。その際は黒斑山を登山対象とし、浅間山は眺めるにとどめたい（P184参照）。

登山口に立つ一軒宿の❶天狗温泉・浅間山荘奥から鳥居をくぐり、道に架けられたチェーンをまたいでいく。蛇堀川の沢音を聞きながら、樹林帯の中の平坦な道を歩き始め、すぐに鉄分を含んで茶色になった沢に架けられた橋を渡っていく。

シラカバ混じりの道を緩やかに進み、左下に沢を見ながら行くと、一の鳥居に出る。

[注1]噴火警戒レベル次第で、登山可能な地点が変わる。登山直前に気象庁や自治体のホームページをチェックしたい。ヘルメットやゴーグル、防塵マスクなど噴火時対応装備も準備しておこう。

▶心地よい風が流れる落差12mの不動の滝

分岐を直進し、ひたすら進むと、勢いよく落ちる不動の滝に出る。滝下で涼を取りさらに急登していくと、一の鳥居からの道を合わせたところに❷二の鳥居が立っている。丸太の椅子が置かれているので、ひと息入れよう。

低い笹に覆われたカラマツ林の道を行くとダケカンバも混じりはじめ、やがて正面頭上の樹間から牙山の尖った岩峰が現れ、その先でカモシカ平と呼ばれる開けた草原に出る。文字通りカモシカの通り道の場所だ。

▶火山館下から牙山（左）の絶壁を眺める

プランニングのヒント

首都圏を早い時間の新幹線に乗車すれば日帰りは十分可能だが、登山口の浅間山荘に前泊すれば余裕のある登山ができる。山麓の小諸や軽井沢の観光や、西側の黒斑山（P184サブコース参照）登山と組み合わせても楽しい。

❶天狗温泉・浅間山荘 → 1:10 → ❷二の鳥居 → 0:50 → ❸火山館 → 0:25 → ❹Jバンド分岐 → 1:30 → ❺前掛山 → 0:55 → ❹Jバンド分岐 → 0:25 → ❸火山館 → 0:40 → ❷二の鳥居 → 0:50 → ❶天狗温泉・浅間山荘

標高 3500m / 3000 / 2500 / 2000 / 1500 / 1000 / 500

1411　1660　2014　2088　2524　2088　2014　1660　1411

水平距離 0　5　10　15km

湯ノ平にある前掛山と草すべりへの分岐

▲前掛山直下からの黒斑山（左）とJバンド。右奥は北アルプス

二股を右手へ登っていき、わずかに急登すると先ほどの道が合流する。右下の茶褐色の沢からは、硫黄臭が漂ってくる。急な木段をわずかに登ると、正面に浅間山の山頂部が姿を現し、少し下って白い火山灰の道を行くと、樹林帯の中の❸火山館（かざんかん）に着く。

冷たい水で汗を拭い、神社で安全を祈願したら出発しよう。樹林帯の中の平坦な道を行くと、アヤメやアザミなどの花が豊富な湯ノ平の草原に出る。左に黒斑山へ向かう草すべりへの道を見送って直進していくと、賽ノ河原（さいのかわら）の❹Jバンド分岐（ぶんき）がある。

分岐から火山岩混じりの道を行くと、正面に前掛山へと続く荒涼とした山容が間近に迫ってくる。ここから

▲火山館は浅間山や周辺の自然がわかる施設。入館は無料。1階ベランダの下は避難壕となっている。

注2 前掛山下の避難壕付近に張られたロープの山頂寄りは、入山禁止の登山規制が敷かれている。

徐々に勾配が増し、火山礫の滑りやすい道をひたすら登り詰めていく。足を取られないように、小刻みに一歩ずつ歩を進めると、「これより先入山禁止」[注2]のポイントに看板が立つ。右手に見えるカマボコ型の避難壕へ進み、正面に見える第二外輪山の前掛山を目指し、右手から稜線上を登っていく。

先ほどまでの登りより歩きやすくなり、さらにしっかりとした道を行くと、ようやく❺前掛山（まえかけやま）（浅間山）の山頂に達する。北に志賀高原、南に蓼科山、さらに黒斑山越しに北アルプスを遠望し、正面には入山が規制された山頂部が手にとるような距離に迫り、まさに活火山のエネルギーを実感する。

下山は往路を忠実に下っていく。

◀前掛山の手前に立つ避難壕。緊急用なので休憩には使用しないこと

▶「浅間山」の標柱が立つ前掛山の山頂

43 浅間山

こぼれ情報 浅間山開きが毎年5月中旬に開催される。浅間山の平穏と登山の安全が祈願され、前掛山への記念登山が行われる。当日は無料の駐車場が設置され、小諸駅から浅間山荘へ臨時バス（無料）も運行される。問合せはこもろ観光局（☎0267-22-1234）へ。

登山規制レベルによって前掛山に登れないときには、西側にある黒斑山（くろふやま・2404m）を山頂としている。車坂峠から表コースを登り、第一外輪山の一角・トーミの頭に立つ。右に湯ノ平への道を分け、外輪山を登ると黒斑山山頂だ。下山はトーミの頭に戻り、中コースを車坂峠へ。トーミの頭から草すべりを下って湯ノ平でガイドコースに合流してもよい（下り30分）。

◄湯ノ平からの黒斑山

登山口に立つ一軒宿の宿泊施設。浴槽に満たされた日本一赤い単純鉄冷泉の湯は、鉄鉱質の含有量が豊富で体の芯まで温まり、運動機能障害、筋肉痛などに効能があるといわれる。食事は地元の食材を使った季節の味が楽しめる。登山者向けの宿泊プランも用意されているので、前泊して登山に臨むのもいいだろう。敷地内にはコテージのほかにオートキャンプ場も。送迎あり。☎0267-22-0959 日帰り入浴＝11～16時、無休

▶体の芯まで温まるだけに、特に気温が下がる秋の登山のあとに入りたい

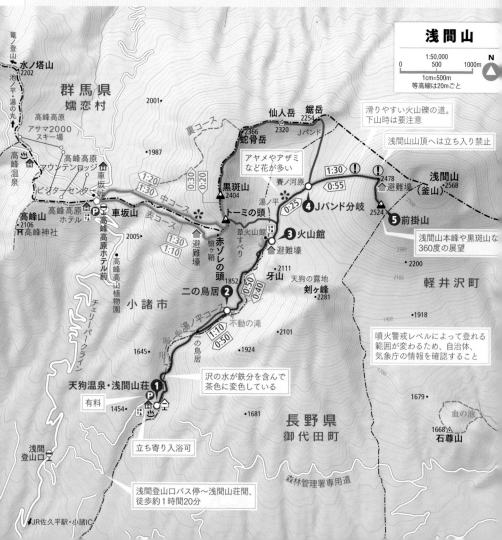

浅間山

1:50,000
0 500 1000m
1cm=500m
等高線は20mごと

N

滑りやすい火山礫の道。下山時は要注意

浅間山山頂へは立ち入り禁止

アヤメやアザミなど花が多い

浅間山本峰や黒斑山な360度の展望

噴火警戒レベルによって登れる範囲が変わるため、自治体、気象庁の情報を確認すること

沢の水が鉄分を含んで茶色に変色している

立ち寄り入浴可

浅間登山口バス停～浅間山荘間、徒歩約1時間20分

群馬県 嬬恋村
水ノ塔山 2202
竜ノ登山口
池ノ平・湯の丸
高峰高原
アサマ2000スキー場
高峰高原
マウンテンロッジ
高峰温泉
ビジターセンター
高峰山 2106
高峰神社
高峰高原ホテル
高峰高原ホテル前
高峰高山植物園
車坂峠
車坂山
小諸市
チェリーパークライン
1645
堀

1:20 / 1:30 中コース
0:30
0:20
1:30 / 1:10
表コース
避難壕
槍ヶ鞘
赤ゾレの頭 1852
二の鳥居 ②
0:20 / 0:40
牙山 2111
剣ヶ峰 2281
天狗の露地

仙人岳 鋸岳 2254
蛇骨岳 2366 2320
Jバンド
黒斑山 2404
トーミの頭
賽ノ河原
湯ノ平
草火山館
火山館 ③
避難壕

1:30 / 0:55
0:25
Jバンド分岐 ④
2478
避難壕
2524
前掛山 ⑤
浅間山（釜山）2568
2300
2200 2100 1900

軽井沢町
1918

1:10 / 0:50
不動の滝
湯ノ平コース
一の鳥居
2101
1924
1681
有料
天狗温泉・浅間山荘 ①
1454
浅間登山口
長野県 御代田町
血の池
石尊山 1668
1679
森林管理署専用道

◄JR佐久平駅・小諸IC

西側の山麓から見上げた筑波山。左の峰が男体山で、右の峰が最高峰の女体山

茨城県

標高……▶	**877**m [女体山]
登山難易度▶	**初級** ★★ ☆☆☆
日程……▶	**日帰り**
歩行時間▶	**3**時間**15**分
総歩行距離▶	**5.2**km
累積標高差▶	登り**731**m 下り**422**m
登山適期▶	**通年**

筑波山
つくばさん

由緒ある神社、山頂からの関東平野の展望と奇岩巡り。
筑波山の魅力満載のコースを行く

● **御幸ヶ原コース**
Miyukigahara course

御幸ヶ原まで　　1800m
男体山頂まで　　2100m

位置番号　**A-01**　つくば市

茨城県南部にある標高877mの山で、日本百名山の中では最も標高が低い。山中にはケーブルやロープウェイがありほとんど歩かずに山頂に立てるが、ステップアップのためにも自分の足で登りたい。コースは数多いが、南麓の筑波山神社からの表参道や、東面のつつじヶ丘からの人気が高い。

〰〰〰▶ **アクセス**

公共交通機関▶【行き】つくばエクスプレスTXつくば駅➡関東鉄道バス約35分➡筑波山神社入口　【帰り】つつじヶ丘➡関東鉄道バス約50分➡つくばエクスプレスTXつくば駅
＊バスは30分〜1時間ごとの運行。筑波山神社〔宮脇駅〕〜御幸ヶ原〔筑波山頂駅〕間にケーブルカー（所要8分）、つつじヶ丘〜女体山間にロープウェイ（所要6分）が運行されている。
マイカー▶筑波山神社へは常磐道土浦北ICから国道125号、県道14・42号経由約20km。筑波山神社の周辺に有料の駐車場が多数ある。
＊桜シーズンや紅葉期の土・日曜は午前8時頃までに到着しないと大渋滞で登山どころではなくなる。
問合せ先▶関東鉄道（バス）☎029-866-0510、筑波観光鉄道（ケーブルカー・ロープウェイ）☎029-866-0611、つくば観光コンベンション協会☎029-869-8333

参考地図▶1/25000地形図：筑波山

日帰り **❶筑波山神社入口**バス停から歩き始める。名物のガマの油や置物などが売られている土産物店が並ぶ参道を抜け、杉の巨木の中を神社の境内へ向かう。本殿まで来るとすぐにケーブルカーの**❷宮脇駅**で、駅の脇にある鳥居から表参道に入る。(注1)表参道はケーブルカーとほぼ並行して御幸ヶ原まで延びる約1.7km・標高差約520mの登山道だ。緩やかな登り出しだが、すぐに木の根や露岩のある急な登りになる。樹間越しにケーブルカーを見ながら登っていくと表参道のほぼ中間点、**❸中ノ茶屋跡**に出る。

▲男女川源流部にある水場

夫婦和合、縁結びの神として知られる筑波山神社

注1 筑波山はハイキングの山のイメージがあるが、この表参道はひたすら登りが続くだけに、ゆっくり着実に登ろう。

▶ケーブル山頂駅のある御幸ヶ原。土産物店が立ち並ぶ

▶表参道は杉の巨木の中の道

中ノ茶屋跡の先でケーブルカーのトンネル上を横断し、山腹を横切るように進むと水場のある男女川の源流部に出る。男女川からも登りが続くが、樹林が途切れ、傾斜が緩くなるとケーブル山頂駅のある**❹御幸ヶ原**に着く。

御幸ヶ原からは、双耳峰の一峰である男体山を往復する。10分ほどの登

プランニングのヒント

標高が低いとはいえ、登山口との標高差が意外とあるので、登りが苦手な人はケーブルカーを利用するのも手だ。マイカー登山の場合、つつじヶ丘から迎場コースを下って筑波山神社に戻ってもよい（約1時間10分）。

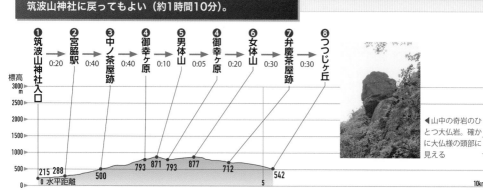

◀山中の奇岩のひとつ大仏岩。確かに大仏様の頭部に見える

❶筑波山神社入口		❷宮脇駅		❸中ノ茶屋跡		❹御幸ヶ原		❺男体山		❹御幸ヶ原		❻女体山		❼弁慶茶屋跡		❽つつじヶ丘
	0:20		0:40		0:40		0:10		0:05		0:20		0:30		0:30	

標高 3000m / 2500 / 2000 / 1500 / 1000 / 500 / 0

215 288 500 793 871 793 877 712 542

0 水平距離 5 10km

186

男体山山頂に祀られた男体祠

▲ガマの油売り口上発祥の地といわれるガマ石

りでたどり着いた**❺男体山**の山頂からは、関東平野が大きく広がっている。

山頂から**❹御幸ヶ原**に戻り、女体山を目指すが、時間に余裕があれば自然研究路をたどってみよう。研究路は男体山の上部を一周するようにつけられた散策路で、国定公園特定保護地区にも指定されているブナ林をはじめ、花や生物、歴史などが学べるコースとなっている（一周約1時間）。

御幸ヶ原からは、東に延びる稜線上を行く。ガマ石などの奇岩とアンテナ群を抜け、分岐を右に進むと筑波山の最高峰**❻女体山**に着く。男体山同様、展望に優れている。ここからはつつじヶ丘へのロープウェイが運行されている。

山頂から分岐に戻り、右に進む。や

注2 休日は混雑するので、通過の際は登りの登山者を優先する。また、岩は雨に濡れたあとは非常に滑りやすい。

▲今にも落っこちそうな弁慶七戻り。豪傑の弁慶でも進むか戻るか悩んだといわれる

や急な下りを経て、このコースのハイライト・奇岩巡りに入る。大仏岩や北斗岩、胎内くぐりなどの奇岩が次々に現れる。弁慶七戻りを過ぎると**❼弁慶茶屋跡**。右は筑波山神社への白雲橋コースで、つつじヶ丘へは左へ進む。

展望と、5月であればツツジが咲く中を下っていけば終点の**❽つつじヶ丘**バス停だ。ここでＴＸつくば駅行きバスに乗車するが、マイカー利用なら右手に延びる迎場コースをたどり、筑波山神社へ下ってもよい。

下山後は登山口の筑波山神社や、春先ならば1000本の梅が植えられた筑波山梅林（P188コラム参照）を散策してみよう。筑波山神社近くの筑波山温泉郷で汗を流すのもいい。

▲女体山からは歩きづらい岩場の道を行く

▶美しいブナの林をたどり弁慶茶屋跡を目指す

こぼれ情報 筑波山の南麓に筑波温泉郷がある。多くのホテルや旅館があり、宿泊だけでなく日帰り入浴もできる。また、つつじヶ丘に続くバス通り沿いには、日帰り温泉の筑波山温泉つくば湯（☎029-866-2983）がある。

187

| 距離 | 1.1km | 時間 | 40分 | 難易度 | 初級 |

筑波山北面を登るコース。ガイドコースである表参道と比べ、アクセスの悪さもあって訪れる人は少ないが、スミレやカタクリなどの花やブナの巨木、清らかに流れる小川など豊かな自然が展開する、地味ながらも味わいのあるコースだ。約40台分の駐車場がある筑波山ユースホステル跡地から登山道に入る。尾根と山腹の道を登り詰めると御幸ヶ原に出る。

◀コースでは4〜5月にかけてカタクリやスミレが咲いている

筑波山梅林

筑波山中腹の標高250m地点にある梅林。約4.5ヘクタールの園内には白梅、紅梅など約30種・1000本の梅が植えられていて、筑波石の巨岩と満開の梅が見事な景観を織りなす。最盛期の毎年2月中旬〜3月下旬にかけて梅まつりが行われ、ガマの油売り口上、茶会のほか、梅茶が振る舞われる。また、登山口の筑波山神社にも約150本の梅が植えられている。

▶天気がよければ梅林越しに東京スカイツリーや富士山が見える

☎029-869-8333（つくば観光コンベンション協会）

筑波山

1:25,000
0　250　500m
1cm=250m
等高線は10mごと

N

裏登山道入口

筑波高原キャンプ場

桜川市

石岡市

自然研究路は筑波山の自然を学べるコース。一周1時間。一部、落石による迂回路あり

筑波山ユースホステル跡

カタクリやスミレなどが咲く

展望よい

滑りやすい岩場の下り。転倒注意

奇岩巡りは登りの登山者を優先する。また、岩が濡れている時は滑りやすい

御幸ヶ原

自然研究路

男体山 **5**

気象観測所

展望所

0:10
0:05

横瀬夜雨の碑

ガマ石

女体祠

母の胎内潜り

0:30

弁慶七戻り高天ヶ原

5月はツツジに彩られる

関東平野が一望できる展望台がある

筑波山頂駅

4

0:20
0:15

立身石

女体山駅

6

女体山

0:40

7 弁慶茶屋跡

つつじヶ丘公園おたつ石コース

急な下りスリップ

百人一首にある「みなの川」はこの川のことといわれる

大仏岩

筑波山ロープウェイ（所要6分）

中ノ茶屋跡 **3**

男女川

白雲橋コース

8 つつじヶ丘

茨城県つくば市

0:40
0:30

表参道／御幸ヶ原コース

筑波山ケーブルカー（所要8分）

筑波山京成ホテル

約30種類・1000本の梅が植えられている。見頃は2月中旬〜3月下旬

迎場コース

酒迎場分岐

歩き足りない人はこの道を下って筑波山神社へ戻ってもよい（下り1時間10分）

風返峠

筑波山梅林

市営第3

東山駅

2 宮脇駅

市営第1

筑波山神社入口

筑波山観光案内所

筑波山神社

東大地震研究所

筑波山江戸屋

筑波山ホテル青木屋

筑波神社入口

1

0:20

筑波山温泉つくば湯（立ち寄り温泉）

市営第4

筑波温泉ホテル

つくば市北条

筑波パープルライン・土浦北IC

小蓮華山からの白馬岳（右）
と杓子岳、鑓ヶ岳

5

長野県・富山県

標高……▶	**2932** m
登山難易度▶	中級 ★★★☆☆
日程……▶	2泊3日
歩行時間▶	**12**時間**5**分
1日目▶	1時間10分
2日目▶	5時間20分
3日目▶	5時間35分
総歩行距離▶	**15.5** km
1日目▶	2.8km
2日目▶	3.4km
3日目▶	9.3km
累積標高差▶	登り1922m 下り1324m
登山適期▶	7中〜10上

しろうまだけ

白馬岳

憧れの大雪渓と花の道を登り大展望の頂を目指す。
下山は展望の稜線からハクサンコザクラ咲く山上湖へ

北アルプス北部にある白馬岳は、日本屈指の花の名山。山腹には同じ北アルプスの剱沢雪渓、針ノ木雪渓とともに日本三大雪渓である白馬大雪渓を抱え、それらを求めて大勢の登山者が訪れる。「はくば」ではなく「しろうま」と読むのは、初夏に白馬岳の稜線付近に現れる「代馬（代かき馬）」による。

アクセス

公共交通機関▶【行き】JR大糸線白馬駅→アルピコ交通バス約30分→猿倉　【帰り】自然園駅→栂池パノラマウェイ（ロープウェイ・リフト）約30分→栂池高原→アルピコ交通バス約25分→白馬駅
＊JR北陸新幹線長野駅から栂池高原へのアルピコ交通バスも運行（約1時間35分）。登山シーズン中には東京、大阪方面から白馬、栂池高原への直通バス「さわやか信州号」が運行される。
マイカー▶猿倉へは上信越道長野ICから国道19号、白馬長野オリンピック道路経由約53km。
問合せ先▶アルピコ交通☎0261-72-3155、栂池ゴンドラ・ロープウェイ☎0261-83-2255、さわやか信州号カスタマーセンター☎0570-550-395、白馬村観光局☎0261-72-7100、小谷村観光連盟☎0261-82-2233

参考地図▶1/25000地形図：白馬町、白馬岳

▶コースのハイライト、白馬大雪渓の登り。基本的には雪渓の中央部をたどる

1日目 ❶猿倉バス停で下車。猿倉荘横からブナ林に入るとすぐに林道に出る。御殿場から登山道を登ると白馬尻小屋の立つ❷白馬尻に着く。

2日目 夏山は晴天でも午後になるとガスがかかるので、早めに出発する。なお、この先の白馬大雪渓の通過はアイゼンの装着が望ましいが、軽アイゼンは白馬駅前の北アルプス総合案内所で借りることができる(有料。[注1]購入することもできる)。

小屋を出て灌木帯を抜けると北アルプスを代表する雪渓・白馬大雪渓の末端に出る。アイゼンを装着し、2kmに

注1 レンタルの場合は、大雪渓の通過後に白馬山荘か、下山地の栂池ヒュッテで返却できる。

注2 秋は雪渓がやせて、クレバスや崩壊によりコースが大きく変わる。コース状況を白馬尻小屋に問い合わせておこう。

注3 かなりきついだけに休憩を取りたいところだが、このあたりは落石が多い。葱平まで何とか頑張ろう。

▶小雪渓は横切るように道がつけられている

白馬尻小屋に到着。事前に雪渓歩きの体験をしておきたい

わたる大雪渓歩きに取り掛かる(歩き方のポイントはP191コラム参照)。雪渓にまかれた赤い印に沿って、大雪渓[注2]の中央部を登っていく。次第に傾斜がきつくなり、右手から三号雪渓を合わせると平坦地に出る。このあたりが大雪渓で最も幅が広い場所だ。その先の二号雪渓合流点を過ぎると傾斜がよりきつくなる。

雪渓上部に崩壊地があり、ここで雪渓を離れ、左岸の巻き道に入る。傾斜[注3]のきつい岩稜を登ると花の多い❸葱平に出る。葱平は「葱」の文字通りネ

プランニングのヒント

山麓に前泊すれば1泊2日でも歩けるが、大雪渓の通過に時間がかかるので、白馬尻で宿泊すると余裕が持てる。白馬岳登山の最大の魅力・高山植物は7月上旬〜下旬が最盛期だが、7月下旬頃まではコース下部の乗鞍岳からの下りが残雪で滑りやすい。7月下旬以降からがベスト。

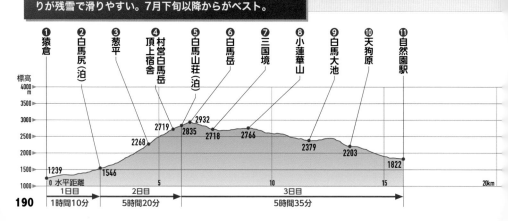

❶猿倉　❷白馬尻(泊)　❸葱平　❹村営白馬岳頂上宿舎　❺白馬山荘(泊)　❻白馬岳　❼三国境　❽小蓮華山　❾白馬大池　❿天狗原　⓫自然園駅

標高 4000m 3500 3000 2500 2000 1500 1000

1239　1546　2268　2719　2835　2932　2718　2766　2379　2203　1822

水平距離 0　　5　　10　　15　　20km

1日目 / 2日目 / 3日目

1時間10分 / 5時間20分 / 5時間35分

三国境から白い岩屑の道を小蓮華山へ向かう

ギ科のシロウマアサツキの多い場所だったが、現在はほとんど見られない。

葱平から岩がゴロゴロした小尾根をジグザグに登る。7月の遅くまで残る小雪渓を横切り、避難小屋跡を過ぎると道の両側に大規模なお花畑が広がる。

この先も急斜面の登りが続く。右手の水場を過ぎると主稜線上に立つ❹村営白馬岳頂上宿舎。20分ほど登ると宿泊する❺白馬山荘にたどり着く。

3日目 この日も早発ちとなる。山荘をあとに緩やかに登っていくと❻白馬岳に着く。新田次郎の小説『強力伝』に登場する展望盤（P189の写真）が設置された山頂からは、北アルプス北部の主要な山々や頸城山塊などが朝日に照らされている。

▲雪解け水を満々と湛える白馬大池。北アルプスでは風吹大池に次ぐ面積を持つ

▲約800人が宿泊できる日本最大規模の山小屋の白馬山荘

▲白馬大池山荘とチングルマ。見頃は7月下旬

山頂を離れ、北面の三国境へ向かう。コース中は7月から8月にかけ多くの花が咲いている。馬ノ背のヤセ尾根を下ると❼三国境に出る。

左前方の朝日岳に向かう主稜線を外れ、右手の白い岩屑の稜線に入る。二重山稜の道を進み、緩やかに登ると白馬岳方面の展望のよい❽小蓮華山に着く。

小蓮華山から何度か小ピークを越え、雷鳥坂を下ると❾白馬大池に出る。池の北岸をたどり、乗鞍岳に向かう。大きなケルンのある乗鞍岳を過ぎ、遅くまで雪田の残る斜面を下るが、岩がゴロゴロして歩きづらい。池塘や湿原が広がる❿天狗原を抜け、ハイマツやオオシラビソの道を下り、栂池自然園入口で左へ進むと⓫自然園駅に着く。

サブコース 白馬三山から鑓温泉

距離	12.3km	時間	9時間15分	難易度	上級

白馬三山は、白馬岳とその南にある杓子岳、鑓ヶ岳を指す。その三山を通り、鑓ヶ岳の東山腹に湧く鑓温泉を満喫するコースだ。白馬岳から南へ延びる主稜線をたどり、杓子岳（巻き道を通る）、ついで鑓ヶ岳へ。鑓温泉分岐で主稜線を離れ左へ、花の多い大出原を経て鑓温泉で宿泊。翌日猿倉へ下山する。猿倉に車を停める場合は、このコースを取るのもいい。

▲白馬山荘からの杓子岳と鑓ヶ岳（正面奥）

知 大雪渓歩きのポイント

白馬大雪渓は真夏でも涼しく快適な登山が楽しめるが、一歩間違えると事故につながる。安全に登るためのポイントを紹介する。❶広い雪渓は赤い印に沿って登る ❷盛夏は雪渓表面に凹凸ができ、その凹部に靴を乗せて進む ❸雪渓上部は落石が起きるため、絶えず前方に注意を払って登る。また休憩の際は、石の落ちている場所は避ける。不慣れな人はアイゼンとストックを使うと登りやすい。

こぼれ情報 白馬尻小屋は7月上旬〜10月上旬営業、白馬山荘は4月下旬〜10月中旬営業。ともに予約希望。問合せはともに☎0261-72-2002。
コース中にはほかに猿倉荘、村営白馬岳頂上宿舎、白馬大池山荘、栂池ヒュッテ、栂池山荘がある。

191

白馬岳

1:50,000

0　500　1000m
1cm=500m
等高線は20mごと

N

蓮華温泉
JR平岩駅
蓮華の森キャンプ場
黄金湯
三国一の湯
薬師湯
仙気の湯
白馬岳
蓮華温泉ロッジ
フスブリ山
1944

朝日岳
雪倉ノ滝
兵馬ノ平

蓮華ノ森
天狗ノ庭

蓮華温泉へは
下り2時間30分
（逆コース3時間50分）

レンゲ展望台
鉱山事務所跡

大きな岩がゴロゴロ
した急斜面を下る。
7月下旬頃まで急
な雪渓も残る

雪倉岳 2611
雪倉岳
避難小屋

チングルマやハクサン
コザクラのお花畑

白馬大池 9

白馬大池
白馬大池山荘

乗鞍岳
△2436

天狗原
10

ワタスゲなど

天狗原

鉢ヶ岳
2563

新潟県
糸魚川市

2:00
1:30
2456

1:00

銀冷水

自然園駅
11

塩谷精錬所跡

白馬三山の眺望

1:40
鉱山道分岐
2504

長池

小蓮華山 8
2766

雷鳥坂
船腰ノ頭
2612

大きなケルンがある

栂池ビジターセンター

栂池自然園

栂池ヒュッテ
栂池山荘

二重山稜となっている

1:30
2:00
0:40

小谷村

展望湿原
浮島湿原

栂池自然園は
周回約3時間

三国境 7

文字通り長野・新潟・富山の3県の境

△1929

旭岳
△2867

0:40
1:00
馬ノ背

花が多い

村営白馬岳頂上宿舎

0:20
0:15

白馬岳
△2932

6

このあたりから
雪渓に取り付く

金山沢
御殿場

砂防工事
専用道路

1:10

猿倉荘

4

丸山
2768

5 白馬山荘

大規模な
お花畑

0:15
0:10

白馬沢

猿倉
1

清水岳・
祖母谷温泉

1:00
2:00

3 葱平

小雪渓
避難小屋跡

大雪渓

3:00

白馬尻小屋

2:00

1:00
白馬尻
2

1:10

1400

2:10
3:00

北股沢

中山沢

富山県
黒部市

1:10
1:00

最低鞍部

天狗菱

杓子岳
2812

落石に注意

雪渓の幅が
最も広い

双子尾根

1908
小日向山

西俣

杓子沢のコル

1:00

1856

2:10
3:00

双子岩

小日向のコル

長野県
白馬村

鑓ヶ岳
2903

0:40

0:20

2:10

白馬鑓温泉小屋
鑓温泉

2162

落石に注意

大出原

お花畑を抜ける

六左エ門滝

小日向沢

鑓温泉分岐

3:00

天狗山荘
天狗平
不帰キレット・唐松岳

湯ガ入沢

袖ガ入沢

6

標高……▶	**2814**m
登山難易度▶	**上級** ★★ ★★☆
日程……▶	前夜泊1泊2日
歩行時間▶	**11**時間**5**分
	1日目▶5時間45分
	2日目▶5時間20分
総歩行距離▶	**15**km
	1日目▶6.6km
	2日目▶8.4km
累積標高差▶	登り**1645**m 下り**1647**m
登山適期▶	7中〜10中

五竜岳
ごりゅうだけ

テレキャビン利用で遠見尾根の標高1530m地点へ。
ダイナミックな後立山連峰を望む岩稜歩き

荒々しい岩稜、ダイナミックな山容が印象的。後立山連峰を代表する山のひとつだ。五竜岳への最短コースが遠見尾根で、スキー場のテレキャビンを利用しても標高差は1200m以上と手強い。尾根を登り切る体力が必要だ。唐松岳からの縦走と組み合わせれば、より充実した登山となる。

アクセス

公共交通機関▶【往復】JR大糸線神城駅→徒歩約20分→テレキャビンとおみ駅→白馬五竜テレキャビン約10分→アルプス平駅。またはJR北陸新幹線長野駅からアルピコ交通バス（約1時間）で白馬五竜バス停下車、テレキャビンとおみ駅へ徒歩20分。

＊白馬五竜バス停へは新宿駅、大阪・京都駅から直行バス「さわやか信州号」が運行。

マイカー▶エスカルプラザへは上信越道長野ICから国道19号、白馬長野オリンピック道路経由約42km。

問合せ先▶アルピコ交通☎0261-72-3155、さわやか信州号カスタマーセンター☎0570-550-395、白馬五竜テレキャビン☎0261-75-2101、白馬五竜観光協会☎0261-75-3131

参考地図▶1/25000地形図：神城

▶大遠見山から険しい稜線が続く後立山連峰を望む

1日目 初日は遠見尾根をひたすら登り、五竜山荘を目指す。[注1]テレキャビンの終点**❶アルプス平駅**から、高山植物園の中の散策路を上がっていく。小高い場所が**❷地蔵ノ頭**で、目指す五竜岳がずいぶん遠くに見える。長い登りに備えて、身支度を整えてから出発しよう。

樹林の中の登山道はすぐに急坂となる。見返り坂と呼ばれる坂を上がり、一ノ背髪、二ノ背髪と越えていく。分岐をそのまま直進すれば、最初のピーク、**❸小遠見山**の山頂に到着だ。ベンチのある丘のような山頂で360度の展

注1 テレキャビンの営業時間は8時15分（繁忙期は7時）から、復路は16時30分までにアルプス平に到着するようにしたい。

望を楽しみたい。小遠見山から少し下り、さきほどの登山道に戻ってさらに尾根を進んでいく。

すぐに次のピーク、中遠見山に着く。次第に南西方面が開けてきて、五竜岳が正面に見えてくる。さらに進んでいくと小さな広場のような**❹大遠見山**に到着。ここで休憩を取ろう。

階段状になった登山道を上がり、少し下った平坦な場所が西遠見ノ池だ。遅くまで残雪がある。五竜岳を眺める絶好の場所で、多くの登山者が休憩している。この先の高台が西遠見山だ。

▲ベンチのある一ノ背髪に立つ標柱。最初のピーク小遠見山へはここから35分ほど

花咲くアルプス平駅。レストランやトイレも併設される

▶西遠見山には遅くまで雪田が残る

プランニングのヒント

遠見尾根の登りは体力勝負。遠見尾根の途中には避難小屋がないため、その日のうちに五竜山荘まで歩き通す必要がある。そのためには山麓で前泊し、早い時間のテレキャビンに乗車したい。高山植物が豊富な7月下旬から8月上旬がおすすめ。遠見尾根の紅葉は10月上旬〜中旬にかけて。

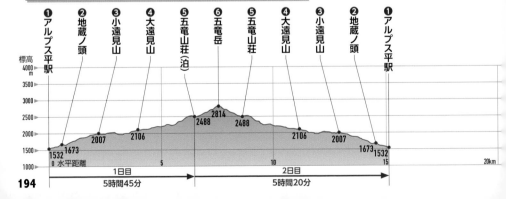

標高 4000m / 3500 / 3000 / 2500 / 2000 / 1500 / 1000

❶アルプス平駅 1532
❷地蔵ノ頭 1673
❸小遠見山 2007
❹大遠見山 2106
❺五竜山荘（泊） 2488
❻五竜岳 2814
❺五竜山荘 2488
❹大遠見山 2106
❸小遠見山 2007
❷地蔵ノ頭 1673
❶アルプス平駅 1532

0 水平距離　5　10　15　20km

1日目 5時間45分　2日目 5時間20分

◀五竜岳と五竜山荘。
山頂へ約1時間
▲ハイマツ帯を抜け山
頂へ。三角点はさらに
奥にある

登山道は次第に本格的な登りとな
る。やせた尾根を注意して歩き、鎖場^(注2)
や岩場を慎重に越えていこう。足元に
は可憐な高山植物が咲いている。

注2　通過の際は、クサリに頼り過ぎず、あくまで補助として使う。

小ピークを登り切ると、ようやく後
立山の主稜線に到着だ。主稜線を左に
進んで赤い屋根の**❺五竜山荘**へ。五竜
山荘から五竜岳への往復は約1時間
40分。小屋に到着した時間で、その
ままアタックするか翌日にするか検討
したい。

2日目　小屋の前の道を鹿島槍ヶ岳方
面に進む。すぐに岩稜歩きが
スタートする。ペンキで記された丸印
を忠実にたどり、道を見失わないよう

▲遠見尾根の上部は高
山植物がいっぱい。キ
ツい登りのあとの一服
の清涼剤だ

に気をつけたい。

大きな岩壁を左側から登り、ハイマ
ツ帯を越えると**❻五竜岳**山頂の南東側
に着く。三角点はさらに奥にあるので、
そのまま進もう。山頂からは双耳峰の
鹿島槍ヶ岳をはじめ、唐松岳と白馬岳、
劒・立山連峰など、すばらしい展望が
広がっている。

❺五竜山荘まで戻り、準備を整えた
ら下山開始。小屋裏の道を上がって遠
見尾根への分岐へ。尾根上部では両側
が切れ落ちた狭い尾根の通過やクサリ
のある岩場の下りに注意しよう。

帰路は**❷地蔵ノ頭**へ上がらず、湿地
帯を歩いてもいい。スキー場内の散策
路を通り、高山植物園を観察しながら
下ると**❶アルプス平駅**に着く。

◀遠見尾根上部
の狭い岩稜帯で
はすれ違いに注
意しよう

▶五竜山荘から
先の上部の岩場
はペンキ印を目
印に登っていく

こぼれ情報　五竜山荘（☎0261-72-2002）は300人が泊まれる大きな山小屋。売店や自炊場、乾燥室を備えている。ゴールデンウイークと6月中旬〜10月中旬の営業で、要予約。テント場もある。

| 距離 | 4.2km | 時間 | 7時間50分 | 難易度 | 上級 |

北アルプスの岩稜歩きに長けた人限定だが、五竜岳から往路を下山せず、鹿島槍ヶ岳（P197）へ縦走するのもいい。両山を結ぶ主稜線上は、険しい岩稜帯と激しい登降が待ち構える北アルプス屈指の難所。なかでもその核心部である八峰キレットは、鋭く切れた岩壁にクサリやハシゴが架かり、スリル満点。通過にあたっては、十分な体調と装備でチャレンジしよう。

◀キレット小屋。前後は急斜面、左右は絶壁という大変な環境に立っている

道の駅白馬

国道148号沿いの道の駅。白馬村公営で、村の特産品販売や野菜の直売のほか、レストラン、売店、観光案内も。外売店では長野県のソウルフードであるおやきや、ソフトクリームを購入できる。白馬岳、八方尾根、遠見尾根などへの登山の休憩場所として便利。とおみ駅までは車で5分とかからない。☎0261-75-3880　4～7月、11・12月は火曜休（祝日の場合は翌日）、8～10月、1～3月は無休。屋内売店は9～19時の営業。

▶館内のレストラン「夢白馬」。はくばの豚料理が人気

爺ヶ岳中央峰付近からの鹿島槍ヶ岳。きれいな双耳峰をなしている

長野県・富山県

標高……▶	**2889**m [南峰]
登山難易度▶	**中級** ★★ ★☆☆
日程……▶	2泊3日
歩行時間▶	**16**時間**50**分 1日目▶4時間10分 2日目▶7時間10分 3日目▶5時間30分
総歩行距離▶	**25.3**km 1日目▶6.0km 2日目▶9.8km 3日目▶9.5km
累積標高差▶	登り2565m 下り2566m
登山適期▶	7中〜10上

鹿島槍岳 [鹿島槍ヶ岳]
かしまやりがたけ

長い登りが続く柏原新道経由で優美な双耳峰の頂へ。
種池のチングルマやコバイケイソウのお花畑も

北アルプス南部の槍ヶ岳に対し、大町市鹿島地区にあることから「鹿島槍岳」の名がついた。山頂部は南峰と北峰の2峰からなる美しい双耳峰で、深田久弥も『日本百名山』の中でその姿を絶賛している。直接山頂に立てるコースはなく、通過困難箇所のない南側の爺ヶ岳経由の登山者が大半を占める。

アクセス

公共交通機関▶【往復】 JR北陸新幹線長野駅→アルピコ交通バス約1時間45分→扇沢
＊登山シーズン中には東京、大阪方面から扇沢への直通バス「さわやか信州号」が運行される。
マイカー▶ 爺ヶ岳登山口へは長野道安曇野ICからアルプスパノラマロード、大町アルペンライン経由約40km。登山口周辺に駐車場がある。満車時は1km先の扇沢に駐車する。
問合せ先▶ アルピコ交通☎026-254-6000、さわやか信州号カスタマーセンター☎0570-550-395、大町市観光協会☎0261-22-0190

参考地図▶1/25000地形図：黒部湖、神城、十字峡

▶爺ヶ岳南峰からの眺め。左は中央峰、正面は北峰。中央峰の左側に巻き道がつけられている

1日目

❶扇沢バスターミナルから来た道を10分ほど戻ると❷爺ヶ岳登山口があり、左手の柏原新道へ。コース下部は急登が続くが、整備の行き届いた歩きやすい道だ。堰堤脇を抜け、登山道に入るとさっそく急斜面のジグザグの登りとなる。この急坂は通称「モミジ坂」と呼ばれ、秋はモミジが美しい。

▲起点となる扇沢バスターミナル。登山口へは車道を東に10分下る

モミジ坂の先からも、深い樹林帯をひたすらジグザグに登っていく。やがてベンチが現れ、道はここで尾根の西側に移って爺ヶ岳南尾根の山腹をたどっていく。これまでと違って比較的な

▲展望のよい爺ヶ岳南峰。ここで引き返す登山者も多い

柏原新道の上部は山腹をたどる歩きやすい道

▶登山口から4時間、花に囲まれた種池山荘に到着

だらかな登りとなる。しばらくは樹林の道が続くが、岩が露出した場所に出ると眼下に扇沢のバスターミナルが見える。さらに登ると左にケルンがあり、種池から針ノ木岳への稜線が見渡せる。先は長いので、ひと休みしよう。

傾斜が緩くなると、石畳と呼ばれる地点に出る。この先で残雪のあるガレ沢を横切り、コース唯一の鎖場を越える。ダケカンバの巨木が目立つようになり、急斜面を登ってお花畑を進むと❸種池山荘に出る。荷物を置いたら、周辺の散策をしてこよう。

プランニングのヒント

登山口を早朝に発って冷池山荘に泊まり、翌日、鹿島槍ヶ岳往復後に下山する1泊2日の山行も可能だが、体力勝負の登山となる。冷池山荘からの鹿島槍ヶ岳往復では荷物を山荘に預けることになるが、4〜5時間の長丁場となるので、雨具や水、食料など最低限の装備は必ず持つこと。

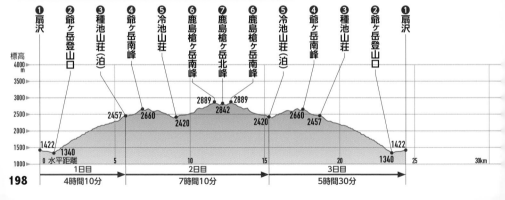

標高 m
4000
3500
3000
2500
2000
1500
1000

❶扇沢 1422／1340
❷爺ヶ岳登山口
❸種池山荘（泊）2457
❹爺ヶ岳南峰 2660
❺冷池山荘 2420
❻鹿島槍ヶ岳南峰 2889／2842
❼鹿島槍ヶ岳北峰 2889
❻鹿島槍ヶ岳南峰
❺冷池山荘（泊）2420
❹爺ヶ岳南峰 2660
❸種池山荘 2457
❷爺ヶ岳登山口 1340
❶扇沢 1422

0　水平距離　5　　　10　　　15　　　20　　　25　　　30km

1日目　　　　2日目　　　　3日目
4時間10分　7時間10分　5時間30分

冷池山荘から目指す鹿島槍ヶ岳を望む

▲爽快な岩礫の道を登ると鹿島槍ヶ岳南峰山頂は近い

2日目 山荘を出発し、7月下旬から8月上旬にかけてチングルマやコバイケイソウが群生するお花畑の上縁をたどる。広いハイマツ帯の稜線に出て、爺ヶ岳を見ながら進むと❹**爺ヶ岳南峰**に着く。爺ヶ岳は南峰と中央峰、北峰があるが、爺ヶ岳の標識はこの南峰にある。

鹿島槍ヶ岳の双耳峰や剱・立山連峰の景観を楽しんだら出発する。山頂直下のコマクサの咲く砂礫地を下り、中央峰の西側を巻いていく。ハイマツ帯を緩く下ると赤岩尾根分岐に出る。分岐からはジグザグに下って冷乗越へ。登り返すと❺**冷池山荘**に着く。鹿島槍ヶ岳に登ったあとはここに宿泊するので、余分な荷物は預けておこう。

注 このあたりは非対称山稜といわれる、稜線の左右が異なる地形となっている。なだらかな西側に対し、東側はスパッと切れ落ちている。通過の際は東側に寄り過ぎないように注意しよう。

▲最高峰の鹿島槍ヶ岳南峰山頂。この日はガスがかかって視界が得られなかった

小屋からヤセ尾根をたどってテント場を通過し、その先で二重山稜が見られる東斜面に入る。お花畑を過ぎ、再び稜線に出て急斜面を登ると布引岳。いったん下り、ミヤマダイコンソウなどが咲く岩混じりの道を登ると❻**鹿島槍ヶ岳南峰**だ。展望は360度、剱・立山連峰や爺ヶ岳から針ノ木岳にかけての稜線、北の五竜岳に続く険しい稜線など、豪快な展望が満喫できる。

ここから❺**冷池山荘**へ引き返すが、時間があれば南峰から往復1時間ほどの❼**鹿島槍ヶ岳北峰**へ行ってみよう。眼下にカクネ里といわれる平家落人伝説が残る谷が俯瞰できる。

3日目 冷池山荘から柏原新道を❶**扇沢**へと下山する。

サブコース 赤岩尾根を登る

| 距離 | 6.4km | 時間 | 6時間40分 | 難易度 | 上級 |

鹿島槍ヶ岳東面の大谷原から赤岩尾根を登り、メインコース上の冷池山荘に出る。メインコースより短い1泊2日で鹿島槍ヶ岳の往復ができるが、赤岩尾根はひたすら急斜面の登りが続くうえ、尾根の上部はガレ場やハシゴが多い上級コースだ。下りに利用した場合は冷池山荘から4時間45分。急斜面の下りでの転倒に注意したい。

▲大町温泉郷唯一の立ち寄り入浴施設

♨ 湯けむり屋敷 薬師の湯

扇沢から信濃大町駅への途中にある大町温泉郷の立ち寄り入浴施設。開放感あふれる露天風呂や単純泉・硫黄泉・重曹泉・食塩泉の4種類の泉質が楽しめる体験風呂など18種の風呂がある。北アルプスの温泉の歴史や、泉質の種類や効能をわかりやすく展示したアルプス温泉博物館を併設している。☎0261-23-2834 営業=7時(11〜6月は10時)〜21時、無休

こぼれ情報 種池山荘(☎080-1379-4041)は6月中旬〜10月中旬、冷池山荘(☎080-1379-4041)はゴールデンウイークと6月中旬〜10月中旬の営業。いずれも3人以上は要予約。予約は☎0261-22-1263へ。

199

鹿島槍岳（鹿島槍ヶ岳）

1:55,000
0 500 1000m
1cm=550m
等高線は20mごと

N

富山県
黒部市

鹿島ウラ沢

北尾根ノ頭 2560
五竜岳

ロノ沢のコル 2416

鹿島槍ヶ岳北峰〜五竜岳間は
北アルプスでも有数の険路

八峰キレット
キレット小屋 2466

7 鹿島槍ヶ岳北峰 2842

360度の大展望

鹿島槍ヶ岳南峰 6 2889
0:30
吊尾根

カクネ里を俯瞰する

牛首山 2553

立山町

ミヤマダイコンソウ、
チシマギキョウなど

一ノ沢ノ頭 2004

布引岳 2683
2:20
1:40

非対称山稜の稜線は東側が
切れ落ちている。転落注意

チングルマのお花畑

高千穂平 2:00
西俣出合
3:00
2:00

赤岩尾根

丸山 1377

冷池山荘 5 2420
冷乗越

タクシーかマイカーで
アクセスする

赤岩尾根分岐

コバイケイソウ、チング
ルマのお花畑が広がる

急坂が続く
2:30
1:45

1:10
1:45

西面を巻く

ハシゴのあるヤセ尾根

コマクサ

種池山荘 3 2457
1:00
0:40

北峰 2631

爺ヶ岳 2670
中央峰 2660

爺ヶ岳南峰 4

冷尾根

東尾根

長野県
大町市

岩小屋沢岳・
新越山荘

棒小屋乗越

残雪のある
ガレ場を横切る

石畳

柏原新道
4:00
2:50

白沢天狗尾根

白沢天狗山 2036

爺ヶ岳登山口

ケルン

急坂が続く

1897

南尾根

1091

爺ヶ岳スキー場

扇沢 1
0:10
0:15

2
モミジ坂

P 1340

422
P

大町アルペンライン

爺ヶ岳登山口が満車時は
扇沢に駐車する

JR信濃大町駅・安曇野IC

JR信濃大町駅

上手

剱沢から見た剱岳。目指す別山尾根がよく見える。左下の赤い建物は宿泊する剣山荘

8

富山県

標高	▶ **2999** m
登山難易度	▶ 上級　★★ 　　　　★★☆
日程	▶ 2泊3日
歩行時間	▶ **14**時間**5**分
1日目	▶ 4時間
2日目	▶ 6時間
3日目	▶ 4時間5分
総歩行距離	▶ **13** km
1日目	▶ 4.8km
2日目	▶ 3.4km
3日目	▶ 4.8km
累積標高差	登り 1694m 下り 1699m
登山適期	▶ 7下〜9下

つるぎだけ

剣岳 [剱岳]

険しい岩稜が続く別山尾根コースをたどり、百名山屈指の難峰に立つ。岩場歩きの経験を積んでから挑みたい

　国内随一の険しさを誇る名峰。標高は3000mをわずかに欠くが、「岩と雪の殿堂」と呼ぶにふさわしい堂々とした山容で、岳人を魅了する。紹介する別山尾根コースは剣岳登山のメインコース。とはいえクサリの架かる岩場が連続するだけに、岩登りの基礎である三点支持をマスターしておく必要がある。

アクセス

公共交通機関▶【往復】JR北陸新幹線長野駅→アルピコ交通バス約1時間45分→扇沢→電気バス、ケーブルカー、ロープウェイ、トロリーバスを乗り継ぎ約1〜2時間→室堂。または富山地方鉄道立山駅からケーブルカーと立山高原バスを乗り継ぎ、室堂下車（約1時間）

マイカー▶扇沢へは長野道安曇野ICから約40km。富山県側は北陸道立山ICから約23kmで立山駅へ。

問合せ先▶アルピコ交通☎026-254-6000、立山黒部アルペンルート☎076-432-2819、くろよん総合予約センター☎0261-22-0804、立山町商工観光課☎076-462-9971、上市町産業課☎076-472-1111

参考地図▶1/25000地形図：立山、剱岳

1日目 ❶**室堂ターミナル**からみくりが池を回り込み、[注1]雷鳥沢に向かう。室堂周辺は観光客が多いが、雷鳥荘を過ぎると登山者の姿が目につくようになる。❷**雷鳥平**のキャンプ場の横を通り、木橋で浄土川を渡って、お花畑を見ながら雷鳥沢に入る。雷鳥沢は道幅もあり、初めは緩やかだが、やがて急坂となる。岩礫の道を登り切ると、剱御前小舎の立つ❸**別山乗越**だ。目指す剱岳が迫力満点で迫り来る。ここで道は5方向に分かれる。剱沢を下る道も2コースあり、剣山荘への道標に従い沢を下っていく。右の道はキャ

▶一服剱を越え、険しい岩尾根を行く

注1 地獄谷付近は有毒ガスの発生の危険性があり、風の流れに注意して通過しよう。

▲コース中に咲くヨツバシオガマ

注2 落石が多いので、ヘルメットを着用しよう。

▶鎖場には番号が記されたプレートが埋め込まれている

日本最高所の源泉、地獄谷。有毒ガスが発生し現在通行止め

ンプ場や剱澤小屋への道だ。

別山乗越から大きく下り、左手上部の剱御前を巻くように山腹を進んでいく。傾斜がなだらかになると、お花畑が現れる。黒百合のコルへの道と分かれ、右手の剣山荘方面に向かっていく。今日の宿泊地❹**剣山荘**はすぐ先だ。

2日目 剣山荘から別山尾根へ取り付く道を行く。周辺は気持ちのいいお花畑で、思わず歩行ペースもゆっくりになる。稜線に出ると黒百合のコルからの登山道が左から合流する。さらに尾根を登っていくと❺**一服剱**。

プランニングのヒント

このコースの難点は混雑。鎖場での待ち時間がかさみ、スケジュールが狂ったり、天気が崩れはじめてしまうこともある。ここでは登頂後も剣山荘に泊まるため、いく分余裕があるが、1泊2日で歩く場合は混雑を考慮しておきたい。下山後、余裕があれば立山を歩くのもいいだろう。

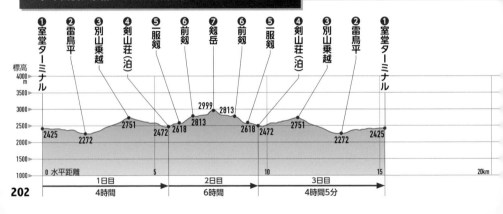

標高 4000m
3500
3000 2999 2813
2500 2425　2751　　2618 2813　　2618 2472　2751　　2425
2272 2472　　　　　　　　2272
2000
1500
1000

| ❶室堂ターミナル | ❷雷鳥平 | ❸別山乗越 | ❹剣山荘(泊) | ❺一服剱 | ❻前剱 | ❼剱岳 | ❻前剱 | ❺一服剱 | ❹剣山荘(泊) | ❸別山乗越 | ❷雷鳥平 | ❶室堂ターミナル |

0 水平距離　　　　5　　　　　　　10　　　　　　15　　　20km

1日目　　　2日目　　　3日目
4時間　　　6時間　　　4時間5分

▲山頂への最後の難所、カニのタテバイ
▲劔岳を望む前劔でしばし休憩

目の前に前劔がそびえるが、残念ながら劔岳は隠れて見えない。[注2]ここからいよいよ本格的な岩場となる。

いったん武蔵（たけぞう）のコルに下ると、右下には武蔵谷（たけぞうたん）の雪渓が見える。クサリが現れ、急な岩稜を登ると❻前劔（まえつるぎ）に出る。ここで再び急峻な岩場の上に劔岳の山頂が見えてくる。凛とした岩峰の迫力ある姿にしばらく見とれてしまう。

その先も次々に岩場が現れるが、クサリはしっかり設置されている。しかし油断は禁物だ。ちょっとした気の緩みもこの山では命取りに。帰りの一服劔までは気を休めることはできない。

平蔵谷源頭部の雪渓上に出れば平蔵（へいぞうたん）のコルである。コースは登り下り別になり、いよいよ最大の難所といわれる

注3 垂直に近い50mほどの岩場に、大きな鉄の杭とクサリがつけられ、これらを手掛かりにし、三点支持で登っていく。夏山シーズンなどは大渋滞するので、前の人の行動をよく観察して動きを取ろう。

注4 その名の通り、クサリのある岩場を横断する。高度感や足元が見えない箇所があり、かなり恐い。ポイントは体を少し岩から離すこと。バランスが取りやすく、足元もよく見える。

◀劔岳山頂から立山方面の展望。登ってきた別山尾根が右下から中央に延びている

カニのタテバイに取り掛かる。クサリやハシゴの連続する岩場を慎重に登り、下りのカニのヨコバイの道と合わさる。やがて頂稜部に出るとあとは岩屑の道をたどり、❼劔岳（つるぎだけ）の山頂に到着する。山頂には祠が祀られ、先に到着した大勢の登山者が休憩している。ゆっくり360度の大パノラマを満喫し、岩場歩きで硬くなった緊張を解きほぐそう。

下りは平蔵のコルまで登りとは別のルート。[注4]カニのヨコバイは足元に気をつけて慎重に下る。その先で往路と合流し、さらに続く岩場を越えて❹劔山荘（けんざんそう）に戻る。

3日目 往路をたどり、❶室堂ターミナル（むろどう）へと戻る。

サブコース　早月尾根コース

| 距離 | 7.3km | 時間 | 8時間40分 | 難易度 | 上級 |

標高760mの馬場島から劔岳山頂まで標高差2239mを登る長大なコース。初日の早月小屋まで標高差1440m・5時間10分、2日目も約800m・3時間30分の登りを強いられる。この日はさらに別山尾根を下らなければならず、体力と技術が伴った実力者にのみ許される。早月尾根の下部は一本調子の急登で、上部は別山尾根コース同様、鎖場の続く岩場となる。

48 劔岳

こぼれ情報　劔岳の登山拠点になる山小屋では、剣山荘（☎090-2372-5799）が最も劔岳へ取り付きやすい。劔澤小屋（☎080-1968-1620・要予約）はキャンプ場に近い。別山乗越にある劔御前小舎（☎080-8694-5076）は劔の展望がすばらしい。

203

室堂のシンボル的存在である
みくりが池と立山

9

富山県

たてやま
立山

標高……▶	**3015** m [大汝山]
登山難易度▶	初級 ★★☆☆☆
日程……▶	前夜泊日帰り
歩行時間▶	**4** 時間 **50** 分
総歩行距離▶	**6.8** km
累積標高差▶	登り762m 下り761m
登山適期▶	7中〜10上

立山黒部アルペンルートを利用して標高2425mの室堂へ。
3000m峰としては比較的登りやすい雄山の頂に立つ

深田久弥が足しげく通った山域のひとつが立山だ。立山は大汝山・雄山・富士ノ折立の3つのピークを総称したもので、かつては信仰の山として栄えた。立山黒部アルペンルートの開通後は登山、スキー、観光と多くの人で賑わう人気エリアに。春の雪景色、夏のお花畑、秋の紅葉と魅力たっぷり。

〜〜〜 アクセス

公共交通機関▶【往復】JR北陸新幹線長野駅→アルピコ交通バス約1時間45分→扇沢→電気バス、ケーブルカー、ロープウェイ、トロリーバスを乗り継ぎ約1〜2時間→室堂。または富山地方鉄道立山駅からケーブルカーと立山高原バスを乗り継ぎ、室堂下車（約1時間）。
マイカー▶扇沢へは長野道安曇野ICから国道147号経由約40km。富山県側は北陸道立山ICから県道6号経由約23kmで立山駅へ。扇沢と立山駅に有料駐車場がある。
問合せ先▶アルピコ交通☎026-254-6000、立山黒部アルペンルート☎076-432-2819、くろよん総合予約センター☎0261-22-0804、立山町商工観光課☎076-462-9971

参考地図▶1/25000地形図：立山、剱岳

❶**室堂ターミナル**の広場を出ると、目の前には迫力ある立山連峰がそびえ、早くも気持ちが高揚してくる。広場にある立山玉殿の湧き水で喉を潤してから出発としよう[注1]。

雄山方面へは道標に従って石畳の道を右へ進む。登山道の両脇には高山植物が咲き誇り、アルペン気分を味わっているうちに❷**立山室堂山荘**へ。ここでみくりが池、雄山、浄土山の3方向に道が分かれるので、雄山方面へと石

延命水とも呼ばれるおいしい湧き水

▶初めはなだらかな石畳を行く

注1 山の天候は変わりやすい。遅くとも8時には登山を開始できるようにしたい。

注2 一ノ越～雄山間はガレ場が続く。下りのときは落石を起こさないよう細心の注意を払おう。

▶下界と神域の境となる祓堂

畳を進もう。

しばらくなだらかな道が続く。正面に雄山を見ながら、登山道は徐々に傾斜を上げていく。じきに小さな祠のある小広場に出る。祓堂と呼ばれる場所で、かつて立山信仰では下界と神域の境界とされた場所だ。ここから登山道は階段状になり、登り切ったところが❸**一ノ越**。トイレやベンチもある広い鞍部で、宿泊もできる一の越山荘が立つ。

これより先は本格的な山道になる。砂に大きな石が混ざった急なガレ場が続き滑りやすい箇所もあるので、注意が必要だ[注2]。それぞれ小さな祠のある二ノ越、三ノ越、四ノ越と、ひたすらガ

プランニングのヒント

出発が遅くなったり、雄山の山頂で強い疲労を感じた場合は、浄土山を割愛して往路をそのまま戻ろう。雷雨に遭う可能性が高まるので、行動は午後2～3時には終わらせたい。歩行時間が少なく登りやすい立山とはいえ、前泊することで早立ちし、時間に余裕を持って登りたいものだ。

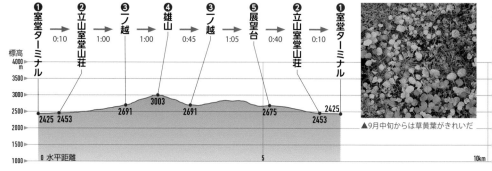

❶室堂ターミナル		❷立山室堂山荘		❸一ノ越		❹雄山		❸一ノ越		❺展望台		❷立山室堂山荘		❶室堂ターミナル
	0:10		1:00		1:00		0:45		1:05		0:40		0:10	

標高
4000m
3500
3000　　　　　　　　　　3003
2500　2425 2453　　　　2691　　　　2691　　　2675　　　2425
2000　　　　　　　　　　　　　　　　　　　　　　　　　　2453
1500
1000
0 水平距離　　　　　　　　　　5　　　　　　　　　　10km

▲9月中旬からは草黄葉がきれいだ

山頂まで続くガレ場。浮き石に乗らないように

▲山小屋（一ノ越山荘）の立つ一ノ越の鞍部

レ場の急坂を上がっていく。

　大きな岩の間を抜け、ついに**④雄山山頂**に到着だ。山頂には雄山神社が鎮座し、鳥居の先のひときわ鋭い岩峰の上に峰本社がある。峰本社では登拝料を払ってお祓いをしてもらおう。山頂からは鹿島槍ヶ岳、爺ヶ岳、奥大日岳、剱岳など360度の展望が広がる。目前にそびえる立山最高峰の大汝山（3015m）へは往復40分ほどだ。時間があれば立ち寄ってみよう。

　山頂での大展望を堪能したら、一ノ越までは往路を下る。くれぐれも落石を起こさないように細心の注意を払い、一歩一歩確実に下るよう心がけたい。

　③一ノ越まで戻ってきたら、山小屋の脇にある登山道を五色ヶ原方面に進

注3　万が一、落石を起こしてしまった場合は、下にいる登山者に大声で「落石！」と叫んで知らせること。

▲ホテル立山には富山の地酒や特産品のお土産コーナーがある

◀峰本社が鎮座する雄山の山頂。雄山神社（左の鳥居）とは標高が10m異なる

▶富山大学立山研究所は五色ヶ原方面との分岐

む。大きな岩場を越えて登っていくと30分ほどで富山大学立山研究所に着く。ここが室堂平と五色ヶ原方面の分岐だ。直進して浄土山方面に進もう。南北に広い浄土山を越えると、ここからは急な下りとなる。大きな岩の上を進み、傾斜が緩くなったところが浄土山登山口だ。右に進めば室堂平に戻れるが、左に10分弱歩いたところに展望台があるので往復しよう。

　⑤展望台から南西側は立山カルデラと呼ばれる大きな凹地になっている。眼下に広がるパノラマを見ながらひと休みして、室堂平へと戻ろう。登山道が石畳になると**②立山室堂山荘**はすぐ。分岐を左折し、**①室堂ターミナル**へと進む。

こぼれ情報　室堂周辺にはホテル立山（☎076-463-3345）のほか6軒の山小屋があり、温泉やおいしい食事が楽しめる。相部屋、個室などで料金は異なる。宿泊の際は要予約。

サブコース 雄山から別山、室堂

| 距離 6.3km | 時間 5時間5分 | 難易度 上級 |

室堂平から雄山に登ったあと、大汝山〜真砂岳〜別山〜雷鳥平と巡るロングコース。長時間の縦走のため、中級者以上の健脚向き。またこのコースは室堂に前泊して、朝早く出発するのが鉄則だ。ルートは主に岩稜帯を縦走するため、両側が切れ落ち高度感がある展望抜群の岩稜歩きが楽しめる。大汝山（3015m）は立山の最高峰。途中に大汝休憩所、剱御前小舎があり、休憩可能。

◀雄山から続く登山道

見 立山黒部アルペンルート

立山登山の拠点となる室堂へは、長野県側からは扇沢、富山県側からは立山駅が起点で、この区間は立山黒部アルペンルートを利用する。扇沢からの途中にある黒部ダムでは、迫力あるダムの放水を眺められるほか、黒四ダム建設を解説したくろよん記念室、黒部湖遊覧船「ガルベ」など見どころ豊富。ただし、夏休み期間中は大混雑するので、時間に余裕を持って。☎076-432-2819　営業＝4月中旬〜11月下旬

▶展望台から見た黒部ダムの迫力ある放水

立 山

1:25,000
0　250　500m
1cm=250m
等高線は20mごと

- ジグザグに下っていく
- 剱岳の眺めがよい
- 日本最高所の池
- エスケープルートとして利用される
- さまざまな高山植物が咲いている
- 立山を湖面に映す
- 徒歩25分
- 立山の最高峰
- 360度の大展望
- 南北に広い山頂
- ガレ場の急斜面。落石に注意
- 立山カルデラを見下ろす

別山南峰 2874
真砂岳 2861
富士ノ折 2999
大汝山 3015
雄山 3003・2992
浄土山 2831
室堂山 2668

富山県 立山町

日本二百名山

日本百名山に、深田久弥の精神と文学を愛する会である深田クラブが選定した100山を加えたもの。
深田久弥終焉の山である茅ヶ岳や、自身の出身地の山として選から漏れた能郷白山などがある。

太字は日本百名山の選考の際にリストアップされていた山

#	山名	標高	所在地
1	天塩岳	1558m	北海道
2	**石狩岳**	1967m	北海道
3	ニペソツ山	2013m	北海道
4	カムイエクウチカウシ山	1979m	北海道
5	**ペテガリ岳**	1736m	北海道
6	芦別岳	1726m	北海道
7	夕張岳	1668m	北海道
8	暑寒別岳	1492m	北海道
9	**樽前山**	1041m	北海道
10	**渡島駒ヶ岳**	1131m	北海道
11	白神岳	1235m	青森県
12	**姫神山**	1124m	岩手県
13	**秋田駒ヶ岳**	1637m	秋田県
14	和賀岳	1439m	岩手県 秋田県
15	焼石岳	1547m	岩手県
16	栗駒山	1626m	岩手県 宮城県 秋田県
17	神室山	1365m	秋田県 山形県
18	**森吉山**	1454m	秋田県
19	以東岳	1772m	山形県 新潟県
20	船形山	1500m	宮城県 山形県
21	杁差岳	1636m	新潟県
22	二王子岳	1420m	新潟県
23	御神楽岳	1386m	新潟県
24	**守門岳**	1537m	新潟県
25	中ノ岳	2085m	新潟県
26	八海山	1778m	新潟県
27	荒沢岳※	1969m	新潟県
28	佐武流山	2192m	新潟県 長野県
29	**鳥甲山**	2038m	長野県
30	帝釈山	2060m	福島県 栃木県
31	会津朝日岳	1624m	福島県
32	**女峰山**	2483m	栃木県
33	仙ノ倉山	2026m	新潟県 群馬県
34	**岩菅山**	2295m	長野県

#	山名	標高	所在地
			新潟県
35	**白砂山**	2140m	長野県 群馬県
36	浅間隠山	1757m	群馬県
37	榛名山	1449m	群馬県
38	妙義山	1104m	群馬県
39	荒船山	1423m	長野県 群馬県
40	御座山	2112m	長野県
41	武甲山	1304m	埼玉県
42	白石山（和名倉山）	2036m	埼玉県
43	茅ヶ岳	1704m	山梨県
44	乾徳山	2031m	山梨県
45	大岳山	1266m	東京都
46	三ツ峠山	1785m	山梨県
47	御正体山	1681m	山梨県
48	毛無山	1964m	山梨県 静岡県
49	愛鷹山	1504m	静岡県
50	天狗岳	2646m	長野県
51	**黒姫山**	2053m	長野県
52	戸隠山	1904m	長野県
53	**飯縄山**	1917m	長野県
54	雪倉岳	2611m	新潟県 富山県
55	**針ノ木岳**	2821m	長野県 富山県
56	烏帽子岳	2628m	長野県 富山県
57	赤牛岳	2864m	富山県
58	**毛勝山**	2415m	富山県
59	**奥大日岳**	2611m	富山県
60	有明山	2268m	長野県
61	**餓鬼岳**	2647m	長野県
62	燕岳	2763m	長野県
63	**大天井岳**	2922m	長野県
64	霞沢岳	2646m	長野県
65	鋸岳	2685m	山梨県
66	農鳥岳	3026m	山梨県 静岡県
67	上河内岳	2803m	静岡県
68	池口岳	2392m	静岡県 長野県
69	**大無間山**	2330m	静岡県

#	山名	標高	所在地
70	櫛形山	2052m	山梨県
71	**笊ヶ岳**	2629m	山梨県 静岡県
72	七面山	1989m	山梨県
73	小秀山	1982m	長野県 岐阜県
74	経ヶ岳	2296m	長野県
75	南駒ヶ岳	2841m	長野県
76	安平路山	2363m	長野県
77	金剛堂山	1650m	富山県
78	笈ヶ岳	1841m	富山県 石川県 岐阜県
79	大日ヶ岳	1709m	岐阜県
80	位山	1529m	岐阜県
81	**能郷白山**	1617m	岐阜県 福井県
82	**御在所岳**	1212m	三重県 滋賀県
83	釈迦ヶ岳	1800m	奈良県
84	伯母子岳	1344m	奈良県
85	金剛山	1125m	奈良県
86	武奈ヶ岳	1214m	滋賀県
87	**氷ノ山**	1510m	兵庫県 鳥取県
88	**上蒜山**	1202m	岡山県 鳥取県
89	**三瓶山**	1126m	島根県
90	三嶺	1894m	徳島県 高知県
91	東赤石山	1706m	愛媛県
92	笹ヶ峰	1860m	愛媛県 高知県
93	英彦山	1199m	福岡県 大分県
94	雲仙岳	1483m	長崎県
95	**由布岳**	1583m	大分県
96	大崩山	1644m	宮崎県
97	**市房山**	1721m	宮崎県 熊本県
98	尾鈴山	1405m	宮崎県
99	高千穂峰	1574m	宮崎県
100	桜島	1117m	鹿児島県

※先に選定された日本三百名山（下巻 P136）では
山上ヶ岳が選ばれている

日本百名山に登るための
プランニング

『日本百名山』の著者、深田久弥が遺した言葉のひとつに「百の頂に 百の喜びあり」がある。その言葉通り完登を目指すのもいいし、自分のレベルに合った山を選んで登るのもいい。ここではその百名山に登るための選び方やプランの立て方について紹介する。

北海道

北アルプス・
八ヶ岳周辺

東北

中国・
四国・九州

北関東・上信

北陸・近畿

奥秩父・南関東

中央アルプス・南アルプ

❶─百名山を知る

百名山は全国にまたがるだけに、エリアごとに山の特徴は大きく異なる。原書ではエリア分けはされていないが、本書は使いやすさ、選びやすさの点から百名山を8つのエリアに分けている。その8つのエリアの特徴を解説する。

■エリアごとの山の特徴
北海道…標高2000m前後の山が多いが、高緯度にあるために、気象条件は中部山岳の3000m級の山と変わらない。日帰り登山中心で、山小屋は大半が素泊まりまたは避難小屋となる。また、ヒグマの対策も必要となる。

東北…1500〜2000mの山が主体。南北500km以上にわたるだけに、北の山と南の山では気象条件が大きく異なる。比較的登りやすい山が多いが、朝日岳と飯豊山は長い登下降を強いられる。

北関東・上信越…首都圏から近い北関東の山々を中心に、マイカーなら日帰りできる山も多い。ただし筑波山以外の北関東・上信越の山はいずれも積雪が多く、登山適期は6〜10月と短い。

北アルプス・八ヶ岳周辺…槍・穂高、白馬岳、剱岳など人気の山が勢揃いする。3000m級の山が並ぶだけに、全体的に難易度は高い。八ヶ岳は北アルプスへのステップアップの山といわれるが、南部は険しい岩稜が続く。美ヶ原と霧ヶ

峰は百名山入門の山。御嶽山は2018年からコース・期間限定で山頂に立てるようになった。

奥秩父・南関東…2000〜2500m級の山々が連なる奥秩父は、森林限界を超える山はごく一部だが、標高がある分、天候が崩れると盛夏でも厳しい。富士山を除いた丹沢山など南関東の山は、春から初冬まで登ることができる。

中央アルプス・南アルプス…恵那山を除き、標高2500〜3000m前後の山が並ぶ。険しい岩場は少ないが、標高差の大きい登下降は体力勝負を強いられる。アクセスに難のある山も多い。

北陸・近畿…花の山・白山や深田久弥ゆかりの荒島岳など、個性的な山が揃う。ただし、大台ヶ原山以外は中級レベル以上。

中国・四国・九州…登山シーズンが長く、百名山完登を目指す人の春先・晩秋の数稼ぎに適している。登山レベルは宮之浦岳以外は初級〜中級が大半。また、阿蘇山は噴火警戒レベル次第で登頂できなくなることがある。

❷─山選びのポイント

エリアごとの百名山の傾向を学んだところで、次は山選びについて触れる。根拠があって選ばれた百山だけにどの山も魅力満載だが、いつでも登れる山だけではないし、誰でも登れる山ばかりでもない。

霧ヶ峰は百名山でも最も登りやすい山のひとつだが、大展望や天然記念物の湿原に咲く花など、登山の魅力が凝縮されている

■登山のレベルで選ぶ

いちばん肝心なのは自分自身の登山のレベルだ。百名山は一部の山を除き標高1500m以上、かつ日本アルプスの山が28山を数えるなど、難易度の高い山が多い。登山の基本通り、まずは自分のレベルに合った山からチャレンジしよう。

登山レベル別の山の傾向

入門・初級者向き 【28山】	標高差が少なく、歩行時間の短い山が主体。乗鞍岳のような3000m峰も。
中級者向き 【44山】	標高差が1500m前後、歩行時間8時間以内。エリアを問わず最も多い。
上級者向き 【28山】	日本アルプスや飯豊・朝日連峰など、日本の主要山岳の多くが該当する。

※登山レベルについてはP6「本書の使い方」を参照

■季節で選ぶ

百名山は全国に分散しているが、年間を通じて登れる山は標高が1000mに満たない筑波山と開聞岳ぐらい。あとは春（標高の高い山や東北・北海道は夏）から秋が登山シーズン。冬の間は、雪の少ないエリアの山にトレーニングを兼ねて登っておこう。

季節ごとの山の特徴

春 （3〜5月）	関東と西日本の山は4月から登れるが、標高2000mを超える山では降雪を見ることも。
夏 （6〜8月）	梅雨明けからが夏山シーズン。ただし標高の低い山は暑くて登山に不向き。
秋 （9〜11月）	どのエリアも天候は比較的安定し、登山に最適。ただし山によっては10月には降雪も。
冬 （12〜2月）	太平洋側の低山に登るには最適な時期だが、百名山の大半は冬山の領域。

■日程で選ぶ

日帰りできる山は限られ、山麓での前泊や山小屋泊を必要とする山が多い。アクセスは原則として公共交通機関利用だが、マイカー利用なら早朝に自宅を発てば日帰りできる山もある。ただ、安全のためにも前泊（後泊）するに越したことはない。

本書における日程パターン

日帰り	首都圏（西日本の山は関西圏）を早朝に発つのが前提。マイカー利用が現実的。
前夜泊 （または後泊）	山麓に宿泊して翌日登る。いちばん体に負担がかからない行程だ。
山小屋泊 （テント泊）	山中の山小屋に泊まる。営業期間が夏山シーズンのみと短い山小屋があるので注意。

■目的・魅力で選ぶ

百名山自体が登るに充分な目的だが、それだけだとノルマに追われるように感じて挫折しがち。そこで、自分なりのテーマを持って登ろう。その山の魅力を感じて登るのもいいし、入門者や初級者、中級者なら、より上の山に登るためのステップアップにもなる。

百名山の山選びの主な目的

- ・高山植物
- ・新緑や紅葉
- ・山頂やコース中からの絶景
- ・下山後の温泉や道の駅巡り
- ・縦走や鎖場など難所の通過の訓練
- ・人気の山小屋に泊まる

プランニング

211

❸——どう登るか

前ページの❶と❷を読んでおおよそ自分の登りたい山（あるいは登れる山）が決まれば、いよいよ実践に取り掛かるわけだが、どのようにして行くか、また誰と登るかも重要な要素のひとつ。ここでは、登山口へのアクセス方法と登山形態について触れてみたい。

南アルプス・赤石岳や聖岳などの登山拠点となる畑薙第一ダム手前の夏季臨時駐車場。バスが1日1便のみだけに、マイカー利用の登山者が中心だ

■登山口へのアクセス方法

　鉄道やバス、タクシーなどの公共交通機関か、マイカー利用でのアプローチとなる。人気の百名山といえども登山口へのバスは少なく、マイカー登山が主流だ。本書でも極力マイカー登山でも楽しめるコースを紹介しているが、縦走してこそ楽しめる山もある。その際はどうしても公共交通利用となる。それぞれのメリットデメリットは右の表を参照してほしい。

　なお、ガイドページでは最寄りの駅や高速道路のインターチェンジから、P215の「各エリアへのアクセスとプランニング」では主要駅やインターチェンジまでのアクセスを紹介している。

メリットとデメリット		
公共交通	○	縦走登山に向いている。慣れない林道の運転が避けられる。行き帰りの車内で睡眠が取れる、など
公共交通	×	時間に合わせた行動を取る必要がある。タクシー利用だと費用がかさむ、など
マイカー	○	早朝に発てば日帰りができるなど、行動範囲が広がる。登山口までダイレクトに入れる、など
マイカー	×	縦走コースが取れない。マイカー規制のある山には入れない。休日は渋滞で時間が読めない、など

■誰と登るか

　単独登山は、ベテランならばマイペースで歩けるだけに気楽なもの。ただし、自らのレベルに合った山のチョイスができない人も目立ち（ベテランの中にもそういう人がいる）、遭難の3割強は単独登山者が占める。一方、グループ登山は気の合った仲間と楽しく登れるが、緊張感のないグループも見受けられる。スキルに自信のない人、プランニングを立てるのが苦手な人は旅行会社などが主催するツアー登山や、登りたい山に精通した登山ガイドに同行してもらう方法もある（ガイド登山については上巻P30のコラムで紹介）。それぞれメリットデメリットがあるので、右の表を参照のこと。

それぞれのメリットとデメリット		
単独	○	自分のレベルに合った、マイペースな登山ができる。
単独	×	自分のレベルを過信し、遭難につながるケースが多い。
グループ	○	気の合った仲間同士の登山は楽しいだけでなく、非常時の安全性も高くなる。
グループ	×	リーダーの力量がないと、いざというときに適切な判断が下せない。
ツアー	○	費用が安い。同じ目的の人の集まりなので打ち解けやすい。
ツアー	×	登山者のレベルがまちまちなので、歩く速さについていけないことも。
ガイド	○	技術を学べるので、単に登るだけでなくステップアップにつながる。
ガイド	×	依頼の際にガイドのレベルがわからないので、ハズレのケースも。

日本百名山完登のための
プランニング術

百名山を完登した人の記録を見ると、40年以上かけて登った人もいれば、5〜6年で制覇した人も。1年で完登した例もあるが、多くの山は登山適期が4〜11月に限定され、仕事を持つ人では1年での制覇は難しい。だが、大半の休日を使い、極力短時間で登れるコースを利用すれば、数字的には2〜3年での完登は可能だ。ここでは、百名山制覇のためのプランニングのコツを紹介していこう。

①──月ごとのプランを決めておく

　10年以内で百名山完登を目指す場合、どの時期にどこへ登るかというおおまかなプランを立てておくと、計画的に登ることができる。4月〜11月を基本的な登山シーズンとし、雪解けの早い西日本の山へは4月、雪が残りやすい北海道の山や北アルプスへは夏山シーズン中というように、エリア別に訪れる月を決めていく。下に紹介するような月別プランを立てたうえで、その年に訪れるエリアを決めるといい。

月別プランの例	
4月	九州
5月	近畿、中国、四国
6月	南東北(除く朝日岳、飯豊山)、八ヶ岳周辺
7〜8月	北海道、北アルプス、南アルプス、富士山、南東北（朝日岳・飯豊山）
9月	北東北、中央アルプス、上信越、北陸
10月	奥秩父、北関東（除く筑波山）
11月	南関東

②──長期の休暇は縦走コースにあてる

　長期の休みが取れるときには、山行日数を要するコースを歩くようにする。例えば北アルプスの黒岳や鷲羽岳を訪ねる場合、一般的なスケジュールでは前夜泊しても山中3泊は必要となる。夏休みなど、長めの休暇が取れるときに黒岳と鷲羽岳へ行き、併せて黒部五郎岳や薬師岳にも登頂しておくといい。

お盆は長期山行に最適だが、混雑がネック

③──遠征時にまとめて登る

　2日以上の休みを使って山行へ出かけるときには、距離が近い複数の百名山へ登っておこう。2泊3日の休暇が取れれば、自分の居住地から離れたエリアを訪れるときでも、2座には無理なく登頂できる。青森の岩木山と八甲田山、四国の剣山と石鎚山というように、まとめて登るようにすると、登頂した山の数は増えていく。特に遠隔地へ出かけたときには、レンタカーを利用してできる限り多くの山へ登っておくといい。例えば、九州を訪れたときに九重山、祖母山、阿蘇山の3座を回ったり、北海道の道東へ行ったときに羅臼岳、斜里岳、阿寒岳の3座に登頂しておくようにする（エリア別の回り方はP215の「各エリアへのアクセスとプランニング」を参照のこと）。

④──ハードな山は早めに登っておく

　山によって難易度や体力度は大きく異なる。一般的に年齢を重ねるとともに徐々に体力は衰えていくので、何十年という長い年月をかけて百名山制覇を目指す場合、ハードなコースは早い段階で登っておいた方がいい。体力的にハードなコースとは、南アルプスの悪沢岳・赤石岳縦走コースや北アルプスの薬師岳・黒部五郎岳を結ぶコースなど、標高差が大きく、1日の歩行時間の長いコースだ。また、急峻な岩場を登下降する北アルプスの剱岳や、何度も沢の徒渉を繰り返す北海道の幌尻岳など、技術的な難易度の高いコースへも早めに訪れておこう。

日本百名山ランキング

もともと選りすぐりの山が揃い、どの山も登る価値は高いだけに優劣はつけがたいので、「登りやすさ・登りづらさ」をもとにランクをつけている。番外編として、日本の主な山域の登山者数も調べてみた。

※ランクの数値について＝各山の標高差10m・時間10分（5m・5分は切り上げ）をそれぞれ1ポイントとして算出。なお、標高差（累積標高差）と時間はメインコース上の登山口から山頂までに限定している。

■登りやすい百名山ベスト5

標高に関係なく、登山口近くまで車道やロープウェイなどが延びている山が有利。1位の霧ヶ峰はガイドコース以外の最短コースを登った場合、わずか3分で山頂に立てる（車山高原からリフト利用）。

順位	山名	ポイント	標高差／時間	掲載
1	霧ヶ峰	18pt	129m／45分	下P57
2	大台ヶ原山※	23pt	192m／40分	下P165
3	美ヶ原	24pt	175m／1時間	下P53
4	蔵王山	26pt	210m／45分	上P79
5	那須岳	28pt	227m／45分	上P105

※大台ヶ原山は逆コース

■登るのが大変な百名山ベスト5

1位の鷲羽岳は北アルプスでも奥まった位置にあるだけに、突出した数字となった。北アルプスと南アルプスの山が上位を占める中、東北の飯豊山が割って入っている。

順位	山名	ポイント	標高差／時間	掲載
1	鷲羽岳▲	325pt	2386m／14時間15分	下P17
2	聖岳	290pt	2231m／11時間10分	下P145
3	光岳	273pt	2117m／10時間10分	下P150
4	悪沢岳	269pt	2102m／9時間45分	下P141
5	飯豊山	266pt	2026m／10時間25分	上P83

▲黒岳の山頂往復は含まない

■アプローチが容易な山・難儀な山

駅から直接登れる山は2山があるが、開聞岳は鉄道のほかにバスの本数が多いので1位に。難儀な山のベスト3については、時間がかかる、列車やバスの本数が少ない、乗り換えの手間がかかるなどの物理的な問題を超えた不便さがある。

	順位	山名	登山口までの時間	掲載
容易	1	開聞岳	開聞駅下車	下P201
	2	荒島岳	勝原駅下車	下P157
	3	丹沢山	渋沢駅からバス15分	下P93
難儀	1	光岳	飯田駅からタクシー1時間30分	下P150
	2	幌尻岳	富川駅からバスほか2時間20分	上P39
	3	悪沢岳・赤石岳	静岡駅からバス4時間30分	下P141

公共交通機関に限定

■百名山のある主要山岳の登山者数

人気の百名山だが、富士山や吾妻山など一部を除き、年間登山者数は公表されていない山が多く、主要山岳の揃う長野県のように登山者数を発表していない自治体もあって、最も登られている山がどこかはわからない。ちなみに百名山以外では高尾山の約260万人が最も多い。

山名・山域	年間登山者数	山名・山域	年間登山者数
大雪山	7～10万人	富士山	21万人
吾妻山	1万7500人	中央アルプス	5万6000人
至仏山	8000人	白山	4万人
槍・穂高連峰	20万5000人	大台ヶ原山	15万人
八ヶ岳	10万人	宮之浦岳	1万5000人
利尻岳	1万人	谷川岳	5万人

データは2015～18年のもの。富士山（2018年）は欠測期間あり

各エリアへのアクセスと
プランニング

各ガイドページに登山口までのアクセスを紹介しているが、これは登山口の最寄りの駅や高速道路のインターチェンジ（IC）を起点としている。ここでは、首都圏や関西方面からの最寄り駅やICへのアクセスを紹介する。また、併せて各エリアの山の効率的な回り方についてもアドバイスする。

北海道【9山】

■アクセス情報

飛行機…**利尻岳**へは稚内空港へ行きフェリーか、新千歳空港から利尻空港へ。**羅臼岳**、**斜里岳**への起点は女満別空港。**阿寒岳**へはたんちょう釧路空港からアクセスする。**大雪山**と**十勝岳**へは旭川空港、**トムラウシ**へはとかち帯広空港、**幌尻岳**と**後方羊蹄山**へは新千歳空港からアクセスする。

鉄道…**利尻岳**の起点、稚内駅へは札幌から特急「宗谷」「サロベツ」を利用。**羅臼岳**、**斜里岳**へは札幌から特急「オホーツク」で網走駅へ行き、JR釧網本線に乗り換える。**阿寒岳**、**トムラウシ**へは札幌から特急「スーパーおおぞら」に乗車し釧路駅、新得駅（新得へは特急「スーパーとかち」も利用可）へ。**大雪山**、**十勝岳**へは札幌から特急「カムイ」などに乗車し、旭川駅下車。**十勝岳**へは旭川駅でJR富良野線に乗り換え美瑛駅へ。**幌尻岳**へは新千歳空港からJR千歳線、JR日高本線で鵡川駅へ行き、代行バスに乗り換えて富川へ。**後方羊蹄山**へは札幌駅からJR函館本線で向かう。

マイカー…道外在住者の場合、基本的に登山口近くの空港や主要駅からレンタカー利用となる。

各空港への便		
利尻空港	新千歳空港から50分※	利尻岳
稚内空港	羽田空港から1時間50分	利尻岳
女満別空港	羽田空港から1時間45分	羅臼岳
	関西空港から2時間5分※	斜里岳
	伊丹空港から2時間※	
たんちょう 釧路空港	羽田空港から1時間40分	阿寒岳
	関西空港から2時間	
	伊丹空港から1時間55分※	
旭川空港	羽田空港から1時間35分	大雪山
	伊丹空港から1時間55分※	十勝岳
とかち 帯広空港	羽田空港から1時間35分	トムラウシ
新千歳空港	羽田空港から1時間30分	幌尻岳
	関西空港から1時間55分	後方羊蹄山
	伊丹空港から1時間50分	

※季節運航

■効率よく登るためのプランニング

プランニング例

　百名山9座は道内各地に散らばっている。このうち、まとめて回りやすいのは大雪山・十勝連峰の3座（大雪山・旭岳、トムラウシ、十勝岳）と道東の3座（羅臼岳、斜里岳、阿寒岳）だ。この2エリアの登山プランを紹介する。

①大雪山・十勝連峰プラン
【大雪山・トムラウシ・十勝岳】

　大雪山の旭岳とトムラウシを個別に登るプランと、縦走するプランが考えられる。個別の場合、とかち帯広空港からレンタカーでトムラウシ、十勝岳、旭岳の順に登り、旭川空港でレンタカーを返す。

　縦走する場合は旭川空港を起点にまず十勝岳に登り、旭岳温泉へ移動して2泊3日の行程で旭岳からトムラウシへ縦走。東京からは早い時間に旭川へ着く便があるので1日目に十勝岳に登ることが可能だが、旭川への到着が遅くなる場合には登山口の白金温泉に泊まろう。1日目に旭川空港でレンタカーを借り、十勝岳登山後にレンタカーを返却してバスで旭岳温泉へ行くこともできるが、バス便が少なく最終バスに乗れないことがあるため、タクシーを利用した方がスムーズに移動できる。

②道東周回プラン
【羅臼岳・斜里岳・阿寒岳（雌阿寒岳）】

　網走の南に位置する女満別空港を起点とし、レンタカーを利用して道東の3座を巡る3泊4日のプラン。

　初日に宿泊する羅臼岳の岩尾別側登山口に立つ木下小屋と2日目に宿泊する斜里岳登山口の清岳荘は素泊まりでの利用となるので、食料を持参しよう。3日目は雌阿寒岳の登山口にある雌阿寒温泉に宿泊するが、宿の多い阿寒湖畔の阿寒湖温泉に泊まってもいい。阿寒湖温泉から雌阿寒温泉までは車で30分ほどだ。最終日は雌阿寒岳に登り、下山後に女満別空港へ向かう。

大雪山・トムラウシ・十勝岳 個別登山プラン	
1日目	とかち帯広空港（車2時間30分）トムラウシ温泉
2日目	トムラウシ温泉（車20分）短縮登山口（トムラウシ往復11時間15分）短縮登山口（車20分）トムラウシ温泉
3日目	トムラウシ温泉（車3時間）望岳台（十勝岳往復6時間20分）望岳台（車1時間）旭岳温泉
4日目	旭岳温泉（旭岳ロープウェイ10分）姿見駅（旭岳往復4時間）姿見駅（車40分）旭川空港

東北【14山】

■アクセス情報

鉄道・飛行機…**八甲田山**や**岩木山**、**八幡平**、**岩手山**、**早池峰**といった北東北の山々は東北新幹線でアクセスする。**安達太良山**は東北新幹線とJR東北本線、**磐梯山**、**飯豊山**は東北新幹線とJR磐越西線でアクセスする。**月山**と**蔵王山**、**朝日岳**、**吾妻山**は山形新幹線を利用。**鳥海山**の玄関口となる酒田駅へ向かう場合、上越新幹線で新潟駅に出てJR羽越本線特急「いなほ」に乗り換える。また**会津駒ヶ岳**へは浅草駅から東武鉄道、野岩鉄道を利用する。

　北東北の山へ行くときには飛行機を利用してもいい。**八甲田山**と**岩木山**へは青森空港、**鳥海山**へは庄内空港（東京からの便のみ）からアクセスする。花巻空港は**早池峰**登山時に利用できるが、大阪からの便のみ。

マイカー…東北道を利用して目的の山へアクセスする。**磐梯山**や**飯豊山**へは郡山JCTから磐越道を、**朝日岳**や**月山**、**鳥海山**などへは村田JCTから山形道を利用する。なお、**八甲田山**や**岩木山**など北東北の山は首都圏から距離があるので、レンタカー利用も考慮したい。

アクセス

主要駅へのアクセス

新青森駅	東京から約3時間30分 （東北新幹線利用）	八甲田山 岩木山
盛岡駅	東京から約2時間30分〜3時間 （東北新幹線利用）	八幡平 岩手山
山形駅	東京から約2時間30分〜2時間50分（山形新幹線利用）	月山 蔵王山ほか
郡山駅	東京から約1時間20分 （東北新幹線利用）	安達太良山 磐梯山ほか

主要ICへの距離

東北道	二本松IC	浦和ICから約231km	安達太良山
	滝沢IC	浦和ICから約517km	岩手山
山形道	山形蔵王IC	浦和ICから約345km	蔵王山
	月山IC	浦和ICから約393km	月山 朝日岳
磐越道	磐梯河東IC	浦和ICから約256km	磐梯山
	会津坂下IC	浦和ICから約276km	飯豊山

■効率よく登るためのプランニング

　下車駅やICが共通だったり、山同士が近接する山がいくつかあるので、1泊追加すれば2山登れるエリアがいくつかある。

セットで登れる主な山

八甲田山・ 岩木山	前夜泊 1泊2日	八甲田山の山麓に前泊し1日目は八甲田山へ。下山後に弘前に移動し、2日目は岩木山に登る。
岩手山・ 早池峰	前夜泊 1泊2日	盛岡周辺に前泊し1日目は岩手山へ。下山後に盛岡で宿泊し、2日目は早池峰に登る。
蔵王山・ 吾妻山	前夜泊 1泊2日	蔵王温泉に前泊し1日目は蔵王山へ。下山後に白布温泉に移動し、2日目は吾妻山に登る。
安達太良山・ 磐梯山	前夜泊 1泊2日	岳温泉に前泊し1日目は安達太良山へ。下山後に猪苗代か磐梯高原周辺に宿泊し、2日目は磐梯山へ。

北関東・上信越【21山】

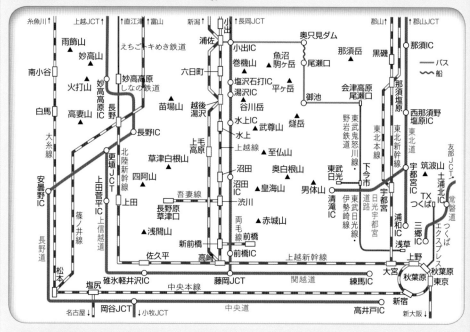

■アクセス情報

鉄道…**至仏山**や**谷川岳**、**魚沼駒ヶ岳**など上越国境の山へは上越新幹線やJR上越線を利用する。上信国境の**浅間山**や**四阿山**、信越国境の**高妻山**へは北陸新幹線、新潟南西部の**妙高山**や**火打山**へは長野駅からしなの鉄道でアクセスする。北関東の**那須岳**へは東北新幹線、**男体山**は東武日光線を利用する。**筑波山**はつくばエクスプレス、**雨飾山**はJR中央本線と大糸線を利用する。

東北道のどちらでもアクセス可能。**筑波山**へは常磐道を、**雨飾山**は長野道か上信越道を利用する。

■効率よく登るためのプランニング

山同士が近接したエリアなので、1泊2日でセットで登れる山が多数ある。**雨飾山**はJR大糸線や長野道でのアクセスなので、北アルプスの白馬岳とセットにして登ってもいいだろう。

マイカー…**那須岳**と**燧岳**、**男体山**へは東北道を利用する。**谷川岳**や**巻機山**、**魚沼駒ヶ岳**などへは関越道、**妙高山**や**浅間山**などへは上信越道を利用する。栃木・群馬県境にある**奥白根山**へは関越道と

セットで登れる主な山

燧岳・会津駒ヶ岳※	前夜泊1泊2日	御池に前泊し1日目は燧岳へ。下山後は檜枝岐に宿泊し、2日目は会津駒ヶ岳に登る。
谷川岳・武尊山	1泊2日	1日目に谷川岳に登り、下山後に水上周辺に宿泊。2日目は武尊山に登る。
皇海山・奥白根山	1泊2日	1日目は皇海山に登り、下山後は片品周辺に宿泊。2日目は奥白根山に登る。もう1泊プラスして至仏山に登るのもいい。
妙高山・火打山	前夜泊1泊2日	妙高高原に前泊し1日目は火打山へ。山中の山小屋に宿泊し2日目は妙高へ。

※東北エリアの山

北アルプス北部【5山】

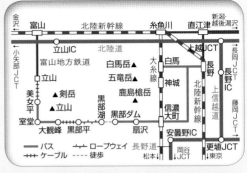

■アクセス情報

鉄道・バス…**白馬岳**、**五竜岳**、**鹿島槍岳**の玄関口となる白馬駅、神城駅、信濃大町駅へは、新宿から特急「あずさ」を利用する（神城駅へは松本駅か信濃大町駅でJR大糸線の普通列車に乗り換え）。北陸新幹線長野駅から白馬方面へのバス便もある。また新宿、大阪から予約制バス「さわやか信州号」が白馬八方・白馬駅、扇沢へ運行される。**剣岳**、**立山**への玄関口となる立山駅へは、大阪から特急「サンダーバード」と北陸新幹線で富山駅へ行き、富山地方鉄道に乗り換える（東京からは上記信濃大町駅からアルペンルートを利用する）。

マイカー…**白馬岳**、**五竜岳**への玄関口となる上信越道長野IC、**鹿島槍岳**への玄関口となる長野道安曇野ICへは中央道で岡谷JCTから長野道に入る。**剣岳**、**立山**への玄関口となる北陸道立山ICへは大阪方面から北陸道を利用する（東京からは上記の安曇野ICを利用）。

■効率よく登るためのプランニング

　北アルプス北部にある5座の百名山のうち、**白馬岳**、**五竜岳**、**鹿島槍岳**は3座をつなげて歩くこともできるが、不帰ノ嶮など険しい岩稜帯があり、縦走路は岩場の通過に慣れた上級者向きの手強いコースだ。上級者以外は個別に登ること。**剣岳**と**立山**は立山の3座を縦走して別山乗越まで行き、別山尾根コースで剣岳に登頂することができる。

縦走プラン【白馬岳・五竜岳・鹿島槍岳】

　白馬岳から南へと、百名山3座を縦走する前夜泊4泊5日のプランだが、鑓ヶ岳と唐松岳の間に不帰ノ嶮、五竜岳と鹿島槍ヶ岳の間に八峰キレットという、穂高の大キレットや剱岳に匹敵する険悪路があり、一般向きではない。宿泊は初日が白馬山荘か白馬岳村営頂上宿舎、2日目が唐松岳頂上山荘、3日目がキレット小屋、4日目が種池山荘となる。

主要駅へのアクセス

白馬駅	新宿から約4時間（特急利用）、新大阪から約5時間（東海道新幹線・特急等利用）	白馬岳
信濃大町駅	新宿から約3時間35分（特急利用）、新大阪から約4時間20分（東海道新幹線・特急等利用）	鹿島槍岳 剣岳 立山
富山駅	大阪から約3時間（特急・北陸新幹線利用）	剣岳 立山

主要ICへのアクセスと距離

長野道	安曇野IC	高井戸ICから約215km 吹田ICから約370 km	白馬岳 五竜岳 鹿島槍岳
北陸道	立山IC	吹田ICから約356km	剣岳 立山

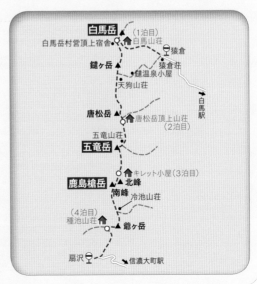

日本百名山　標高・累積標高差一覧

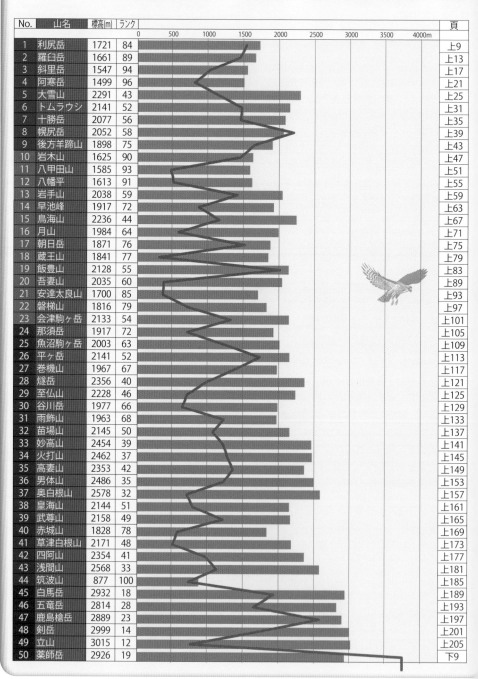

No.	山名	標高(m)	ランク		頁
1	利尻岳	1721	84		上9
2	羅臼岳	1661	89		上13
3	斜里岳	1547	94		上17
4	阿寒岳	1499	96		上21
5	大雪山	2291	43		上25
6	トムラウシ	2141	52		上31
7	十勝岳	2077	56		上35
8	幌尻岳	2052	58		上39
9	後方羊蹄山	1898	75		上43
10	岩木山	1625	90		上47
11	八甲田山	1585	93		上51
12	八幡平	1613	91		上55
13	岩手山	2038	59		上59
14	早池峰	1917	72		上63
15	鳥海山	2236	44		上67
16	月山	1984	64		上71
17	朝日岳	1871	76		上75
18	蔵王山	1841	77		上79
19	飯豊山	2128	55		上83
20	吾妻山	2035	60		上89
21	安達太良山	1700	85		上93
22	磐梯山	1816	79		上97
23	会津駒ヶ岳	2133	54		上101
24	那須岳	1917	72		上105
25	魚沼駒ヶ岳	2003	63		上109
26	平ヶ岳	2141	52		上113
27	巻機山	1967	67		上117
28	燧岳	2356	40		上121
29	至仏山	2228	46		上125
30	谷川岳	1977	66		上129
31	雨飾山	1963	68		上133
32	苗場山	2145	50		上137
33	妙高山	2454	39		上141
34	火打山	2462	37		上145
35	高妻山	2353	42		上149
36	男体山	2486	35		上153
37	奥白根山	2578	32		上157
38	皇海山	2144	51		上161
39	武尊山	2158	49		上165
40	赤城山	1828	78		上169
41	草津白根山	2171	48		上173
42	四阿山	2354	41		上177
43	浅間山	2568	33		上181
44	筑波山	877	100		上185
45	白馬岳	2932	18		上189
46	五竜岳	2814	28		上193
47	鹿島槍岳	2889	23		上197
48	剣岳	2999	14		上201
49	立山	3015	12		上205
50	薬師岳	2926	19		下9

220

日本百名山の標高と累積標高差の一覧です。
青の横バーが標高、赤の折れ線グラフは累積標高差を表します。

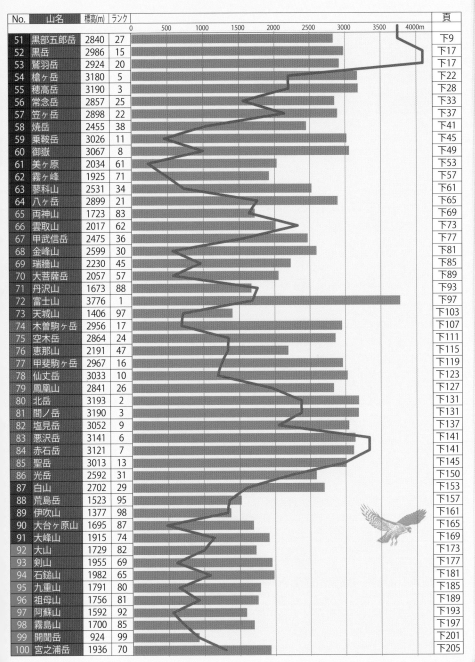

No.	山名	標高(m)	ランク	頁
51	黒部五郎岳	2840	27	下9
52	黒岳	2986	15	下17
53	鷲羽岳	2924	20	下17
54	槍ヶ岳	3180	5	下22
55	穂高岳	3190	3	下28
56	常念岳	2857	25	下33
57	笠ヶ岳	2898	22	下37
58	焼岳	2455	38	下41
59	乗鞍岳	3026	11	下45
60	御嶽	3067	8	下49
61	美ヶ原	2034	61	下53
62	霧ヶ峰	1925	71	下57
63	蓼科山	2531	34	下61
64	八ヶ岳	2899	21	下65
65	両神山	1723	83	下69
66	雲取山	2017	62	下73
67	甲武信岳	2475	36	下77
68	金峰山	2599	30	下81
69	瑞牆山	2230	45	下85
70	大菩薩岳	2057	57	下89
71	丹沢山	1673	88	下93
72	富士山	3776	1	下97
73	天城山	1406	97	下103
74	木曽駒ヶ岳	2956	17	下107
75	空木岳	2864	24	下111
76	恵那山	2191	47	下115
77	甲斐駒ヶ岳	2967	16	下119
78	仙丈岳	3033	10	下123
79	鳳凰山	2841	26	下127
80	北岳	3193	2	下131
81	間ノ岳	3190	3	下131
82	塩見岳	3052	9	下137
83	悪沢岳	3141	6	下141
84	赤石岳	3121	7	下141
85	聖岳	3013	13	下145
86	光岳	2592	31	下150
87	白山	2702	29	下153
88	荒島岳	1523	95	下157
89	伊吹山	1377	98	下161
90	大台ヶ原山	1695	87	下165
91	大峰山	1915	74	下169
92	大山	1729	82	下173
93	剣山	1955	69	下177
94	石鎚山	1982	65	下181
95	九重山	1791	80	下185
96	祖母山	1756	81	下189
97	阿蘇山	1592	92	下193
98	霧島山	1700	85	下197
99	開聞岳	924	99	下201
100	宮之浦岳	1936	70	下205

標高・累積標高差一覧

※標高はその山の最高点ですが、ガイドでは最高点に登らない山があります。
※ランクは日本百名山の中で、標高の高い方から順番をつけたものです。
※累積標高差は登りのみ記載しています。なお、登山口から山頂までではなく、登山口から下山まで歩き通したものです。

山名索引

（五十音別）

山名索引

日本百名山 山あるきガイド上

2020年1月15日　初版印刷
2020年2月 1 日　初版発行

編集人	岡　陽子
発行人	今井敏行
発行所	JTBパブリッシング
	〒162-8446　東京都新宿区払方町25-5

企画・編集	時刻情報・MD事業部
編集・制作	千秋社・森田秀巳・秋田範子
	奥多摩館（原邦三・吉田祐介）
編集協力	大武仁
取材・文・写真	伊藤文博・梅沢俊・大武仁・田口裕子・
	中西俊明・仁井田研一・花畑日尚・林朋房・
	樋口一成・松倉一夫・森田秀巳・
	渡辺幸雄・奥多摩館
写真協力	青森県観光連盟・岩手県観光協会・
	山形県観光物産協会・フォトライブラリー・
	関係諸施設
表紙写真	星野秀樹
表紙デザイン	弾デザイン事務所
フォーマットデザイン	オムデザイン　道信勝彦
地図製作	千秋社
組版	千秋社、ローヤル企画
印刷	凸版印刷

本書の内容についてのお問合せ　☎03-6888-7846
図書のご注文　☎03-6888-7893
乱丁・落丁はお取替えいたします。

インターネットアドレス
旅とおでかけ旬情報　https://rurubu.jp/andmore/

大人の遠足 BOOK

◎本書の地図の作成にあたっては、国土地理院長の承認を得て、同院発行の500万分の1日本とその周辺、2万5千分の1地形図及び数値地図50mメッシュ（標高）を使用しました。（承認番号／平25情使、第734号）

◎本書の取材・執筆にあたり、ご協力いただきました関係各位に、厚くお礼申し上げます。

◎本書の掲載データは2019年11月現在のものです。料金はすべて大人料金です。定休日は、年末年始、盆休み、ゴールデンウィークは省略しています。

◎本誌掲載の料金は、原則として取材時点での税率をもとにした消費税込みの料金です。税率改定にともない、各種料金が変更されることがありますので、ご利用の際はご注意ください。

◎各種データを含めた掲載内容の正確性には万全を期しておりますが、登山道の状況や施設の営業などは、気象状況などの影響で大きく変動する事があります。安全のために、お出かけ前には必ず電話等で事前に確認・予約する事をお勧めします。山では無理をせず、自己責任において行動されるようお願いいたします。事故や遭難など、弊社では一切の責任は負いかねますので、ご了承下さい。

JTBパブリッシング
https://jtbpublishing.co.jp/